I0650951

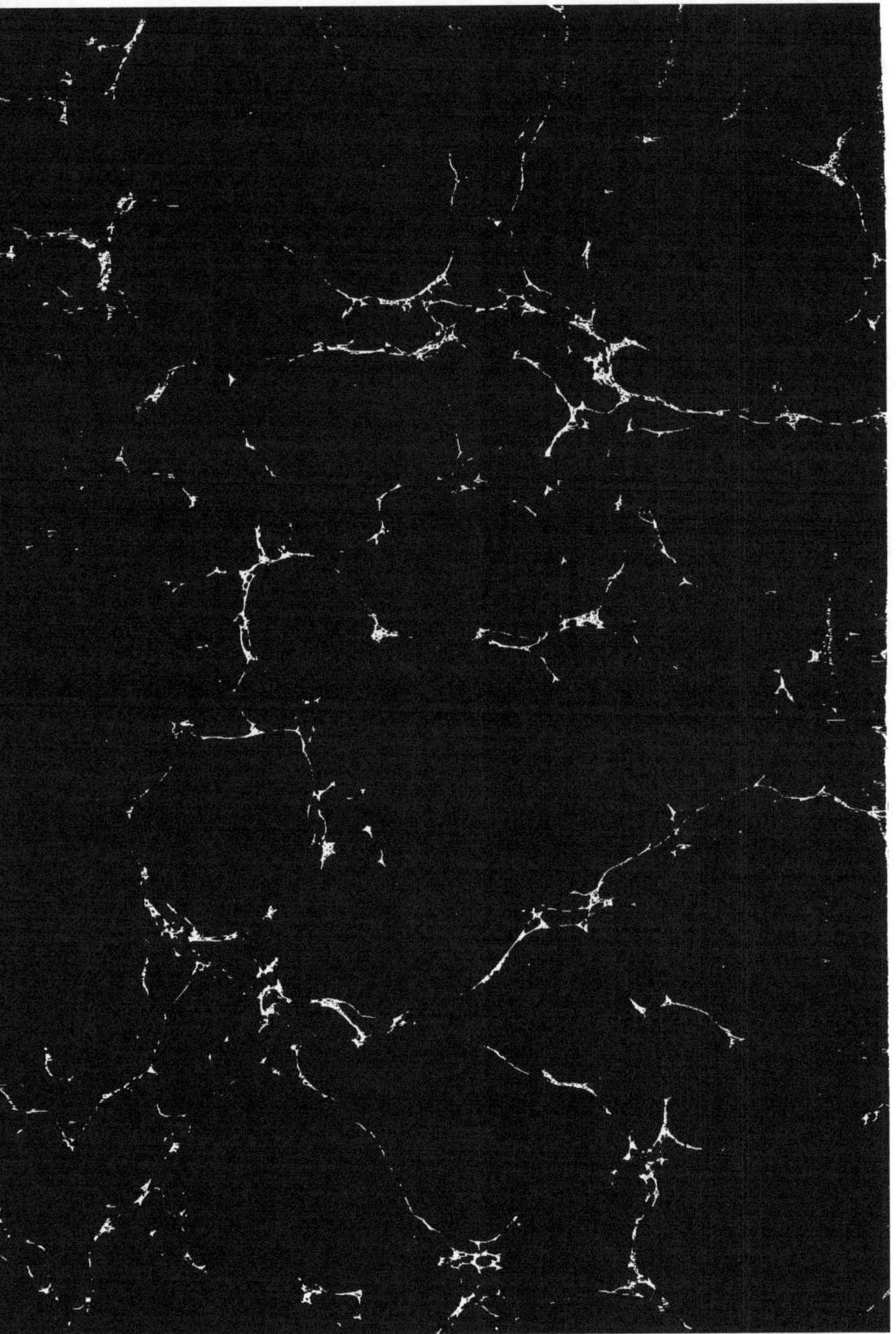

BABYLONE ET LA CHALDÉE.

BABYLONE

ET

LA CHALDÉE

PAR

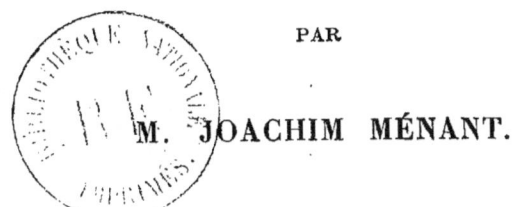

M. JOACHIM MÉNANT.

PARIS

MAISONNEUVE & Cᵉ, ÉDITEURS,

15, QUAI VOLTAIRE, 15.

—

M.DCCC.LXXV.

PRÉFACE.

—

Quand on compare la rareté des documents qui existaient naguère sur l'histoire de la civilisation assyro-chaldéenne à l'abondance des textes que nous pouvons consulter aujourd'hui, on éprouve un vif désir de connaître le caractère général qui doit se dégager de tous ces renseignements nouveaux. Aussi, bien des jugements se sont déjà formulés avec plus d'empressement que de justesse sur le résultat des découvertes modernes.

Il y a des précédents qui commandent la circonspection.

Nous savons, en effet, que les Grecs, qui ne connaissaient Babylone et l'Assyrie que par des relations de seconde main, nous ont transmis bien des erreurs.

La civilisation perse avait marqué de son empreinte une époque que les Grecs n'ont jamais directement connue ; et, depuis que la civilisation grecque s'est éteinte à son tour, bien des nuages se sont amassés sur l'Orient pendant la longue période de notre développement occidental, qui peut être regardée comme l'enfance de la civilisation moderne.

C'est pourtant avec les données qui avaient été recueillies par les Grecs et qui nous étaient parvenues, souvent d'une manière bien incomplète, que les érudits du dernier siècle avaient essayé de reconstituer l'histoire de la Haute-Asie. On a suivi pendant longtemps ces traditions ; si incomplètes qu'elles soient, il ne faut pas les rejeter, il faut les contrôler.

Le moment des découvertes arriva, et des fouilles, conduites avec une grande sagacité et un rare bonheur, nous ont mis en possession des nombreux monuments sur lesquels les Assyro-Chaldéens eux-mêmes avaient écrit leur histoire.

On a nié d'abord la possibilité d'utiliser ces nouveaux documents : ils se présentaient avec une écriture qu'il fallait d'abord comprendre. Un quart de siècle a suffi pour résoudre des difficultés philologiques qui paraissaient insurmontables.

Les études ont marché ; les inscriptions ont été lues ; et, à mesure que chaque pas nous faisait avancer dans cette voie de progrès, les jugements qu'on avait formulés d'abord se modifiaient nécessairement.

Ce n'est pas tout. Lorsque les inscriptions assyro-chaldéennes ont été comprises, on a découvert des monuments appartenant à une civilisation antérieure à celle qu'on avait crue à jamais oubliée et qui se fait comprendre à son tour.

S'il y a quelque précipitation à annoncer, dès maintenant, le caractère de cette civilisation qui a précédé la civilisation assyro-chaldéenne et que les explorations actuelles permettent déjà d'entrevoir, il y a surtout de la témérité à le contester.

Avant de formuler un jugement sur ces époques reculées, il est indispensable de recueillir les éléments sur lesquels il sera permis de l'asseoir.

Voilà pourquoi j'ai cherché à réunir, l'an dernier, sans parti pris, et par le seul enchaînement chronologique des faits, ce que nous connaissons déjà de l'histoire de l'Assyrie.

Ce que j'ai tenté pour les Annales, je vais essayer de le faire également pour l'histoire de Babylone et de la Chaldée.

La tâche est plus difficile, il ne faut pas se le dissimuler, car nous n'avons pas encore découvert, pour les rois de Chaldée, des documents analogues à ceux des rois d'Assyrie, nous racontant l'histoire de leurs campagnes, années par années, et souvent avec des détails très-complets et très-précis sur les causes et les résultats de leurs expéditions.

Les textes des rois de Chaldée sont pour ainsi dire exclusivement architectoniques. La plupart du temps, les dates font défaut, et souvent nous sommes réduits à enregistrer les noms des rois qui figurent dans les inscriptions avec un laconisme comparable aux données de la numismatique.

De nombreuses lacunes restent donc à combler; mais aussi de nombreux matériaux restent à explorer, et un jour le cadre dans lequel l'histoire de la Haute-Asie se renferme aujourd'hui pourra se compléter et se remplir.

J. MÉNANT.

Rouen, 1er septembre 1874.

NOTA.

Nous avons continué à suivre, pour les références, les abréviations consacrées par l'usage pour désigner les principaux recueils d'inscriptions auxquels nous avons eu recours et que nous avons indiqués dans nos précédentes publications.

———

INTRODUCTION.

Voilà donc cette grande Babylone que j'ai
bâtie pour la demeure de ma souveraineté,
dans la force de ma puissance et dans l'éclat
de ma gloire.

(Daniel, IV, 27.)

Les ruines de la Chaldée étaient connues depuis longtemps, mais elles
n'avaient pas attiré d'une manière spéciale l'attention de l'Occident. Dès le
xvie siècle Eldred, Rauwolff et quelques voyageurs avaient signalé les
restes imposants des anciennes constructions de Babylone. Plus tard, vers
la fin du dernier siècle, Niebuhr en avait donné, le premier, peut-être, une
description satisfaisante ; puis les récits de l'abbé de Beauchamp, de Ker-
Porter et de Rich, étaient venus augmenter l'intérêt qui commençait à
s'attacher à ces ruines. Quoiqu'il en soit, c'est seulement au moment où
on a pu soupçonner la possibilité de lire les nombreuses inscriptions
qu'on découvrait sur les derniers vestiges de ces monuments, qu'on a entrepris une exploration sérieuse de la Mésopotamie inférieure. Le résultat des fouilles exécutées en Assyrie avait fait concevoir l'espérance légitime d'importantes découvertes.

Les monuments de la Chaldée devaient être, comme ceux de l'Assyrie,
décorés de bas-reliefs et d'inscriptions. Les historiens grecs nous parlent des
images des Dieux et des figures symboliques qui ornaient les temples. La
Bible nous dit avec quel orgueil Nabuchodonosor contemplait les splendides sculptures de son palais au milieu desquelles il avait dû répéter son
image et inscrire le récit de ses exploits. Cependant on n'a pas encore
découvert dans ces ruines de grands bas-reliefs ni de longues inscriptions comme dans les palais assyriens. On serait tenté de croire que les
rois de Chaldée n'avaient pas suivi l'usage traditionnel des rois d'As-

1

syrie ; une circonstance matérielle vient peut-être expliquer l'insuccès de nos recherches à cet égard.

Le sol de la Chaldée ne renferme qu'une terre argileuse essentiellement propre à la fabrication de la brique, le marbre et la pierre ne s'y rencontrent pas. Si on s'est servi jadis, dans les édifices de Babylone et des villes du Bas-Euphrate de ces précieux matériaux, ils ont attiré les premiers la convoitise des démolisseurs ; ils ont été employés depuis longtemps dans la construction de nouveaux monuments qui ont disparu à leur tour ; et, à la suite de transformations successives plus ou moins nombreuses, ils ont été réduits en poussière. Après le marbre et la pierre on a arraché les revêtements de briques ; on sait que depuis de longues années, les anciens palais de Babylone sont exploités comme des carrières qui alimentent aujourd'hui toutes les constructions modernes.

Mais si les grands bas-reliefs, si les longues inscriptions ont disparu, on peut espérer arriver à des découvertes d'une autre nature ; il est possible de rencontrer un jour des tablettes, des cylindres ou des barils analogues à ceux qui nous ont conservé le récit détaillé des campagnes des rois assyriens.

Il existe encore une autre source de renseignements. En effet, nous trouvons, dans les archives de Ninive, des fragments qui nous renseignent sur les rapports des deux empires et il est probable qu'on découvrira bientôt des documents plus étendus ; c'est ainsi que l'histoire dont nous esquissons le cadre pourra se compléter un jour.

Si nous n'avons pas des détails aussi précis sur les rois de Chaldée, les monuments que l'on connaît déjà nous permettent de sortir des limites de l'histoire de l'Assyrie, de remonter plus haut et de descendre plus bas.

L'écriture des monuments de la Chaldée ne diffère de celle des inscriptions de Ninive que par des nuances paléographiques plus ou moins faciles à apprécier, mais qui n'entravent point la lecture des textes. C'est une des nombreuses variétés des écritures en caractères cunéiformes qui se rattachent au même type, et qui, pendant plus de vingt siècles, ont été en usage sur les bords du Tigre et de l'Euphrate.

La langue dans laquelle ces documents sont conçus est la même que celle des monuments de Ninive. C'est encore l'assyrien ou plutôt l'assyro-chaldéen, si l'on veut comprendre dans la même désignation les deux peuples qui en ont fait le plus long usage.

Nous avons suivi, pour la transcription des noms propres, le principe que nous nous sommes toujours imposé. Quand un nom se présente, pour la première fois dans nos recherches, nous transcrivons, autant que possible, les articulations de sa forme originelle. Si ce nom se trouve dans des documents qui nous l'ont transmis à travers les âges, nous lui donnons, dans chaque document, la transcription que la tradition lui a consacrée. Il en est qui sont arrivés ainsi jusqu'à nous, après avoir été plus ou moins altérés, et qui finissent par avoir une forme essentiellement moderne, nous la leur conservons dans la discussion ou dans nos exposés, mais nous leur rendons, dans nos citations, celle que chaque document comporte, telle qu'elle est parvenue à notre connaissance, en remontant ainsi quelquefois jusqu'à la forme primitive.

Il est désormais inutile de rappeler l'origine et les développements des études philologiques qui ont permis de lire les documents de cette histoire. Ceux qui s'intéressent aux travaux de cette nature doivent être au courant de ces premières découvertes et connaître la part que nous y avons prise; notre but, dans ces pages, a été de réunir les résultats des travaux épars dont les monuments de la Chaldée ont été l'objet et d'y donner l'unité qui se dégage déjà de leur ensemble.

Nous croyons pouvoir distribuer les documents que nous avons recueillis en six groupes qui correspondent à six périodes.

La première période comprend les traditions légendaires qui nous sont transmises sur les premiers âges du monde et sur l'origine de la Chaldée.

La seconde période embrasse des faits qui touchent à l'histoire proprement dite: elle comprend les renseignements qui nous sont fournis sur l'état de ces contrées avant l'occupation des peuples qui, plus tard, en ont fait la gloire. Mais alors des invasions de différente nature ne nous permettent pas de distinguer la part qui revient à chacun. L'Assyrie et la Chaldée ont dû être soumises l'une à l'autre dans des temps reculés, sans qu'il soit possible de déterminer à qui l'on doit rapporter la prédominance primitive.

La troisième période comprend ce que nous nommerons « les premiers empires de Chaldée,» sans qu'il soit possible d'en fixer le point de départ. Ces empires se sont fait jour dans plusieurs localités du Bas-Euphrate pour s'absorber ensuite dans une unité puissante dont Babylone a été le centre. La limite supérieure de cette période peut être reportée à l'an 3000 a. J.-C., elle se termine vers la fin du xiiᵉ siècle avant notre ère.

La quatrième période commence au moment où nous voyons la lutte s'engager entre l'empire d'Assyrie et l'empire de Chaldée. Tuklat-pal-Assar, vers l'an 1100 a. J.-C., porte les premiers coups à la puissance chaldéenne. Babylone, menacée d'abord, soumise après de longs efforts, devient la vassale de l'Assyrie. Cette période s'étend jusqu'à la chute de Ninive, vers l'an 625 a. J.-C.

La cinquième période s'ouvre au moment où Babylone a retrouvé son autonomie. C'est alors que la Chaldée va atteindre au plus haut développement de la puissance, c'est l'époque du « grand empire de Chaldée. » Les rois de Babylone restaurent ses palais et ses temples. Nabuchodonosor en fait une ville nouvelle et en porte l'influence sur la plus grande partie du monde civilisé. Cette période de grandeur s'étend jusqu'aux conquêtes de Cyrus.

La sixième période commence à la prise de Babylone par les Perses, l'an 540 a. J.-C. A cette époque l'élément arien s'avance à son tour à la conquête du monde. Pendant toute la durée du règne des Achéménides, la vie de Babylone n'est plus qu'une longue agonie, c'en est fait de la Chaldée. Nous comprenons dans cette période de décadence la domination macédonienne. Alexandre essaie en vain de rendre à la ville superbe sa grandeur passée, elle ne devait plus se relever. Nous n'essaierons pas de fixer par une date le moment où Babylone a disparu du monde, nous la suivrons quelque temps encore jusqu'à ce que la Chaldée tout entière ait été oubliée par les peuples de l'Occident.

PREMIÈRE PÉRIODE.

ÉPOQUE LÉGENDAIRE.

L'histoire des origines de Babylone et de la Chaldée est pour ainsi dire l'histoire des origines de l'humanité. Le récit en est écrit dans les premiers chapitres de la Genèse ; mais, à côté du laconisme de la rédaction mosaïque qui n'avait pas en vue l'histoire spéciale dont nous allons nous occuper, nous trouvons des renseignements particuliers dans les écrivains profanes et dans les monuments que les découvertes modernes nous permettent d'apprécier.

Nous consulterons ces différentes sources d'information, mais les données qui nous reportent à la plus haute antiquité étant consignées dans les fragments qui nous sont parvenus des livres de Bérose, c'est par là qu'il convient de commencer.

Bérose, d'une famille sacerdotale, était né à Babylone vers l'an 330 avant J.-C. Il était, ainsi qu'il le dit lui-même, contemporain d'Alexandre, fils de Philippe. C'était, d'après Tatien, le plus savant des historiens de la Haute-Asie. Il était très-versé dans la connaissance des anciennes traditions de sa patrie ; il les fit pénétrer parmi les Grecs qui nous les ont transmises. Vitruve nous apprend qu'il quitta Babylone et qu'il vint s'établir dans l'île de Cos où il ouvrit une école d'astrologie. Il inventa, ou il introduisit chez les Grecs, un genre particulier d'horlogerie. On connaît quelques fragments des ouvrages d'astrologie auxquels Bérose a attaché son nom. Suivant les tendances diverses des écrivains qui lui ont fait des emprunts, la renommée de l'astrologue a peut-être effacé quelquefois celle de l'historien. Pline (VII, 37) nous apprend que les

Athéniens lui avaient élevé, dans le Gymnase, à cause de ses prédictions divines, une statue dont la langue était d'or.

Il écrivit en grec, vers l'an 280 avant J.-C., une histoire des antiquités
de la Chaldée et la dédia à Antiochus-Soter. Cette histoire comprenait
trois volumes dont nous ne possédons plus que des fragments conservés
dans les récits de quelques historiographes qui ont vécu à différentes
époques et qu'il est utile de rappeler. C'est d'abord Flavius Josèphe, le
grand historien des Juifs, né à Jérusalem, l'an 33 de J.-C. — Saint Clément, catéchiste d'Alexandrie, né au commencement du iiᵉ siècle et
mort en 217 de J.-C. — Eusèbe, évêque de Césarée, le rédacteur du
Symbole de Nicée, qui vécut de 267 à 338. — Enfin, George le Syncelle,
ainsi nommé à cause des fonctions qu'il remplissait auprès du Patriarche
de Constantinople et décédé vers l'an 800. Tous ces écrivains n'ont dû
puiser dans Bérose que ce qui pouvait servir à la thèse qu'ils prétendaient
soutenir, et encore aucun d'eux ne paraît avoir connu l'œuvre même du
savant chaldéen.

Ainsi le Syncelle, dont les écrits ne sont pas exempts de précipitation ni d'erreur, emprunte ses citations à Eusèbe, qu'il prétend rectifier
souvent. Eusèbe paraît se référer à Jules Africain, qui écrivait dans le
iiiᵉ siècle de notre ère ; Jules Africain nous reporte à Alexandre Polyhistor qui florissait 75 ans avant J.-C., et celui-ci s'en réfère à Apollodore, qui vivait quelques années plus tôt. Josèphe semble également
s'être inspiré d'Alexandre Polyhistor, bien qu'il n'indique pas toujours
la source à laquelle il a puisé. Clément d'Alexandrie a eu sous les yeux
les œuvres de Juba, roi de Mauritanie, qui régnait vers l'an 30 avant J.-C.
et qui paraît avoir recueilli les renseignements, malheureusement trop
restreints qu'il nous donne, dans les livres mêmes de Bérose, auquel il
accorde une entière confiance.

Il est certain que le texte primitif de Bérose, en passant par tant de
mains, ainsi tronqué et mutilé, a dû se trouver notablement altéré. Nous
verrons dans quelles limites les découvertes modernes nous permettent
d'y avoir confiance.

Bérose avait à sa disposition ces fameuses *Bibliothèques de Briques*
dont Pline nous a conservé le souvenir et dont les fouilles modernes nous
ont révélé l'importance. Comme à Ninive, il y avait à Babylone, à Borsippa, à Orchöé et dans les grandes villes de la Chaldée, des *Archives*

qui renfermaient les traditions nationales auxquelles le prêtre chaldéen a dû nécessairement puiser.

A cette époque, l'écriture de ces archives était comprise non-seulement à Babylone, mais encore dans toute la Haute-Asie. La langue assyro-chaldéenne a été écrite en caractères cunéiformes jusque sous les Séleucides et même dans le 1er siècle avant J.-C. Bérose pouvait donc consulter ces sources précieuses, nous avons la certitude qu'il y a eu recours. Déjà, on a pu rapprocher des débris importants de ces curieuses archives des fragments mêmes de Bérose, et ce contrôle nous fait vivement regretter ce qui a été perdu de ses écrits.

Voici, d'après ses compilateurs, les traditions qu'il avait recueillies sur l'origine du Monde ; elles nous sont transmises par Eusèbe, qui cite lui-même, d'après Alexandre Polyhistor, ce passage du premier livre de Bérose.

LA CRÉATION.

« Bérose déclare dans le premier livre de ses [Antiquités] Babyloniennes qu'il était contemporain, par la naissance, d'Alexandre, fils de Philippe. Il raconte que l'on conserve avec grand soin, à Babylone, les documents les plus nombreux, embrassant un espace de temps qui monte à plus de 150,000 ans et que ces documents contiennent l'histoire du Ciel, de la Terre et de la Mer, l'origine première des choses, les annales des Rois et le récit de leurs actes

« Il dit d'abord que la Babylonie est située entre deux fleuves, le Tigre et l'Euphrate. Le blé y croît à l'état sauvage avec l'orge, la vesce et le sésame. Il pousse aussi dans les marais des racines que l'on mange et que l'on appelle *gonges :* elles remplacent l'orge. On trouve également dans ce pays des palmiers, des pommiers et tous les autres arbres fruitiers, ainsi que des poissons et des oiseaux de terre et d'eau. La partie de cette région qui touche à l'Arabie est stérile ; celle qui est opposée à l'Arabie est montueuse et fertile.

« Il y eut à l'origine, à Babylone, une multitude d'hommes de diverses nations qui avaient colonisé la Chaldée, et ils vivaient sans règle, à la manière des animaux.

« Mais dans la première année [du monde] apparut, sortant de la mer

Erythrée, dans la partie où elle touche à la Babylonie, un animal doué
de raison, qu'on appelle Oannès (Ὠάννης). Apollodore raconte également ce fait. Ce monstre avait le corps d'un poisson ; mais au-dessous de
sa tête de poisson il avait une seconde tête, une tête humaine, des pieds
d'homme sortaient de sa queue de poisson, et il était doué d'une parole
humaine. Son image est encore conservée parmi nous. L'animal dont il
s'agit vivait pendant le jour au milieu des hommes, sans prendre de nourriture, leur enseignant les sciences et les principes de tous les arts, les
règles de la fondation des villes, de la construction des temples, de la
mesure et de la délimitation des terres, les semailles et les moissons,
enfin l'ensemble de ce qui adoucit les mœurs et constitue la civilisation ;
de telle façon, que depuis lors, personne n'a plus rien inventé de nouveau. Puis au coucher du soleil ce monstrueux Oannès rentrait dans la
mer et passait la nuit au milieu des flots, car il était amphibie. Dans la
suite il parut encore d'autres animaux semblables, l'auteur annonce
qu'il en parlera dans l'Histoire des Rois. Il ajoute qu'Oannès écrivit, sur
l'origine des choses et les règles de la civilisation, un livre qu'il remit
aux hommes. »

(Müller, Ber. Frag. de Reb. Bab. lib. 1o, 1-4.)

Quel était le contenu de ce livre précieux ? Alexandre Polyhistor donne
ainsi, d'après Bérose, le résumé des connaissances chaldéennes sur la
création du monde.

« Il y eût un temps où le monde était Ténèbres et Eau, et, dans ce
milieu, vivaient des animaux monstrueux, quelques-uns s'engendraient
spontanément ; ils avaient des figures étranges : des hommes avec deux
ailes, quelques-uns avec quatre ; d'autres à deux faces ou à deux têtes,
l'une d'homme, l'autre de femme, sur un seul corps et avec les deux sexes
en même temps ; des hommes avec des jambes de chèvres et des cornes
à la tête ; d'autres avec des pieds de cheval ; d'autres encore avec les
membres postérieurs d'un cheval et ceux de devant d'un homme, semblables aux hippocentaures. Il y avait aussi des taureaux à tête humaine,
des chiens à quatre corps et à queue de poisson, des chevaux à tête de
chien, des hommes également à tête de chien, des animaux à tête et à
corps de cheval et à queue de poisson, d'autres quadrupèdes où toutes
les formes animales étaient confondues. Des poissons, des reptiles, des

serpents et toutes sortes de monstres merveilleux présentant la plus grande variété dans leurs formes et dont on voit les images dans les peintures du temple de Bélus. Une femme, nommée Omoroka ('Oμόρωκα), présidait à cette création; elle porte, dans la langue des Chaldéens, le nom de Thavatth (Θαυάτθ, c'est l'assyrien *tihavti*), qui signifie en grec la Mer (Θάλασσα); on l'identifie aussi avec la Lune.

« Les choses étant en cet état, Bélus survint et coupa la femme en deux. De la moitié inférieure de son corps il fit la Terre, de la moitié supérieure le Ciel, et tous les êtres qui étaient en elle disparurent. Ceci est une manière figurée d'exprimer la production de l'univers et des êtres animés de la matière humide. Bélus alors trancha sa propre tête, et les autres dieux ayant pétri avec la terre le sang qui en coulait, formèrent les hommes qui pour cela sont doués d'intelligence et participent de la pensée divine.

« [C'est ainsi que] Bélus, que les Grecs expliquent par Zeus, ayant divisé les ténèbres, sépara le Ciel et la Terre et créa le Monde. Tous les Etres animés qui ne pouvaient pas supporter l'action de la lumière périrent. Bélus voyant que la Terre était déserte quoique fertile, commanda à l'un des Dieux de lui couper la tête et, pétrissant le sang qui coulait avec la terre, il façonna les hommes ainsi que les animaux qui peuvent vivre au contact de l'air. Ensuite Bélus forma aussi les étoiles, le soleil, la lune et les cinq planètes.

« Voilà ce que, suivant Alexandre Polyhistor, Bérose raconte dans son premier livre. »

(Müller, Ber. Frag. de Reb. Bab. lib. 1º, 4-6.)

Le Syncelle est beaucoup plus concis. Dans une autre circonstance où il paraît résumer les données de l'historien, il s'exprime ainsi :

« Bérose, l'auteur des Chaldaïques, qui florissait au temps d'Alexandre de Macédoine, comme il le dit, ayant trouvé à Babylone de nombreux documents qu'on y conservait avec grand soin et qui embrassaient environ 150,000 ans, avec quelque chose de plus, a composé, d'après eux, des histoires pleines de vanité nationale, sur le Ciel, la Terre et la Mer, sur l'antiquité des Rois et leurs actions, sur la situation de la Babylonie et sa fertilité, sur des animaux à la figure en dehors de la nature sortis de la mer Erythrée et autres fables du même genre. »

Il est évident qu'il y a, chez les historiographes qui nous ont transmis ces fragments, un parti pris. Si le Syncelle eût fait un troisième résumé, il ne resterait plus de Bérose qu'un *récit monstrueux* qui ne mériterait plus de fixer l'attention.

Nous nous garderons bien de chercher à reconstruire, d'après les récits fragmentaires de Bérose, le système théogonique et cosmogonique des Assyro-Chaldéens. Il y a là tout un travail qui ne peut être spécial à Babylone et à la Chaldée, et qui doit s'étendre, non-seulement à l'Assyrie, mais encore à tous les peuples avec lesquels les Assyro-Chaldéens se sont trouvés en rapport. Chaque jour des découvertes nouvelles de plus en plus nombreuses et de plus en plus précises, nous permettent d'espérer que nous arriverons bientôt à une connaissance complète des croyances religieuses des peuples de la Haute-Asie.

Le second livre de Bérose était plus particulièrement consacré à l'histoire des premiers habitants de la terre; il ne nous en est parvenu qu'un résumé fort concis, qui nous est présenté par les historiographes que nous connaissons déjà.

Alexandre Polyhistor, à qui nous empruntons ce fragment et qui paraît encore ne citer Bérose qu'au rapport d'Apollodore, énumère ainsi les premières dynasties qui ont régné sur la Chaldée dans ces temps légendaires.

« Après cela, Apollodore, racontant des choses monstrueuses du même genre, continue : Bérose atteste que le premier roi fut Alorus, de Babylone, chaldéen. Il régna dix sares et eut pour successeurs Alaparus et Amelon de Pantibibla, puis Amménon le Chaldéen, sous le règne duquel on raconte que l'Oannès mystique, Annédotus ('Αννήδωτος) apparut sortant de la mer Erythrée. C'est lui qu'Alexandre, devançant l'époque indiquée ici, fait se manifester dans la première année du monde, tandis qu'Appollodore prétend que le second Annédotus se fit voir après quarante sares, et Abydène au bout de vingt-six sares. Vint ensuite Mégalarus, de la ville de Pantibibla, qui régna dix-huit sares, et son successeur, le Pasteur Daonus de Pantibibla, dix sares. Sous ce dernier, apparut encore, sortant de la mer Erythrée, un quatrième Annédotus, qui avait la même forme que les autres, composée d'homme et de poisson. Vint après

Evédorachus de Pantibibla, qui régna dix–huit sares et pendant la vie duquel se montra de nouveau, hors de la mer Erythrée, un quatrième être réunissant les deux natures d'homme et de poisson, que l'on nomme Odachus (Ωδάκος). Tous ces êtres exposèrent en détail, et chapitre par chapitre, les mêmes choses qu'Oannès avaient révélées sommairement. Abydène ne fait pas mention du dernier. Puis régnèrent Amempsinus de Larancha, chaldéen, huitième roi, pendant dix sares et Otiartes, Chaldéen de Larancha, pendant huit sares. Otiartes étant mort, son fils Xisuthrus tint le sceptre pendant dix-huit sares. C'est sous lui qu'arriva le grand déluge. En tout, on compte dix rois et cent vingt sares de durée.

(Müller, Ber. Frag. de Reb. Bab. lib. I°, 6.)

Le récit d'Abydène n'est pas conforme, sous tous les points à celui que nous venons de citer, mais il nous donne la valeur du sare, du nère et du sosse. Voici le passage :

« On dit que le premier roi de ce pays (des Chaldéens) fut Alorus, et la tradition rapporte qu'il fut choisi comme Pasteur du peuple par la divinité. Son règne fut de dix sares. Or, le sare se compose de 36,000 ans, le nère de 600 et le sosse de 60. Après lui, Alaparus gouverna pendant trois sares; puis Amillarus, de la ville de Pantibibla, pendant treize sares. C'est sous lui qu'apparut sortant de la mer, le second Annédotus ('Αννήδωτος), demi-dieu semblable par sa figure à Oannès. Vint ensuite Ammenon, de Pantibibla, qui régna douze sares; puis Mégalarus de Pantibibla, qui régna dix-huit sares. Le règne suivant fut celui de Daos, Pasteur de Pantibibla et dura dix sares. C'est alors que vinrent de la mer sur la terre, quatre êtres à double nature, dont les noms sont Eneudotus ('Ενεύδωτος), Eneugamus (Ενεύγαμος), Eneubulus (Ενεύβουλος), Anementus (Ανήμεντος). Puis, sous le monarque suivant, Evédoreschus, apparut Anodaphus ('Ανώδαφος). Après le dernier prince que nous venons de nommer, régnèrent plusieurs autres et enfin Sisuthrus, de façon que l'on compte en tout dix rois et la durée de leur pouvoir monte ensemble à cent vingt sares. »

(Apud Syncell., p. 38. B.)

Dans les deux récits, la durée des règnes des rois antédiluviens est la même, c'est toujours 120 sares formant un chiffre de 432,000 années ordinaires. Les différences les plus saillantes portent sur le nombre et la nature des théophanies. Il nous paraît certain que les noms primitifs ont été estropiés; et, en cela, nous suivons les rectifications très-judicieuses de M. F. Lenormant. Le Syncelle avait évidemment sous les yeux plusieurs passages de Bérose, déjà altérés. D'après Alexandre, toutes les manifestations d'Anu portent le même nom; d'après Abydène, nous trouvons des noms différents, mais ces appellations commencent toujours par le nom d'Anu, suivi d'une qualification spéciale à chaque théophanie. Cependant, le dernier des hommes-poissons se nomme Odachus (Ωδάκος), suivant Apollodore. Ce nom pourrait nous faire croire à l'intervention d'une autre divinité. Il existe, en effet, dans le Panthéon assyro-chaldéen, un dieu dont le nom « Dagon, » paraît se prêter à cette interprétation. Dagon, en effet, est également représenté sous la forme d'un poisson dans la mythologie assyro-chaldéenne. Mais Abydène, qui cite le même passage de Bérose, en donnant à ce personnage le nom d'Anodaphos (Ἀνω Δαφος), permet de rectifier l'erreur, et Anu reste dans toutes ces manifestations comme le seul initiateur du genre humain.

Enfin, nous devons remarquer que, d'après ces versions, le Dieu sort toujours de la mer Erythrée, et que c'est, en effet, de la Basse-Chaldée, que la civilisation rayonne et se répand non-seulement sur la Chaldée, mais encore sur l'Assyrie toute entière.

La haute antiquité à laquelle les Chaldéens prétendent, est attestée par de nombreux témoignages. C'est, du reste, la tendance générale de tous les peuples; ils aiment à se vieillir dans leurs archives, et aucun contrôle n'est possible pour attribuer à l'un ou à l'autre la priorité des origines. L'histoire commence, pour chacun d'eux, à une période relativement moderne de leur développement, et tout ce qui est au-delà, échappe à l'appréciation de l'historien.

Pline (*Hist. nat.* VII, 57), au rapport d'Epigène, nous dit que les observations sidérales écrites sur *des tablettes d'argile*, remontent chez les Babyloniens à 720,000 années, et que Bérose et Christodème portent ce chiffre à 480,000 années.

Au rapport de Diodore (II, 31), les Chaldéens comptent 473,000 ans depuis l'époque à laquelle ils ont commencé à observer les astres jusqu'à l'expédition d'Alexandre.

Ces différents chiffres ont été plus ou moins altérés. Cependant, il est facile de retrouver le véritable chiffre de Bérose ; il est de 468,000 ans entre la création et la destruction du dernier empire Babylonien par les Perses ; il compte 432,000 ans entre l'avènement du premier roi antédiluvien et le cataclysme, et 36,000 ans entre le déluge et la conquête perse.

Nous n'avons pas à examiner cette haute antiquité qui remonte à une date si prodigieuse. Ces chiffres ont été enregistrés à une certaine époque avec beaucoup moins de scrupule que nous ne pourrions nous l'imaginer. C'est en vain que J. l'Africain s'écrie : Quant à la fiction vaniteuse des Chaldéens, à leurs 48 myriades d'années, que faut-il en penser ? — La plupart des historiens les acceptent, ou les expliquent.

« Panodore et Annianus, suivant le Syncelle, afin de faire cadrer avec la chronologie sacrée les sommes de 432,000 ans attribués par Bérose aux rois antédiluviens de la Chaldée, supposèrent que ces années représentaient des jours, ce qui faisait 1183 années solaires et 6 mois 5/6. Puis ils admirent (arbitrairement) qu'avant le commencement de cette période, c'est-à-dire entre Adam et la venue des Égrégores, à laquelle ils identifiaient le commencement de la dynastie chaldéenne, il s'était écoulé 1057 ans, car, en ajoutant à ces 1057 ans, le temps des rois de Chaldée, ils obtenaient ainsi la durée indiquée par la Bible entre Adam et le déluge. »

(Müller. Manet. Frag., t. II, p. 532.)

Il en est de même des chiffres qui nous sont donnés sur la prodigieuse longévité des premiers hommes, longévité que les compilateurs de Bérose trouvent moins étrange que celle des rois antédiluviens et qu'ils acceptent pour expliquer le fait incontestable des connaissances astronomiques des Chaldéens. En effet, Eusèbe déclare, d'après Josèphe, que les premiers hommes ont pu naturellement accomplir un aussi grand nombre d'années de vie.

« A cause de leur vertu, dit-il, pour le besoin des études auxquelles ils se livraient, de l'astrologie et de la géométrie, Dieu leur avait accordé une existence plus longue que la nôtre, car ils n'auraient pu faire de prédictions sûres s'ils n'avaient pas vécu jusqu'à 600 ans, ce qui est le chiffre de la grande année. J'en ai pour témoin tous ceux qui, parmi les Grecs et même parmi les Barbares, ont écrit sur les antiquités. En effet, Manéthon, qui a composé l'histoire d'Egypte, Bérose, qui a rassemblé les traditions chaldéennes, Mochus Hestiæus et Hiéronyme l'Egyptien, qui ont traité de l'archéologie phénicienne, s'accordent parfaitement à ce que je dis. »

(Josèphe, Antiq. jud., I, 3-9.)

LA TRADITION DU DÉLUGE.

Cette première phase de l'époque fabuleuse qui est propre à la Chaldée, se retrouve dans l'histoire des origines de tous les peuples. Il n'y a pas, en effet, de nation qui n'ait cru que l'Univers tout entier n'ait été créé en vue de son développement particulier. Mais alors il y a quelque chose de spécial et de caractéristique dans ces vieilles légendes, et qui révèle le point où elles se sont formées. Si on sonde la pensée qui se cache sous le mythe primitif, on reconnaît bientôt le fait local qui lui a donné naissance. L'Inde ne saurait avoir les mêmes idées sur la création du monde, que l'Egypte et la Chine. La cosmogonie des peuples du Nord ne peut ressembler à celle des peuples des latitudes méridionales, où les grands phénomènes de la nature semblent soumis à des lois différentes, et le résultat d'une puissance qui ne dispose pas des mêmes moyens.

A côté de ces mythes autochtones, qui deviennent des mystères incompréhensibles quand ils sortent des régions où ils ont pris naissance, il y a dans les vieilles légendes du monde un fond commun que l'observation ne tarde pas à découvrir. Alors on remarque chez les peuples les plus divers, sous les latitudes les plus différentes, des traditions qui ont en vue le même fait, le même événement, et qui s'inspirent de la même idée. Chaque peuple donne, sans doute, à ces traditions un aspect particulier, mais à côté du grand fait en lui-même qu'elles s'efforcent de mettre en lumière, on reconnaît surtout leur commune origine dans des détails qui semblent n'avoir été retenus que pour assurer leur identité.

On a, depuis longtemps déjà, remarqué les rapports qui pouvaient exister entre les traditions chaldéennes et les traditions judaïques. Arrivés au point où nous en sommes elles vont prendre un caractère de précision de nature à appeler plus particulièrement l'attention. Nous touchons, en effet, au récit du grand cataclysme dont fut témoin Xisuthrus. Il est rapporté par deux compilateurs de Bérose dans des termes qui ont été souvent rapprochés de ceux qui sont consignés dans nos saintes écritures, et les découvertes modernes, en apportant le récit même des traditions auxquelles Bérose a dû puiser, viennent jeter un jour tout nouveau sur l'origine de cette tradition et sur la manière dont elle a pu se propager. Mais, pour bien apprécier l'importance de ces découvertes, il est bon de remettre sous les yeux les trois récits de cet événement.

RÉCIT BIBLIQUE.

Voici d'abord le récit biblique :

« La terre alors était corrompue devant Dieu (אלהים), et elle était pleine de violence.

Et Dieu regarda la terre, mais voilà qu'elle était corrompue, car tout ce qui était chair avait corrompu sa voie sur la terre.

Et Dieu dit à Noé : la fin de toute chair est venue devant moi, car la terre est remplie de violence ; je veux donc la détruire avec la terre.

Fais-toi une arche de bois de gopher ; tu y feras des cases et tu l'enduiras d'asphalte en dedans et en dehors.

Et voici comment tu la feras : elle aura 300 coudées de long, 50 de large et 30 de haut.

Tu feras une fenêtre à l'arche et tu la réduiras au faîte jusqu'à une coudée ; tu placeras la porte de l'arche sur le côté, tu y pratiqueras un étage inférieur, un second et un troisième.

Je ferai venir sur la terre un déluge d'eaux pour détruire toute chair ayant un souffle de vie sous le ciel : tout ce qui est sur la terre périra.

J'établirai mon alliance avec toi : tu entreras dans l'arche, toi, tes fils, ta femme et les femmes de tes fils.

Et tu feras venir dans l'arche de tout ce qui vit, de toute chair, deux de chaque espèce, pour être conservés, mâle et femelle.

Des oiseaux selon leur espèce ; des quadrupèdes selon leur espèce ; des reptiles de la terre, deux de chaque espèce ; tous doivent venir avec toi pour être conservés.

Et toi, tu prendras avec toi de toutes provisions dont on se nourrit, tu les porteras dans l'arche pour qu'elles servent de nourriture à toi et aux animaux.

Et Noé fit tout ce que Dieu lui avait ordonné.

Et Jéhovah (יהוה) dit à Noé : Entre dans l'arche, toi et toute ta maison, parce que je t'ai reconnu devant moi juste dans toute cette génération.

Tu prendras sept mâles et sept femelles de tous les animaux purs et deux mâles et deux femelles de tous les animaux impurs.

Tu prendras aussi sept mâles et sept femelles des oiseaux du ciel, afin d'en conserver la race sur la terre.

Car j'attendrai encore sept jours ; et après cela, je ferai pleuvoir sur la terre pendant quarante jours et quarante nuits. J'exterminerai de la surface de la terre toutes les créatures que j'ai faites.

Noé fit tout ce que Jéhovah lui avait ordonné.

Noé avait six cents ans lorsque les eaux du déluge couvrirent la terre.

Et Noé entra dans l'arche, et avec lui sa femme, ses fils et les femmes de ses fils, à cause des eaux du déluge.

Et les animaux purs et impurs, et les oiseaux, et tout ce qui se meut sur la terre

Entrèrent dans l'arche avec Noé, deux à deux, le mâle et la femelle, selon ce que Jéhovah avait commandé à Noé.

Et au septième jour, les eaux du déluge se répandirent sur la terre.

Dans l'année 600 de Noé, le 17ᵉ jour du second mois (17 marchevau, octobre), toutes les sources du grand abîme furent rompues et les cataractes du ciel furent ouvertes.

Et la pluie tomba sur la terre pendant quarante jours et quarante nuits.

Ce jour-là même, Noë entra dans l'arche, et Sem, Cham et Japhet, ses fils, sa femme et les trois femmes de ses fils.

Et tous les animaux sauvages, suivant leur espèce, y entrèrent et tous les animaux domestiques, selon leur espèce, tout ce qui se meut sur la terre, selon son espèce, tout ce qui vole selon son espèce, tous les oiseaux et tout ce qui s'élève dans l'air,

Entrèrent avec Noé dans l'arche, deux à deux, et toute chair vivante et animée.

Et ceux qui entrèrent dans l'arche ainsi, étaient mâle et femelle, selon ce que Dieu (אלהים) avait ordonné; et Jéhovah (יהוה) la ferma sur lui.

Le déluge se répandit sur la terre pendant quarante jours, et les eaux s'étant accrues, élevèrent l'arche au-dessus de la terre.

Les eaux inondèrent tout, et couvrirent la surface de la terre; mais l'arche était portée sur les eaux.

Et les eaux crurent et grossirent prodigieusement au-dessus de la terre, et toutes les plus hautes montagnes qui sont sous l'étendue du ciel furent couvertes.

L'eau s'éleva encore de quinze coudées.

Et toute chair qui se meut fut consumée, tous les oiseaux, tous les animaux, toutes les bêtes et tout ce qui rampe sur la terre, ainsi que le genre humain.

Tout ce qui avait un souffle de vie, tout ce qui se trouvait sur le sol, mourut.

Et toutes les créatures qui étaient sur la terre, depuis l'homme jusqu'aux bêtes, et toutes celles qui rampent et toutes celles qui volent, tout périt sur la terre; il ne resta que Noé seul et ceux qui étaient avec lui dans l'arche.

Et les eaux couvrirent toute la terre pendant cent cinquante jours.

Et Dieu (אלהים) se souvint de Noé, de tous les animaux domestiques et de toutes les bêtes sauvages qui étaient avec lui dans l'arche. Il fit souffler un vent sur la terre et les eaux commencèrent à diminuer.

2

Les sources de l'abîme furent fermées ainsi que les cataractes du ciel, et les pluies du ciel furent arrêtées.

Les eaux agitées de côté et d'autre se retirèrent et commencèrent à diminuer au bout de cent cinquante jours.

Et le 17ᵉ jour du viiᵉ mois (17 nisan), l'arche se reposa sur les montagnes de l'Ararat.

Et les eaux diminuèrent jusqu'au xᵉ mois. Au premier jour du xᵉ mois, le sommet des montagnes commença à paraître.

Au bout de quarante jours, Noé ouvrit la fenêtre qu'il avait pratiquée dans l'arche.

Il mit dehors un corbeau qui, étant sorti, ne revint pas, avant que les eaux ne fussent retirées.

Noé envoya une colombe pour voir si les eaux avaient cessé de couvrir la terre.

Et la colombe n'ayant pas trouvé où mettre le pied, parce que la terre était couverte d'eau, revint à lui; et Noé étendant la main, la prit et la remit dans l'arche.

Il attendit encore sept jours et il envoya de nouveau la colombe.

La colombe revint à lui, sur le soir, portant dans son bec une feuille d'olivier. Noé comprit que les eaux s'étaient retirées de dessus la terre.

Il attendit encore sept jours et il envoya la colombe, mais alors elle ne revint plus.

Ainsi l'an de Noé 601 au premier jour du premier mois (1ᵉʳ tisri, septembre) les eaux qui étaient sur la terre s'étaient retirées. Noé ouvrit le toit de l'arche et regardant dehors, il vit que la surface de la terre était sèche.

Et le 27ᵉ jour du second mois (marchevan) toute la terre était sèche.

Et Dieu (אלהים) parla à Noé et lui dit :

Sors de l'arche, toi, ta femme, tes fils, et les femmes de tes fils.

Fais-en sortir tous les animaux qui sont avec toi, de toutes les espèces, les oiseaux et les bêtes et tout ce qui rampe sur la terre, qu'ils se perpétuent, qu'ils croissent et se multiplient sur la terre.

Et Noé sortit avec ses fils, sa femme et les femmes de ses fils.

Et tout animal, tout bétail, tout oiseau et tout ce qui rampe sur la terre sortit de l'arche selon son espèce.

Noé construisit un autel à Jéhovah (יהוה), il prit de toute espèce des animaux et des oiseaux purs, et il les offrit en holocauste sur l'autel.

Jéhovah en sentit l'odeur agréable et dit en son cœur : Je ne maudirai pas encore une fois la terre à cause de l'homme, car l'instinct du cœur de l'homme est mauvais dès sa jeunesse, je ne frapperai plus de nouveau tout ce qui vit comme je l'ai fait.

Tout le temps que durera la terre, les semailles, la moisson, le froid, le chaud, l'été, l'hiver, le jour et la nuit ne s'arrêteront pas... »

(Gen. ch. vi, v. ii, ch. viii.)

Tel est le récit biblique.

RÉCIT DE BÉROSE.

Voyons maintenant la version de Bérose telle qu'elle nous est transmise par ses compilateurs : Alexandre Polyhistor et Abydène.

Voici d'abord le récit de Polyhistor :

« Otiartès étant mort, son fils Xisuthrus régna dix–huit sares. C'est sous lui qu'arriva le grand déluge dont l'histoire est ainsi rapportée dans les documents sacrés.

« Cronos lui apparut dans son sommeil et lui annonça que le 15 du mois de dæsius (sic, c'est-à-dire le 15 sivan), tous les hommes périraient par un déluge. Il lui ordonna donc de prendre le commencement, le milieu et la fin de tout ce qui était consigné par écrit et de l'enfouir dans la Ville du Soleil à Sippara, puis de construire un navire et d'y monter avec sa famille et ses amis les plus chers, de déposer dans le navire des provisions pour la nourriture et la boisson, d'y faire entrer les animaux, volatiles et quadrupèdes, enfin de tout préparer pour la navigation. Et quand Xisuthrus demanda de quel côté il devait tourner la marche de son navire, il lui fut répondu : « Vers les Dieux, » et il lui fut ordonné de prier pour qu'il en arrivât du bien aux hommes.

« Xisuthrus obéit et construisit un navire long de cinq stades et large de deux ; il réunit tout ce qui avait été prescrit, embarqua sa femme, ses enfants et ses amis les plus chers.

« Le déluge étant survenu et bientôt décroissant, Xisuthrus lâcha quelques–uns des oiseaux. Ceux–ci n'ayant trouvé ni nourriture ni de lieu pour se poser revinrent au vaisseau. Quelques jours après, Xisuthrus leur donna de nouveau la liberté, mais ils revinrent encore au navire avec les pieds pleins de boue. Enfin, lâchés une troisième fois, ils ne retournèrent

plus. Alors Xisuthrus comprit que la terre était découverte ; il fit une ou-
verture au toit du navire et vit que celui-ci était arrêté sur une montagne.
Il descendit donc avec sa femme, sa fille et son pilote, adora la terre,
éleva un autel et y sacrifia aux Dieux. A ce moment, il disparut avec ceux
qui l'accompagnaient.

« Cependant ceux qui étaient restés dans le navire ne voyant pas revenir
Xisuthrus, descendirent à terre à leur tour et se mirent à le chercher en
l'appelant par son nom. Ils ne revirent plus Xisuthrus ; mais une voix du
Ciel se fit entendre, elle leur prescrivit d'être pieux envers les Dieux, leur
dit que Xisuthrus recevait la récompense de sa piété ; qu'il était enlevé au
ciel pour habiter désormais au milieu des Dieux, et que sa femme, sa fille et
le pilote partageaient un tel honneur. La voix dit en outre à ceux qui restaient, qu'ils devaient retourner à Babylone , et, conformément aux décrets
du destin, déterrer les écrits enfouis à Sippara pour les transmettre aux
hommes. Elle ajouta que le pays où ils se trouvaient était l'Arménie. Ceux-
ci, après avoir entendu la voix, sacrifièrent aux Dieux et revinrent à pied à
Babylone.

« Du vaisseau de Xisuthrus, qui s'était enfin arrêté en Arménie, une
partie subsiste encore dans les monts Gordyéens, en Arménie, et les pèlerins en rapportent l'asphalte qu'ils ont raclé sur les débris ; on s'en sert
pour repousser l'influence des maléfices. Quant aux compagnons de Xisuthrus, ils vinrent à Babylone, déterrèrent les écrits déposés à Sippara,
fondèrent des villes nombreuses, bâtirent des temples et restituèrent Babylone.

« Ceci est raconté par Alexandre Polyhistor comme extrait de Bérose
qui a écrit l'histoire fabuleuse des Chaldéens. »

(Müller. Ber. Frag. de Reb. Bab., lib. Iº, 7.)

Le récit d'Abydène est plus concis :

« Après Evédoreschus il y eut plusieurs rois et enfin Xisuthrus, à qui
Chronos annonça que le 15 du mois de dæsius (15 sivan) il y aurait une
grande abondance de pluie. Le Dieu lui ordonna donc de cacher tout ce
qui composait les écritures dans la Ville du Soleil à Sippara. Xisuthrus
ayant accompli ces prescriptions naviguera bientôt vers l'Arménie. Car aussitôt la prédiction du Dieu se réalisa. Le troisième jour après que la pluie
eut cessé, il lâcha plusieurs oiseaux pour voir s'ils découvriraient quelque

terre déjà sortie des eaux, mais ces oiseaux n'ayant trouvé partout qu'une mer prête à les engloutir, et ne pouvant se poser nulle part revinrent auprès de Xisuthrus ; il en renvoya d'autres. Ayant enfin réussi, à la troisième fois, dans son dessein, car les oiseaux étaient revenus avec les pieds couverts de limon, les Dieux l'enlevèrent à la vue des hommes. Du bois de son navire qui s'était arrêté en Arménie, les habitants du pays font des amulettes qu'ils suspendent à leur col contre les maladies. »

RÉCIT CHALDÉEN.

Si nous n'avons pas le texte même de Bérose sous les yeux, plus heureux qu'Alexandre et qu'Abydène, nous pouvons aujourd'hui consulter les sources mêmes auxquelles Bérose a dû puiser. En effet, on a trouvé dans l'immense collection des textes assyro-chaldéens conservés au Musée-Britannique de nombreux fragments d'une grande épopée babylonienne dans laquelle le récit du déluge, occupait une place importante. Cette découverte, due aux patientes recherches de M. G. Smith, a eu un grand retentissement, non-seulement en Angleterre, mais encore à l'étranger ; elle a été immédiatement répandue en France, et M. François Lenormant l'a vulgarisée en y donnant l'autorité de son contrôle ; aussi elle est devenue pour ainsi dire populaire, avant même que le texte découvert par M. G. Smith n'ait été publié ; car depuis bientôt deux ans, les assyriologues sont privés de la possibilité de l'apprécier directement. Les magnifiques photographies qui accompagnent la publication de M. G. Smith ne peuvent renseigner que ceux qui ont vu déjà le texte même et ne peuvent servir à un examen critique que lorsqu'on a l'original sous les yeux. Toutefois, les travaux assyriens de M. G. Smith nous permettent d'accepter la sagacité de ses interprétations. Ses erreurs ne peuvent porter, ainsi que l'a remarqué M. François Lenormant, que sur des détails qui ne doivent avoir aucune influence sur l'ensemble du document.

Le texte sur brique appartient à une période relativement moderne des textes de cette nature ; il fait partie de l'immense collection des tablettes que le roi d'Assyrie, Assur–bani-pal, avait fait recueillir dans son palais. Pour le reconstituer, il a fallu fouiller dans plusieurs milliers de fragments, choisir d'abord tous ceux qui, par leur apparence extérieure, paraissaient

devoir appartenir à la même catégorie et réunir, d'après les indications de
leur contenu, tous ceux qui avaient trait à la même légende. Il s'est trouvé
plus de quatre-vingts morceaux qui provenaient de trois exemplaires du
même récit. En les comparant, les parties défectueuses d'un exemplaire se
sont complétées par les parties mieux conservées des autres. C'est ainsi
qu'on a pu apprécier le document dans son ensemble.

On s'aperçut alors que le texte ainsi reconstitué était la traduction assyro-chaldéenne d'un texte plus antique qui existait à Orchöé dix-sept
siècles avant notre ère. Il n'est pas possible d'en reporter la rédaction primitive à une époque plus récente : des traces évidentes d'archaïsme que
M. G. Smith a pu apprécier, et qu'il a signalées fort judicieusement, indiquent
au contraire une origine antérieure. C'est donc le plus ancien de tous les
récits connus qui ait conservé la tradition du déluge. Le texte d'Orchöé
était antérieur à Moïse de plusieurs centaines d'années. Les tablettes du
Musée-Britannique sont antérieures au règne de Josias (640 a. J.-C.) ;
elles précèdent de soixante ans la prise de Jérusalem ; elles ont été ensève-
lies dans les ruines de Ninive, trois siècles avant la naissance de Bérose.

Si Bérose n'a pu consulter le texte ninivite, il a pu consulter à Babylone
un des nombreux exemplaires qui y existaient sûrement. C'est peut-être
sur le texte antique lui-même qu'il s'est renseigné. Il pouvait, en effet, se
trouver encore dans la bibliothèque d'Orchöé, d'où nous l'exhumerons
peut-être un jour.

Ce document est un épisode emprunté à une vaste épopée assyro-chaldéenne dont on peut déjà entrevoir l'ensemble. L'épopée paraît avoir embrassé douze chants, douze chapitres, écrits sur douze tablettes distinctes.
Chacune de ces tablettes était soigneusement numérotée par les scribes
assyriens, et c'est cette précaution qui a pu permettre de réunir plus facilement les fragments qu'on a recueillis et de comprendre l'idée générale du
poème. M. G. Smith, qui explore avec autant d'intelligence que de bonheur,
les nombreux matériaux qu'il a à sa disposition dans le Musée-Britannique, n'a pu retrouver, quant à présent, qu'un fragment attribué aux cinq
premières tablettes. Quelques fragments peuvent être rapportés aux tablettes six à dix. Le récit du déluge remplit la onzième tablette, elle contient plus de deux cent quatre-vingts lignes d'écriture. On peut supposer
que les autres avaient à peu près la même étendue.

M. G. Smith, nous donne d'abord une idée de l'ensemble du poème.

Un personnage fabuleux, dont le nom n'a pas encore reçu la prononciation assyrienne qu'il avait jadis, parce que les caractères qui le composent ne se prêtent pas à une articulation phonétique, mais que l'on désigne sous le nom d'Isdubar, est le héros de l'épopée chaldéenne. Ce héros, qui a tous les caractères d'un Dieu, vit cependant d'une vie humaine, il est né à Erech (Orchöé) peu de temps après le déluge; il appartient à cette période, qui, d'après les calculs de Bérose, a dû commencer 36,538 ans avant notre ère. Quelques-uns des exploits d'Isdubar rappellent ceux d'Hercule. Après un long règne, rempli de péripéties que nous connaîtrons un jour, il tombe malade, il a peur de la mort, le dernier ennemi de l'homme. Pour calmer ses inquiétudes, il se décide à aller consulter le dernier roi-dieu qui a précédé le déluge et dont le nom, écrit en caractères idéographiques, se refuse à une articulation phonétique. Il veut dire, d'après la valeur de chacun des signes qui le composent : « le Soleil de vie » ou « la Lumière de vie. » Nous le nommerons, en suivant provisoirement la donnée de Bérose, Xisuthrus. Pour parvenir jusqu'à lui, Isdubar s'embarque avec un autre personnage, Our-Bel, sur un navire qu'ils ont construit, et descendent l'Euphrate; ils trouvent à son embouchure Xisuthrus endormi sur une rive dont ils sont séparés par un fleuve qu'une puissance supérieure rend infranchissable. Isdubar l'appelle et lui adresse de loin la question qui le préoccupe sur la vie et la mort. Xisuthrus lui répond. Malheureusement, il ne reste plus que quelques lignes qui terminent sa réponse sur ce sujet, puis Isdubar lui demande comment il est devenu immortel? Cette nouvelle réponse, contenue dans la onzième tablette, renferme l'histoire du déluge.

Voici, en nous appuyant sur la traduction anglaise de M. G. Smith, cet important épisode que nous nous réservons d'examiner un jour au point de vue de la philologie pure.

1 Isdubar parla ainsi à Xisuthrus, de loin,

. . . ' . . . . . Xisuthrus

dis-moi le récit

dis—moi le récit.

5 . . . . . au milieu pour faire la guerre. . . . . Je suis monté vers toi.

Dis comment tu as fait, et comment, dans le cercle des dieux, tu as acquis la vie.

Xisuthrus répondit ainsi à Izdubar :

— Je vais te révéler, Izdubar, l'histoire cachée,

10 et je te ferai connaître la sagessse des dieux.

La ville de Sourippak. la ville que tu as établie,

. . . . . . située

était ancienne, et les dieux

y habitaient. . . . une tempête. . . . leur Dieu. . . . leurs Grands-Dieux.

. . . . . . Anu.

15 . . . . . Bel

. . . . . Adar.

. . . . . Le Seigneur du Pays immuable (de l'Hadès) révé-lèrent leur volonté au milieu de (la nuit). J'ai entendu [Nouah], et il me parla ainsi :

20 « Homme de Sourippak, fils de d'Ubaratutu, fais un grand vaisseau pour toi. . . . .

Je détruirai les pécheurs et vie. . . . . .

Fais entrer les germes de vie de tous les êtres pour les con-server.

Le vaisseau que tu fabriqueras

25 . . . . . coudées seront la mesure de sa longueur

. . . . . coudées la mesure de sa largeur et de sa hauteur

Lance-le sur l'abîme. »

Je compris et je dis à Nouah, mon Seigneur :

Nouah, mon Seigneur, ce que tu m'as commandé .

30 je l'accomplirai, je le ferai.

. . . . . armée et troupes (?).

Nouah ouvrit la bouche et parla, et dit à moi, son serviteur,

. . . . . tu leur diras

. . . . . il se détourna de moi et

. . . . . fixé

(15 lignes manquent.)

51 Il. . . . . .

qui dans . . . . .

fort. . . . . j'apportai

au cinquième jour.. . . . . son. . . . .

55 Dans son circuit quatorze mesures. . . . . sur ses côtés,

quatorze mesures. . . . . par-dessus

Je plaçai son toit. . . . . je l'enfermai. . . . .

Je naviguais dedans : pour la vi^e fois je. . . . . . . pour la
viie fois.

Sur l'abîme sans repos. . . . . à la [viiie] fois

60 Ses planches à l'intérieur laissaient entrer les eaux

Je vis des fissures et des trous. . . . . ma main plaça

Trois mesures de bitume je répandis sur le dehors,

Trois mesures de bitume je répandis à l'intérieur,

Trois mesures prirent les hommes chargés des baquets

. . . . . ils posèrent un autel.

65 J'entourai l'autel. . . . . l'autel pour le sacrifice

deux mesures l'autel. . . . . . Pazziru le Pilote

pour. . . . . immola des bœufs

de. . . . . dans ce jour aussi

. . . . . l'autel et les raisins.

70 . . . . . comme les eaux d'un fleuve et

. . . . . comme le jour. Je le couvris et

. . . . . quand. . . . . ma main plaça la couverture

. . . . . et Samas. . . . . compléta le matériel du vaisseau

. . . . . fort et

75 J'étendis des roseaux dessus et dessous

. . . . . ils allaient aux deux tiers.

Tout ce que je possédais, je le réunis ; tout ce que je possédais
d'argent, je le réunis ;

Tout ce que je possédais d'or, je le réunis ;

Tout ce que je possédais de la semence de vie, je le réunis, le tout

80 Je le fis entrer dans le vaisseau ; tous mes serviteurs mâles et
femelles,

Les animaux domestiques, les animaux sauvages, et les jeunes
hommes de l'armée, eux tous,

je les fis tous entrer.

Samas fit une inondation, et

Il parla, disant au milieu des ténèbres : « Je ferai tomber la pluie
  du ciel abondamment ;

Entre dans le vaissseau et ferme la porte. »

85 Il souleva l'inondation, et. . . . .

Il parla, disant au milieu des ténèbres : « Je ferai tomber la pluie
  du ciel abondamment. »

Le jour où je célébrai sa fête

  le jour qu'il avait déterminé, j'eus peur.

J'entrai dans le navire et je fermai ma porte.

90 Pour guider le vaiseau, au pilote Buzursadirabu (vers les lieux
  inaccessibles des grandes montagnes, v. L.) au pilote.

Je confiai ma demeure

  au matin, la fureur d'une tempête

  s'éleva de l'horizon du ciel et s'étendit dans l'espace

Bin au milieu du ciel fit entendre le tonnerre

95 Nabu et Saru s'avancèrent en face

Les soutiens du trône (les dévastateurs, V. L.) passèrent sur les
  montagnes et les plaines.

Le destructeur Nergal se livra à la destruction

Adar marcha en avant et renversa ce qui se trouvait sur son
  passage.

Les esprits apportèrent la destruction.

100 Dans leur gloire, ils balayèrent la terre

L'inondation de Bin atteignit jusqu'au ciel

la terre brillante fut changée en désert

[L'inondation] passa sur la surface de la terre. . . . . . .

  elle détruisit toute vie de la face de la terre

105 La forte tempête sur le peuple atteignit jusqu'au ciel

Le frère ne vit plus son frère. Elle n'épargna pas le peuple

Dans le ciel

  les dieux craignirent la tempête et cherchèrent un refuge ; ils
  montèrent jusqu'au ciel d'Anu

Les dieux se blottirent comme des chiens qui cachent leurs queues.

110 Istar prononça un discours

La Grande-Déesse parla, elle dit :

« Le monde est adonné au péché, et

Alors, en la présence des Dieux, j'ai prophétisé le malheur.

Quand, en présence des Dieux, j'ai prophétisé le malheur,

115 Au malheur j'ai dévoué tout mon peuple, et j'ai prophétisé

Ainsi : » J'ai donné naissance à l'homme ; qu'il ne soit plus

Comme les petits des poissons qui remplissent la mer »

Les Dieux ainsi que les Esprits pleuraient avec elle

Les Dieux sur leurs sièges étaient assis en lamentations

120 Leurs lèvres étaient fermées à cause du mal qui s'approchait

Six jours et (six) nuits

passèrent ; le tonnerre, la tempête et l'ouragan éclataient de toute
part

Dans le cours du septième jour, l'ouragan se calma et la tempête
qui avait détruit comme un tremblement de terre,

125 s'apaisa. La mer se dessécha, le vent et la tempête
s'apaisèrent.

Je fus porté à travers la mer. Celui qui avait fait le mal
et toute la race humaine qui avait tourné au péché
flottaient comme des roseaux

J'ouvris la fenêtre et la lumière pénétra dans mon refuge

130 elle passa, je m'assis tranquille et
la paix vint dans mon refuge.

Je fus porté par-dessus le rivage aux limites de la mer

Jusqu'à douze coudées au-dessus de la terre

Le vaisseau alla au pays de Nizir.

135 La montagne de Nizir arrêta le vaisseau et il ne put passer par-dessus.

Le premier et le second jour la montagne de Nizir la même

Le troisième et le quatrième jour la montagne de Nizir la même

Le cinquième et le sixième jour la montagne de Nizir la même

Dans le cours du VIIe jour

140 J'envoyai au dehors une colombe et elle partit,

La colombe partit et elle chercha, et

elle ne trouva point de place de repos, et elle revint

J'envoyai au dehors une hirondelle et elle partit

l'hirondelle partit et chercha, et

elle ne trouva point de place de repos, et elle revint.

J'envoyai au dehors un corbeau et il partit.

145 Le corbeau partit, et il vit des cadavres sur les eaux et
 il les mangea, il nagea et il erra au loin, et il ne revint pas.

J'envoyai au dehors les animaux aux quatre vents

Je versai une libation.

J'élevai un autel sur le sommet de la montagne.

Sept par sept je coupai des herbes

150 Je plaçai, au pied des roseaux, des pins et des (arbres) *Simgar*
 Les dieux se réunirent autour de la flamme, les dieux se réunirent
  autour de la bonne flamme

 Les dieux serrés (comme des bancs de poissons, v. L.) se réunirent
  au-dessus du sacrifice

 Et en même temps le dieu suprême en s'approchant
  produisit la grande lumière d'Anu. Alors la gloire

155 des dieux, pareille à la pierre *ukni* (à une gemme brillante, V. L.)
 je ne pouvais supporter

 Alors je priai pour être délivré à jamais de toute souffrance.

 « que les dieux viennent à mon autel !

 que Bel ne vienne à mon autel

 Car il n'avait pas écouté ma prière et il avait fait un orage

160 et il avait voué mon peuple à l'abîme,
 et alors de loin Bel, dans sa course,
 vit le vaisseau, et Bel s'avança plein de colère vers les dieux et
 les Esprits (il voulait)
 que personne ne sorte vivant, qu'aucun homme ne soit sauvé de
 l'abîme.

 Adar ouvrit la bouche, il parla, il dit au guerrier Bel :

165 « Qui alors sera sauvé ? » Nouah exprima sa volonté
 et Nouah qui savait toute chose

 Nouah ouvrit la bouche, il parla, il dit au guerrier Bel :

 « Toi, le premier des Dieux, Guerrier,

 Quand tu as été irrité, tu as fait un orage,

170 Le pécheur a fait son péché, le malfaiteur a fait le mal ; tu veux que
 celui qui est élevé ne soit pas brisé, que le captif ne soit pas délivré ;

 Au lieu de faire (désormais) une tempête, laisse les lions s'accroître
 et que les hommes soient détruits ;

Au lieu de faire une tempête, laisse les panthères s'accroître et que
les hommes soient détruits ;

Au lieu de faire une tempête, que la famine survienne et que le pays
soit détruit ;

175 Au lieu de faire une tempête, que la peste s'accroisse et que les
hommes soient détruits.

Je ne sondai point la sagesse des Dieux,

Respectueux et attentif ; ils lui envoyèrent un songe, et il entendit
la sagesse des Dieux.

Quand sa sentence fut décidée, Bel entra au milieu du vaisseau.

Il prit ma main et me conduisit dehors, moi.

180 Il me conduisit dehors, et fit amener ma femme à mon côté ;

Il purifia le pays, il établit un pacte et prit en main les hommes.

En présence de Xisuthrus et des hommes.

Lorsque Xisuthrus, sa femme et les hommes qui devaient être semblables aux dieux furent emmenés,

Alors Xisuthrus habita dans un lieu éloigné à l'embouchure des
fleuves

185 ils me prirent et m'établirent dans un lieu éloigné à l'embouchure
des fleuves.

Quant à toi, que les dieux ont choisi, toi et
la vie que tu as cherchée, tu la connaîtras.

Fais ceci pendant six jours et sept nuits
comme je te le dis : « Liez-le dans les liens et

190 la route (de la vie), comme une tempête, s'élargira pour lui. »

— Xisuthrus parla ainsi à sa femme :

« Je dis que le chef qui s'attache à la vie,
la route, comme une tempête, s'élargira pour lui. »

Sa femme, en ces termes, parla à Xisuthrus de loin :

195 « Purifie-le, et que l'homme soit renvoyé
par le chemin où il est venu, qu'il retourne en paix,
ouvre la grande porte et qu'il retourne en son pays. »

Xisuthrus, en ces termes, parla à sa femme :

— « Le cri d'un homme t'alarme,

200 fais ceci, pose sur sa tête ton vêtement de pourpre. »
et le jour qu'il monta sur le flanc du vaisseau

elle le fit. Il posa sur sa tête son vêtement de pourpre
et le jour qu'il monta sur le flanc du vaisseau

. . . .

. . . .

Isdubar, de telle manière, parla à Xisuthrus de loin
Par cette voie elle a agi, je viens
210 Joyeusement tu m'as donné ma force.
Xisuthrus, en ces termes, parla à Izdubar :
. . . . . ton vêtement de pourpre
         je l'ai placé

. . . . . .

Izdubar, en ces termes, parla à Xisuthrus de loin :
220 . . . . . Xisuthrus, ne pouvons-nous aller à toi

. . . . . .

. . . . . .

Isdubar et Our-Bel remontèrent dans le vaisseau
Là où ils étaient placés et ils naviguèrent.
Sa femme parla en ces termes à Xisuthrus, de loin :
245 « Izdubar s'en va, il est satisfait, il a accompli
ce que tu as ordonné et il retourne dans son pays. »
Et il entendit, et à la suite d'Izdubar
il alla sur le rivage
Xisuthrus parla en ces termes à Izdubar :
250 « Isdubar, tu t'en vas, tu es satisfait, tu as accompli
Ce que je t'ai ordonné, et tu retournes dans ton pays
Je t'ai révélé, Izdubar, l'histoire cachée. . . . . . »

. . . . . .

Les lignes suivantes sont très-mutilées et ne permettent pas de suivre
plus loin le récit.

Telles sont les trois relations qui nous sont conservées sur la tradition
du déluge. Si maintenant nous voulons les comparer, il est facile de voir
qu'elles ont évidemment en vue le même événement.

Le texte primitif de Bérose devait être plus développé; dans sa rédaction, même la plus étendue, il n'est encore qu'un résumé. Un point prin-

cipal que nous trouvons dans les deux autres versions y est omis, c'est la cause du cataclysme. Les tablettes, d'accord avec le texte hébraïque, ont rendu à ce grand événement son véritable caractère : c'est un châtiment.

A part ce détail, omis dans les fragments de Bérose, on pouvait croire que les traditions chaldéennes étaient empruntées aux récits mosaïques. Aujourd'hui, la question est résolue, et il est certain que l'antériorité de la légende appartient aux traditions chaldéennes, sans que cette antériorité puisse nous renseigner sur l'origine de la tradition, ni sur le fait en lui-même.

Eugène Burnouf, il y a un quart de siècle, avait pensé que la tradition diluvienne qu'on trouve chez les Hindous et chez les Chinois avaient pris naissance dans la Chaldée ; les tablettes assyriennes donnent une haute portée à ces inductions. Elles n'établissent pas, cependant, les moyens de propagation qui ont, pour ainsi dire, universalisé cette légende que l'on trouve dans l'histoire de toutes les races de l'humanité, excepté toutefois parmi les différentes branches de la race noire, en Afrique, et dans les îles de l'Océanie.

D'un autre côté, il nous paraît qu'il faut remonter plus haut encore pour arriver à la source de cette tradition ; il est certain, en effet, que le rédacteur du Pentateuque a eu sous les yeux deux récits, qu'il a coordonnés et ramenés à l'unité qu'elle a aujourd'hui. Or, on trouve les traces d'un travail analogue dans le récit des tablettes assyro-chaldéennes. Si l'on met en regard les points de ressemblance qui réunissent les deux récits, on pourra voir qu'ils ne découlent pas de la même origine, mais qu'ils ont suivi deux courants d'idées parallèles dont les traces se trouvent dans les différences propres à chaque récit.

La découverte de M. G. Smith a d'un autre côté une conséquence immédiate qui a renversé les idées déjà bien ébranlées qu'on s'était fait dans ces derniers temps sur le caractère des Sémites.

L'épopée paraissait l'appanage exclusif des races ariennes, on croyait que le sémite ne pouvait atteindre à ces hauteurs. Or, la légende du déluge dans les tablettes antiques n'est qu'un épisode. C'est un fragment détaché d'un poème comparable aux vastes épopées de l'Inde et qui décide la question d'une manière formelle. Cette remarque, du reste, nous ramène au fond même des idées qui ont été ainsi recueillies. Chaque tablette devant contenir un épisode analogue, quel en était le sujet? En l'absence de tout indice, nous ne pouvons sans doute le supposer, mais il est permis de croire qu'on retrouvera un jour le poème dans son entier et qu'on y reconnaîtra peut-être l'origine des nombreuses légendes qui peuvent se rattacher à l'histoire de la Haute-Asie et qui nous sont parvenues après avoir suivi les chemins les plus détournés.

Nous avons vu que les compagnons de Xisuthrus, fidèles à la voix qu'ils avaient entendue, lorsque les eaux du déluge se furent retirés et que la terre fut devenue habitable, se rendirent à Sippara et se mirent à la recherche des tables qui contenaient les instructions d'Anu et l'histoire des temps passés. Après les avoir retrouvées, ils se rendirent à Babylone et ils en restaurèrent les temples.

A partir de ce moment, les extraits de Bérose manquent de précision, les renseignements qui nous sont fournis par ses compilateurs sont très-succincts, Eusèbe les résume ainsi d'après Alexandre Polyhistor.

« Après le déluge, Evexius (Εὔηκοος) régna sur la Chaldée pendant quatre nères (2,400 ans). Ensuite l'empire fut exercé par son fils, Chomasbelus (Χωμάσϐηλος), pendant quatre nères et cinq sosses (2,700 ans). Depuis, Xisuthrus et le déluge jusqu'à l'occupation de Babylone par les Mèdes, Polyhistor compte 86 rois et il désigne chacun d'eux par son nom; d'après Bérose, il compte pour la durée de ces règnes 33,091 ans.

« Après ces rois, qui avaient occupé le trône pendant une succession d'années non interrompues, il dit que les troupes réunies des Mèdes se sont emparées de Babylone et y ont établi des rois. Il donne ici les noms de ces rois Mèdes, au nombre de huit, qui ont régné 224 ans, puis onze rois qui ont régné 48 ans. Il compte alors quarante-neuf rois chaldéens qui ont régné quatre cent cinquante ans.

« Ensuite neuf rois arabes pendant deux cent quarante-cinq ans; après cela il place Sémiramis qui a régné sur les Assyriens.

« Ensuite il énumère de nouveau et par leurs noms, quarante-cinq rois auxquels il accorde une durée de cinq cent vingt-six années.

« Puis vient un roi de Chaldée qui se nommait Phul, qui est mentionné dans l'histoire des Juifs et qu'ils appellent également Phul.

(Müller. Ber. Frag. de Reb. Bab.; p. 403.)

Nous nous arrêterons ici dans ce résumé rapide où nous ne trouvons que des dates et des noms qui n'ont pas toujours été rigoureusement rapportés par tous les compilateurs de Bérose. Le Syncelle prétend les corriger.

« Depuis la présente année du monde, 2405 Alexandre Polyhistor s'efforce de résumer ainsi la série des rois qui ont régné après le déluge: quatre-vingt-six rois chaldéens et mèdes qui ont gouverné pendant une période de sares, de nères, de sosses formant 34,080 ans, c'est-à-dire, neuf sares, deux nères et huit sosses; de ce temps, 86 dont deux, savoir Evéchius et Chomasbelus, sont chaldéens, et des quatre-vingt-quatre autres, mèdes, était Zoroastre; puis sept rois chaldéens les ont suivis et ont régné pendant cent quatre-vingt-dix années solaires. Depuis lors, Polyhistor ne se sert plus de sares, de nères et de sosses pour supputer les absurdités de cette histoire fabuleuse, mais il emploie le mode ordinaire de compter par les années solaires et il arrive au même résultat. »

(Müller. Ber. Frag., p. 503.)

Quelle que soit la valeur de ces corrections, les compilateurs de Bérose nous laissent en présence d'une immense lacune et nous n'avons pour la combler que les récits bibliques, quelques fables recueillies par les grecs, et enfin, les monuments qui proviennent des fouilles de la Chaldée.

SEM, CHAM ET JAPHET.

Nous ne sommes pas sortis de l'époque légendaire et, pour nous renseigner sur la portée de certaines traditions qui y ont pris naissance, nous devons avoir recours aux récits bibliques. Ils nous signalent deux événements qui se sont passés immédiatement après le déluge et qui ont été acceptés pour expliquer, à différents points de vue, la diversité des races et la diversité des langues.

Voici comment la Genèse nous renseigne sur le premier de ces faits :

« Les fils de Noé qui sortirent de l'arche étaient Sem, Cham et Japhet, Cham est le père de Chanaan.

Ce sont les trois fils de Noé et toute la terre fut peuplée par eux.

3

Noé fut d'abord un homme des champs, il planta la vigne.

Il but du vin, il s'enivra et se découvrit dans sa tente.

Cham, le père de Chanaan, ayant vu la honte de son père, le dit à ses frères qui étaient dehors.

Sem et Japhet prirent une couverture qu'ils posèrent sur leurs épaules, et allant à reculons, ils couvrirent la honte de leur père; le visage détourné, ils ne virent pas la honte de leur père.

Noé s'étant réveillé de son vin, apprit ce que lui avait fait son fils le plus jeune.

Et il dit: que Chanaan soit maudit, qu'il soit l'esclave des esclaves de ses frères.

Il continua: loué soit Jéhovah, le dieu de Sem, et que Chanaan soit son esclave.

Que Dieu étende les possessions de Japhet, qu'il demeure dans les tentes de Sem et que Chanaan soit son esclave. »

(Gen. ch. ix. v. 18-26.)

Rien ne vient, jusqu'ici du moins dans les monuments de la Chaldée, nous renseigner sur cette tradition qui reste propre au récit biblique. Après avoir ainsi posé la séparation des races, la Genèse nous donne l'énumération des différentes familles qui sont sorties des fils de Noé.

On a beaucoup commenté cet important chapitre qui paraît fixer les conditions à la fois géographiques et etnographiques des premiers habitants de la Haute-Asie et qui est resté, dans la science et dans l'histoire, comme le point de départ de toutes les synthèses devant lesquelles l'analyse la plus scrupuleuse est souvent venue échouer.

LA TOUR DE BABEL.

A côté du fait qui explique la diversité des races, la Bible nous fait connaître un autre événement qui explique la diversité des langues. Voici comment il est rapporté :

« Il n'y avait alors sur la terre qu'un seul langage et qu'une manière de parler.

Et comme les peuples étaient partis du côté de l'Orient, ayant trouvé une vallée dans le pays de Sennaar, ils s'y établirent.

Ils se dirent l'un à l'autre : allons, faisons des briques et cuisons-les au feu. Ils se servirent donc de briques comme de pierres et de l'argile comme de ciment.

Ils dirent encore, faisons une ville et une tour dont le sommet s'élève jusqu'au ciel, et rendons notre nom célèbre, car nous serons peut-être dispersés sur toute la terre.

Or, Jéhovah descendit pour voir la ville et la tour que bâtissaient les hommes.

Jéhovah dit : Ils ne sont tous maintenant qu'un seul peuple, et ils ont tous le même langage, ils ont commencé à faire cet ouvrage, ils ne quitteront point leur dessein qu'ils ne l'aient achevé,

Eh bien, descendons en ce lieu et confondons-y leur langage, qu'ils ne s'entendent plus les uns les autres.

C'est ainsi que Jéhovah les dispersa de ce lieu dans tous les pays du monde et qu'ils cessèrent de bâtir cette ville.

C'est pour cette raison qu'on la nomma Babel, parce que c'est là que Jéhovah confondit le langage de toute la terre et dispersa les hommes dans toutes les régions. »

(Gen. ch. xi, v. 1-9.)

Quel a été, en dehors du récit mosaïque, l'importance de cette tradition dans la Chaldée? C'est ce qu'il est impossible d'apprécier, il est certain qu'elle y circula dans une haute antiquité et les compilateurs de Bérose l'ont propagée sous son nom ; mais nous n'avons pas ici, comme pour le récit du déluge, un renseignement d'une époque incontestable pour en constater l'origine ou le passage. Les inscriptions du temps de Nabuchodonosor dans lesquelles quelques savants, au début des recherches, avaient cru en saisir la trace, ne nous permettent pas d'affirmer que le rédacteur chaldéen ait eu en vue ce grand événement tel qu'il résulte des traditions de la Genèse. Nous aurons du reste occasion, par la suite, d'apprécier l'ensemble de ces documents et de signaler leur silence à cet égard.

Quoi qu'il en soit, nous devons enregistrer ici les indices qui ont été recueillis par les compilateurs de Bérose et qui pourraient nous faire supposer qu'on retrouvera un jour ces données dans les monuments que Bérose lui-même aurait pu consulter.

Abydène s'exprime ainsi :

« On raconte que les premiers hommes énorgueillis outre mesure par leur force et leur taille en vinrent à mépriser les dieux et à se croire supérieurs à eux. C'est dans cette pensée qu'ils élevèrent une tour d'une prodigieuse hauteur qui est maintenant Babylone.

« Déjà elle approchait du ciel quand les vents vinrent au secours des Dieux et bouleversèrent tout l'échafaudage en le renversant sur les constructeurs. Les ruines en sont appelées Babylone, et les hommes qui avaient jusqu'alors une seule langue, commencèrent à parler par l'ordre des Dieux des idiômes différents. »

Il n'est pas certain que le passage d'Abydène soit extrait de Bérose, bien qu'il figure dans tous les recueils des fragments de l'historien chaldéen. Nous allons essayer de faire comprendre comment il a pu s'y introduire.

LA SIBYLLE.

Alexandre Polyhistor met, dans la bouche d'une Sibylle, un passage analogue à celui que nous venons de citer, et ce passage a été reproduit par Eusèbe, d'après Josèphe, sans en mentionner autrement la provenance.

Voici comment Josèphe s'exprime à cet égard :

« De cette tour et de la diversité de langage des hommes, la Sibylle fait mention en ces termes : Lorsque les hommes parlaient encore une seule langue, quelques-uns d'entre eux entreprirent de construire une Tour très-élevée afin de monter jusqu'au ciel, mais les Dieux ayant envoyé les vents, bouleversèrent la Tour et donnèrent à chacun un langage différent. C'est de là que la ville fut appelée Babylone. »

Quelle est cette Sibylle ? Saint Justin, le martyr, va peut-être nous mettre sur la trace de son origine. En parlant de la fameuse Sibylle de Cumes, il dit qu'elle était venue de Babylone et qu'elle était la fille de Bérose, l'auteur de l'histoire de Chaldée.

Pausanias, un peu plus tard, donne de nouveaux détails : « Il y eut, dit-il, chez les Hébreux d'au-dessus la Palestine une femme prophétesse, nommée Sabbé (Σαββη) que l'on dit fille de Bérose et d'Erymante ; les uns l'appellent la Sibylle babylonienne, les autres, la Sibylle égyptienne. »

Suidas, sans indiquer la source à laquelle il a puisé, donne à la Sibylle le nom de Sambéthée (Σαμбήθη). Il s'exprime ainsi à son sujet :

« La Sibylle chaldéenne est ainsi nommée par les uns hébraïque, et également persique ; elle s'appelait de son nom propre Sambéthée, de la famille du bienheureux Noé. C'est elle qui prédit les exploits d'Alexandre le macédonien, et dont parle Nicanor, l'historien de la vie d'Alexandre ; elle a fait mille prophéties sur le seigneur Christ et sa venue. Les autres Sibylles sont d'accord avec elle et on a de celle-ci vingt-quatre (?) livres traitant de tous les peuples et de tous les pays. »

Un peu plus tard, on confondait la Sibylle de Bérose avec la reine de Saba.

Il est facile de voir que le récit qui nous intéresse perd de sa consistance à mesure que le personnage dans la bouche duquel nous le trouvons pour la première fois gagne en précision. Malgré la remarque de Richter qui s'appuie sur l'identité du récit d'Alexandre et du récit d'Abydène pour l'attribuer à Bérose, le doute est encore permis. Aussi, je ne saurais partager l'opinion de M. F. Lenormant qui fait remonter jusqu'à Bérose lui-même l'intervention du personnage de la Sibylle pour expliquer son récit. C'est une hypothèse qui attend encore sa justification.

Rien ne vient jusqu'ici établir l'origine chaldéenne de la tradition de la tour de Babel et de la confusion des langues. Il est certain qu'elle a dû circuler à Babylone, dans une antiquité relative, elle a dû même pénétrer en Grèce, longtemps avant Bérose ; mais toutes les conjectures que l'on pourrait faire, si ingénieuses qu'elles soient, n'auront pas la solidité d'un monument assyrien qui apporterait son autorité indiscutable.

S'il ne nous est pas permis de remonter à l'origine des faits qui ont expliqué la diversité des races et la diversité des langues dans les traditions de la Chaldée, il n'est pas moins certain que ces légendes y avaient cours à un moment qu'il ne nous est pas donné de préciser, et c'est à l'aide de ces deux grands faits que l'on a cherché à expliquer la diversité des races et la diversité des langues. C'est surtout à l'aide des noms qui sont mêlés à ces événements qu'on a établi certaines conventions pour se reconnaître dans la discussion.

Il y a, en effet, des formules séduisantes dont il faut tenir compte, sans pourtant s'y croire enchaîné. La diversité des langues et des races est un fait dont la philologie et l'histoire ont dû se préoccuper et qu'il est plus facile de constater que d'expliquer. Pour les besoins de la discussion, il a fallu donner des noms aux différentes familles qui peuplent le monde, et aux différentes formes des idiomes dont elles se servent pour se faire comprendre. En remontant à l'origine des choses on a trouvé, à un moment donné trois grandes individualités, qui paraissaient avoir imposé à leur descendance un caractère spécial et qui semblaient répondre merveilleusement aux besoins de l'etnographie. C'est ainsi que Sem, Cham et Japhet, sont devenus les puissants rameaux auxquels on a rattaché les différentes races d'hommes qui composent l'humanité.

La philologie a suivi ces errements et de même qu'on avait reconnu trois races distinctes dans l'humanité, il a fallu trouver trois familles de langues pour correspondre à cette triple filiation, et dès lors on a eu des langues Sémitiques, Chamitiques et Japhétiques.

NEMROD.

La Bible nous présente, à l'origine de l'Empire assyro-chaldéen, un personnage qui appartient d'une part au domaine de la légende, mais qui touche de si près à la vie réelle, que son nom se retrouve dans toutes les grandes fondations de l'Assyrie et de la Chaldée. C'est Nemrod, un des fils de Cousch. Nemrod, tel qu'il nous est présenté, est une personnalité violente, un révolté. Lorsqu'il vint s'établir dans la terre de Sennaar, il était déjà puissant sur la terre et nous voyons quatre villes qu'il compte aussitôt parmi les principales villes de son empire : Babel, sa capitale, puis Erech, Akkad et Chalneh. Il faudrait devancer peut-être les découvertes possibles pour trouver le nom de ce hardi chasseur dans les monuments assyro-chaldéens. Cependant, si nous nous en tenons à la signification générale de cette indication, il est certain que Nemrod représente la domination d'une race couschite ou chamite dans la terre de Sennaar. En serrant de plus près les traditions, nous y trouvons peut-être les traces d'une domination égyptienne. En effet, Nemrod est venu de l'Egypte. La tradition, qui rapporte à Bélus la fondation de Babylone, est d'origine égyptienne et il est constant que dans l'antiquité la plus reculée, l'Egypte a dû envahir la Haute-Asie comme la Haute-Asie l'a envahie à son tour. Toutes les traditions de la Babylonie et de l'Assyrie permettent de supposer qu'il existe une relation étroite entre l'Ethiopie, l'Arabie occidentale et les villes du Bas-Euphrate. Mais c'est à l'Egypte qu'il faudra demander cette histoire, et les belles découvertes de M. Mariette viendront bientôt nous éclairer sur ce point.

L'Egypte a des monuments beaucoup plus anciens que l'Assyrie et la Chaldée ; les premiers rapports qui ont pu exister entre ces deux pays, remontent à une époque qui est de beaucoup antérieure aux textes assyro-chaldéens que nous pouvons consulter. Les plus anciens monuments de la Chaldée sont peut-être de mille ans postérieurs aux pyramides, et pendant cette longue période nous n'avons aucun indice sur les événements dont la Chaldée a pu être le théâtre.

Le nom de Nemrod reste seul et se perpétue encore de nos jours dans les traditions des Arabes qui l'appliquent à des monuments dont ils ignorent l'origine. C'est ainsi que nous connaissons le Birs-Nimroud auprès de Babylone ; Tel-Nimroud à Bagdad ; l'écluse du Suhr-el-Nimroud auprès de Mossoul et enfin le village de Nimroud, qui s'élève auprès des ruines de Calach.

A notre époque exigeante sur les faits précis et scrupuleuse sur les traditions qui ne sont pas appuyées par des monuments contemporains, la grande figure de Nemrod reste avec des formes indécises qui n'enlèvent pas à la tradition toute sa valeur ; mais il n'est pas encore permis de la faire passer dans l'histoire, avec le caractère restreint d'une individualité compréhensive, conservant à la fois toute sa personnalité et réunissant cependant, autour d'elle, tous les faits auxquels elle a imposé son empreinte.

ZOROASTRE.

C'est encore dans la période légendaire que nous devons placer ce qui a trait à Zoroastre et qui est rapporté par Moïse de Chorène, qui écrivait dans le milieu du v° siècle.

« Il m'est permis de commencer mon histoire par les choses que je préfère et de rapporter les paroles de la Sibylle bérosienne qui s'exprime ainsi : Avant la Tour et avant que le genre humain eût des langues multiples, après le voyage de Xisuthrus en Arménie, Zérovan, Titan et Japéthostès occupèrent le trône de la terre. (Je vois là, Sem, Cham et Japhet). Ceux-ci, comme le rapporte Bérose, s'étant partagés l'empire de la terre, Zérovan, rempli d'orgueil, voulut dominer sur les deux autres.

Zérovan, d'après le mage Zoroastre, le roi des Bactriens, qui fut le premier des Mèdes, était le père des Dieux. On raconte sur lui beaucoup d'autres choses, mais elles sont étrangères à notre récit. C'est pourquoi, d'après ce qu'il rapporte, Titan et Japéthostès s'insurgèrent contre Zérovan et lui déclarèrent la guerre, parce qu'il voulait que tous ses enfants fussent rois. Titan, pendant ce débat, occupa une certaine partie du domaine de Zérovan. Alors Astlicie, leur sœur, s'interposa; la querelle s'apaisa sur ses instances, et il fut convenu entre eux que Zérovan resterait maître de l'empire. Mais ils s'engagèrent par serment à faire périr dorénavant toute la postérité mâle de Zérovan, pour qu'elle ne puisse commander à leur postérité, et ils préposèrent, à cet effet, les plus forts et les plus robustes parmi les hommes et les femmes des Titans. Ceux-ci firent périr deux enfants, conformément à leur serment; mais alors Astlicie tint conseil avec les épouses de Zérovan à l'effet de persuader à quelques-uns des Titans, d'épargner les autres enfants et de les envoyer sur une montagne que l'on l'appelle « l'Assemblée des Dieux », et qui maintenant porte le nom d'Olympe ».

(Hist. arm. 1, c. 5.)

Ces traditions, que l'historien de l'Arménie fait remonter jusqu'à Bérose, proviennent évidemment d'une autre source. Dans le troisième livre des Oracles sibyllins, l'auteur juif et alexandrin du II⁰ siècle avant notre ère avait déjà recueilli ces traditions, qu'il avait fait passer dans ses vers, en les mêlant aux fables grecques qui avaient cours à cette époque.

Ce n'est pas que le nom de Zoroastre se refuse à une étymologie, que la langue de Babylone permettrait de justifier, mais les doctrines qui portent son nom, ne se prêtent pas à des rapprochements de la même nature.

Zérovan, le Zervan-Akérène de l'Avesta, le Temps incréé et infini, qui fait le fond de la mythologie des Perses et qui a sa place dans les traditions venues de la Bactriane, n'a rien de commun avec les héros des traditions de la Chaldée. Un examen, même superficiel, du passage de Moïse de Chorène que nous avons cité, ne tarderait pas à faire ressortir tout ce qu'il y aurait d'erroné à asseoir un jugement sur ces données de l'historien de l'Arménie, car le témoignage des monuments que l'on découvre chaque jour viendrait bientôt lui donner un démenti.

SÉMIRAMIS.

La figure de Sémiramis appartient également à la légende. C'est un mélange confus de traditions qui proviennent des sources les plus diverses. Quelques-unes ont pu sans doute appartenir à la Chaldée, mais il est impossible de saisir aujourd'hui leur filiation. Le point de départ paraît se trouver dans les récits de Ctésias; ils nous sont rapportés par Diodore et se sont propagés sans contrôle dans toute la Grèce, qui nous les a transmis.

D'après cette légende, Ninus, fils de Bélus, le premier roi des Assyriens, marcha contre les Babyloniens qu'il soumit d'abord; il étendit bientôt ses conquêtes sur toute l'Asie, à l'exception de la Bactriane et de l'Inde. Au retour de ses expéditions, il construisit sur les bords de l'Euphrate (sic) Ninive, qu'il appella de son nom. Puis, reprenant le cours de ses expéditions, il entreprit la conquête de la Bactriane. C'est dans cette guerre qu'il rencontra Sémiramis. Sa naissance mérite d'être racontée.

« Il y a en Syrie une ville nommée Ascalon, près de laquelle est un étang grand et profond, rempli de poisson; à côté de cet étang s'élève le temple d'une déesse fameuse, que les Syriens appellent Derceto, et qu'ils représentent avec un buste de femme et un corps de poisson. Les plus instruits du pays racontent qu'Aphrodite, irritée contre cette déesse, lui inspira un violent amour pour un ministre de son temple, jeune et beau; Derceto devint mère d'une fille; mais bientôt, rougissant de sa faute, elle fit périr son amant et exposa sa fille dans un lieu désert, au milieu des rochers. Elle-même, poussée par la honte et la douleur, se jeta dans l'étang où elle se transforma en poisson. Aussi, depuis ce temps, les Syriens s'abstien-

nent-ils de manger du poisson et rendent-ils à ces animaux les honneurs
divins. Cependant, de nombreuses colombes nichaient autour du lieu où
l'enfant avait été exposée ; elles le nourirent et lui sauvèrent la vie d'une
manière miraculeuse et divine, les unes la réchauffant et l'enveloppant de
leurs ailes, les autres apportant dans leur bec et faisant dégoutter sur ses
lèvres du lait enlevé aux bergeries voisines. Puis, quand l'enfant eut
atteint l'âge d'un an et eut besoin d'une nourriture plus solide, ce furent
des fromages que les colombes dérobèrent pour lui apporter. Les bergers
finirent par s'en apercevoir et, ayant fait le guet, ils suivirent les colombes
jusqu'au lieu où ils trouvèrent la petite fille admirable de beauté.

« Ils l'apportèrent dans leurs cabanes et la présentèrent à l'intendant
des propriétés royales, nommé Simmas. Celui-ci, n'ayant pas d'enfant,
l'éleva et la nomma « Sémiramis », du mot qui, dans la langue syrienne,
signifie *colombe* ; et, depuis ce temps, les Syriens honorèrent les colombes
comme des divinités. »

(Diod., II, 4.)

Cependant, Sémiramis grandit dans la maison de Simmas, et fut
épousée, pour sa beauté, par le gouverneur de Syrie, nommé Ménonès, ou suivant d'autres auteurs, qui ont emprunté également à Ctésias,
Onnès ou Oannès. Elle prit bientôt un empire absolu sur l'esprit de son
mari, et le suivit avec l'armée de Ninus, alors en guerre contre les Bactriens. Les Assyriens assiégeaient Bactres, où s'était retiré leur roi, que
Diodore nomme Oxiartès, et d'autres Zoroastre. Le siége tirant en longueur, Sémiramis, travestie en guerrier, pénétra dans la ville et la livra
aux assiégeants. Ninus, émerveillé de la beauté et de la bravoure de Sémiramis, l'enleva à Ménonès, qui mourut de désespoir.

Peu de temps après, Ninus ayant eu de Sémiramis un fils, nommé
Ninyas, mourut, et laissa l'empire à Sémiramis qui, jalouse de surpasser
la gloire de son époux, conçut le dessein de bâtir, sur le Bas-Euphrate,
une ville immense, Babylone, qui n'existait pas alors.

On a cru longtemps à la valeur historique de cette légende. Ctésias rap-
portait à cette Sémiramis non-seulement toutes les constructions de Babylone, les murs, les palais, les quais, les jardins suspendus, mais encore la
fondation de villes nombreuses et tous les grands travaux dont il ignorait
l'origine. C'est ainsi que cette grande personnalité féminine s'était trouvée

agrandie par toutes les fables qui circulaient à la cour des Perses et que le médecin d'Artaxerxès avait contribué à répandre.

Aujourd'hui, la Sémiramis de Ctésias rentre dans le domaine de la légende. M. F. Lenormant, dans un savant mémoire, a analysé avec une grande sagacité toutes les fables qui s'étaient groupées autour de son nom et lui a restitué son véritable caractère. Nous verrons plus tard ce qu'il faut penser de la Sémiramis qui est mentionnée dans les récits d'Hérodote.

—————

Nous avons passé en revue toutes les traditions qui peuvent nous éclairer sur les premiers habitants de la Chaldée, et nous avons essayé de grouper, autour des noms que les légendes pouvaient nous fournir, les caractères qui semblaient nous les faire distinguer.

C'est ainsi que nous avons vu tour-à-tour apparaître les Couschites avec Nemrod, les Ariens avec Zoroastre, sans que nous ayons pu pénétrer à travers l'immense développement que la civilisation sémitique va nous présenter en dernier lieu, le caractère du peuple autochthone de ces contrées, ou au moins, le caractère du peuple antérieur aux Sémites, antérieur aux Ariens, antérieur aux Couschites, dont nous sentons la présence et la vie dans une antiquité qui échappe encore à notre appréciation, mais dont nous ne pouvons pas méconnaître l'influence.

Lorsque les études assyriennes étaient pour ainsi dire à leur début, au moment où les premières notions d'une écriture, dont on était loin de soupçonner toutes les variétés, commençaient à se faire jour, on a pensé que l'Assyrie et la Chaldée avaient reçu ces précieux éléments de civilisation d'une race touranienne, dont on ne précisait pas, du reste, autrement le rôle.

Il est certain que cette affirmation, lorsqu'elle a été produite pour la première fois par M. Oppert, pouvait paraître alors une hypothèse hardie ; et cependant aujourd'hui cette hypothèse est acceptée comme une réalité, par tous ceux qui ont suivi le développement des études assyriennes. Je ne relèverais pas le doute qui a pu naître à cet égard dans quelques esprits, s'il était resté dans le domaine de la théorie pure, mais il s'est traduit par une affirmation positive ; il m'a paru dès lors qu'il ne fallait pas laisser passer cette affirmation, si gratuite qu'elle soit, sans dire qu'on la rejette après un nouvel examen.

Voyons toutefois si cette race touranienne, reléguée aujourd'hui au nord du Caucase, n'a pas occupé jadis les belles vallées du Tigre et de l'Euphrate ? Ce que les traditions ne nous ont pas conservé, l'examen des faits le révèlera un jour.

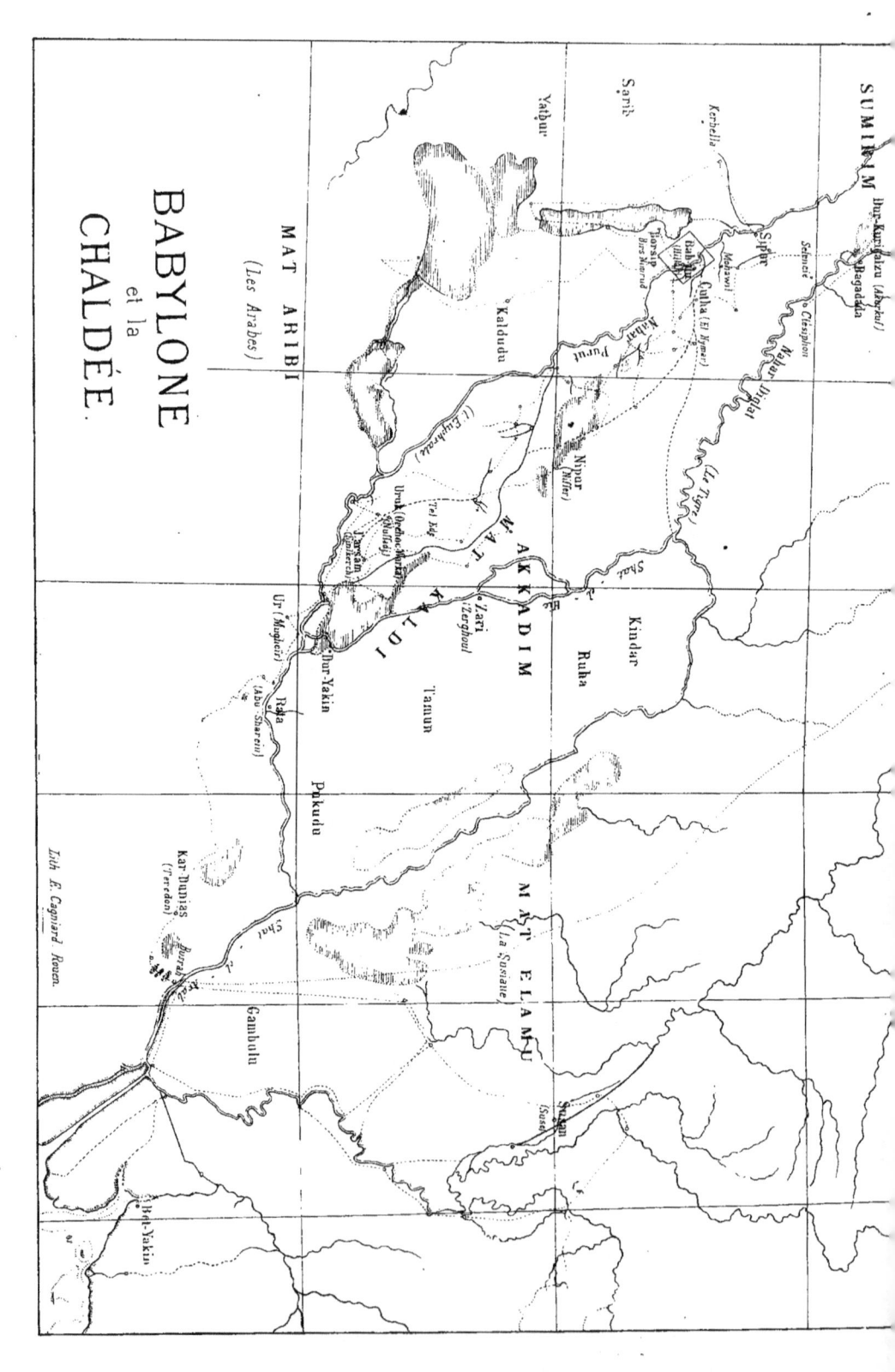

BABYLONE
et la
CHALDÉE.

SUMIRIM

Dur-Kurigalzu (Akerkuf)
Bagdad

Sippar

Seleucie o Ctesiphon

Kerbela

Mahammedijah

Borsip o
Bas-Nimroud

Babil
(Hillah)

Cutha (El-Hymar)

Sippar

Yatbur

Kalzar

Puru-i

MAT ARIBI
(Les Arabes)

Kaludu

Nipur
(Niffer)

(L'Euphrate)

(Le Tigre)

Mahar-Dijlat

MAT KALDI

Uruk (Irekha-Mugheir)
(Warka)

Tel-Idj

Larsam
(Senkereh)

Zari
(Zerghoul)

Shat el-Haï

Kindar

Ruba

Ur (Mugheir)

Dur-Yakin

Rida
(Abu-Shahrein)

Tamun

Pukudu

MAT ELAMU

La Susiane

Kar-Dunias
(Teredon)

Shat el-Kelb

Burab el-Wil

Gambulu

Suse
Susan
(Suse)

Bit-Yakin

Lith. E. Cagniard Rouen.

DEUXIÈME PÉRIODE.

—

SUMIR ET AKKAD.

Nous avons quitté l'époque légendaire et si nous pouvons désormais marcher dans l'histoire à l'aide de documents contemporains des faits que nous allons essayer de faire connaître, il faut en accepter les données.

D'après ces documents, le pays dont nous nous occupons nous paraît habité, dès la plus haute antiquité, par des populations qui ont laissé sur les monuments les noms de Sumir et d'Akkad. La transcription phonétique de ces deux noms n'apparaît que vers le milieu du XVIᵉ siècle avant notre ère ; jusque-là, ils étaient rendus par des idéogrammes. Celui d'Akkad se rencontre à toutes les époques et n'a jamais eu d'autres transcription. Celui de Sumir se présente sous plusieurs formes. Dans les plus vieux monuments, nous trouvons le complexe suivant :

Ce complexe paraît propre aux inscriptions des rois des premiers empires et nous persistons, malgré les opinions contraires, à l'identifier avec le monogramme ordinaire qui nous en a assuré la transcription dans les inscriptions postérieures.

Les populations représentées par ces deux noms, diffèrent essentiellement l'une de l'autre, et de celle qui a donné à la Chaldée cet éclat qui nous la fait admirer aujourd'hui ; elles semblent s'être cantonnées l'une au Nord, l'autre au Sud.

Le pays d'Akkad est regardé, d'après les plus antiques traditions, comme le centre de la terre ; c'est là que s'élève la montagne sur la cîme de laquelle pivote le ciel des étoiles fixes.

Le nom d'Akkad ne saurait représenter la ville indiquée par la Genèse, comme une des capitales de l'empire de Nemrod. C'est une contrée dont la position géographique est indiquée par des textes précis. Sennachérib, dans le récit d'une de ses expéditions, décrit la marche des troupes élamites venues, de leur pays, au secours de l'insurgé Suzub qui occupait alors la Basse-Chaldée. « Ces troupes, dit-il ($W.A.I.$, I, pl. 41, c.V, l.17), traversèrent le pays des Akkads. » Or, elles se rendaient de Suse à Babylone où l'insurrection n'avait pas encore éclaté. Le pays des Akkads était donc situé entre l'Euphrate et le Tigre, au S.-E. de Babylone.

La limite inférieure du pays des Akkads est déterminée par un autre passage des inscriptions du petit-fils de Sennachérib. Après avoir vaincu les forces Elamites, qui donnaient à la Chaldée ses plus utiles et ses plus fidèles soutiens, Assur–bani–pal dit qu'il a reçu les tributs « des Sumirs, des Akkads et de Kar-Dunias. » Le pays de Kar-Dunias occupe la partie la plus méridionale de la Chaldée et forme ainsi la limite inférieure du pays des Akkads.

Quant au pays des Sumirs, il était situé naturellement au nord du pays des Akkads et paraît représenter plus particulièrement la partie supérieure de la terre de Sennaar, dont Babylone, qui n'appartenait plus au pays des Akkads, formait la limite inférieure. Une tablette du Musée–Britannique semble indiquer l'identité du pays des Sumirs et du pays d'Assur par l'expression d'un même monogramme. Cette observation, qui a été faite pour la première fois par M. Oppert, a son importance. Cependant, le titre de rois des Sumirs et des Akkads, que nous trouvons chez les plus anciens rois de la Chaldée, n'a été pris par les rois assyriens qu'à partir de l'époque où ils ont occupé Babylone. D'un autre côté, Sumir répond, d'après les lois phonétiques des textes antiques, à l'expression de Sennaar (שנער). Or, le pays désigné sous le nom de *Senhar* ou *Sengar*, dans les textes de Moïse et appelé Σιγγαρος par les Grecs, porte aujourd'hui le nom de *Senjar*, chez les Arabes, et comprend le pays situé aux environs de Mossoul et de Nisibin, entre le Tigre et le Chabour, sans que la frontière méridionale puisse en être bien fixée.

Si les limites respectives des peuples des Sumirs et des Akkads, qui ont dû se mêler dans des luttes réciproques, et sous l'influence commune d'invasions étrangères, sont difficiles à préciser, leur caractère etnographique reste également assez indécis.

Dans cette antiquité, pour laquelle nous ne pouvons pas trouver de date, à une époque qui doit avoir précédé les invasions des Ariens et des Sémites, les peuples des Akkads ne se regardaient pas comme arborigènes de la Chaldée. Leur nom n'est pas en rapport avec les localités qu'ils occupent. Il est certain que les mots Sumir et Akkad n'appartiennent pas à la langue assyro-chaldéenne. Ils sont propres à une langue antérieure; et nous savons, par les explications mêmes des Assyriens, que Akkad veut dire « montagne » ; le peuple d'Akkad est donc un peuple de montagnards. Comment ces peuples qui habitent les plaines ont-ils conservé leur nom de montagnards et l'ont-ils imposé même au pays qu'ils occupaient? Il y a là un problème historique que nous nous contentons de poser.

Je dois ajouter qu'un passage des inscriptions de Sargon donne le nom d'Akkad à une province de l'Arménie et peut-être à l'Arménie ; mais nous ne devons pas nous arrêter, pour le moment, à cette indication qui n'apparaît qu'au VIIe siècle avant notre ère, et dont il nous est impossible de saisir la portée.

On ne saurait rattacher la filiation des peuples de Sumir et d'Akkad aux rameaux conventionnels dont nous sommes obligés d'accepter les noms pour les besoins de la discussion. Il paraît évident qu'ils n'appartiennent pas à la même origine que les Chaldéens, mais rien ne peut établir s'ils faisaient partie l'un et l'autre de la même race ou de deux races distinctes. Nous ne pouvons saisir aujourd'hui que le caractère de la langue dont ils nous ont laissé des débris. Or, il est certain que cette langue n'a aucun rapport avec celle des populations assyro-chaldéennes dont nous trouvons les inscriptions sur les briques des plus anciens rois de la Chaldée, de même que sur les monuments des derniers rois de Ninive et de Babylone.

La langue assyro-chaldéenne est aujourd'hui bien comprise, bien définie; elle est rangée dans le groupe de langue auquel on a donné le nom de sémitique. Mais celle des peuples qui habitaient avant eux les mêmes pays et que nous nommons les Sumirs et les Akkads, attend encore, sous la dénomination vague de langue touranienne qu'on lui attribue, le nom qu'elle devra porter.

Quoiqu'il en soit, si la langue des rois assyro-chaldéens est différente de celle de leurs prédécesseurs, on s'aperçut bientôt que l'écriture dans laquelle tous ces monuments nous sont parvenus, était la même. Il y a plus, dès les premières recherches sur les écritures en caractères cunéiformes, on comprit que les assyro-chaldéens n'étaient pas les inventeurs de leur système graphique. Ces hiéroglyphes altérés, qui devaient former des lettres un jour, se présentaient avec des formes et des valeurs qui permettaient d'en suivre les développements et de remonter, pour ainsi dire, à leur origine. Si il n'a pas encore été donné de rencontrer les types primitifs qui leur ont donné naissance, il est certain que ces signes ont eu d'abord une valeur idéographique que tous les peuples ont pu comprendre et que chacun a traduit dans sa langue. La valeur phonétique originelle qu'ils ont représentée était fixée par leur signification première. Or, dans les textes assyro-chaldéens, cette valeur phonétique est toujours en désaccord avec la valeur idéographique ; ils n'ont donc pas inventé leur écriture. D'un autre côté, parmi les débris des nombreux idiomes qui sont écrits avec le même système graphique, il s'est trouvé que, dans l'un d'eux, cet accord entre la valeur phonétique et la valeur idéographique des signes, a paru, comme en égyptien, d'une application constante. Mais cette langue était celle des Médo-Scythes, c'est-à-dire celle des peuples qui ont laissé des monuments de leur idiome dans les inscriptions trilingues de l'Iran à côté des traductions assyriennes du texte perse. Ces peuples n'étaient pas, à coup sûr, les inventeurs de l'écriture dont on faisait un usage séculaire, mais ils parlaient une langue analogue à la leur et on en retrouvait les traces dans celle qui avait dû appartenir aux peuples des Sumirs et des Akkads.

Les Assyro-Chaldéens, en acceptant le système graphique de leurs prédécesseurs, l'ont adopté avec toutes ses exigences et aussi avec toutes ses facilités. L'un de ses avantages était de pouvoir exprimer, par des signes, des mots auxquels chaque peuple donnait l'articulation qui lui était propre, de sorte que le signe restait le même, tandis que la prononciation changeait d'un peuple à l'autre. Aussi, aujourd'hui même, nous pouvons comprendre des expressions qui ne nous donnent aucun renseignement sur l'idiome de ceux qui les ont tracés. Ce principe élémentaire du système graphique, en se généralisant, a amené, à côté des groupes purement idéographiques, des expressions originairement phonétiques qui furent acceptées avec le même rôle. Elles perdirent, en passant dans un autre idiome, leurs articulations primitives et devinrent ce que j'ai appelé des *allophones*. La nature de la langue sumiro-akkadienne se prêtait plus qu'une autre à cet emploi. C'est une langue dans laquelle chaque mot entre dans un état de conservation parfaite, dans l'aglutination qui en fait le principal caractère, en se juxtaposant purement et simplement : dès lors, chaque mot pouvait être pris plus facilement pour un idéogramme.

Ces expressions ont amené de graves complications dans l'idée qu'on a pu se former, au début, de la langue assyro-chaldéenne. Elle causent encore un grand embarras quand il s'agit de déterminer la langue dont se sont servis les premiers monarques de la Chaldée pour exprimer leur pensée. Quoi qu'il en soit, on peut se demander si la langue primitive était propre aux deux populations que nous avons désignées sous les noms de Sumir et d'Akkad, si elle était propre à l'une d'elles seulement, et à laquelle des deux on doit en attribuer l'usage? Ces questions qui, au point de vue de la philologie pure, ont été débattues dans ces derniers temps avec un intérêt que la découverte des nombreuses inscriptions de cette langue peut justifier, ne me paraissent pas encore mûres pour recevoir une solution définitive. Elles n'ont pu être étudiées jusqu'ici que par ceux qui ont eu le rare privilège de devancer la publication des nombreux documents de l'époque anté-sémitique. Les objections qu'on pourrait élever contre les résultats qu'ils annoncent ne reposent que sur des hypothèses qui recevront leur justification ou leur infirmation d'une découverte dont nous ne pouvons pas apprécier la nature ou la portée; il faut donc nous en tenir aux faits que nous pouvons contrôler.

Il est certain que ces peuples parlaient une langue différente de celle de leurs successeurs ; il est certain qu'ils leur ont légué leur système graphique ; il est certain qu'il leur ont légué de nombreux éléments de civilisation.

Nous avons vu jusqu'à quelle époque on faisait remonter les observations sidérales dans la Chaldée, l'étude des documents astronomiques que nous pouvons apprécier, ne laisse aucun doute sur la part qui revient aux populations suméro-akkadiennes dans ces recherches.

Ces populations, du reste, avaient une constitution civile et religieuse si

4

puissante, qu'ils ont imposé, non-seulement leur système graphique, mais encore leur système politique et religieux à leurs envahisseurs

Le panthéon primitif a été accepté et a formé la base des croyances religieuses des peuples de l'Assyrie et de la Chaldée pendant leur longue existence. Il s'ensuit que le système religieux, dont on trouve la trace dans la mythologie assyro-chaldéenne, ne pourra être compris que lorsque la civilisation qui lui a donné naissance sera comprise à son tour. Jusque-là, le rôle des rares divinités assyro-chaldéennes dont les noms nous avaient été transmis par les Juifs ou par les Grecs, en recevant des découvertes modernes une plus grande précision, restera cependant encore indécis, en attendant qu'on puisse l'étudier dans ses origines dont l'exposé, peut-être, se trouve sur une des nombreuses tablettes du Musée-Britannique.

Ce n'est pas tout; la constitution politique des rois assyro-chaldéens a subi l'influence de celle de leurs prédécesseurs, car nous voyons les nouveaux souverains se parer de leurs titres et les perpétuer pendant toute la durée de l'empire.

Le titre le plus ancien que nous pouvons découvrir et qu'on retrouve parmi ceux des rois antédiluviens, est celui de « Pasteur » ; il est exprimé par le monogramme suivant :

La prononciation primitive nous échappe, mais il a été traduit en assyrien par l'articulation *riu* (רעה). Nous avons vu que, suivant les traditions rapportées par Bérose, Alorus, le premier roi du monde, fut choisi comme le Pasteur du peuple (Ποιμὴν) par la divinité même. Ce titre, comme le monogramme, s'est conservé jusque sous les rois du dernier empire. Nériglissor, pour exprimer qu'il a été appelé à la souveraineté sur les hommes, se sert de l'expression *riuti*, comme les rois des premiers empires de Chaldée.

Les souverains de la Chaldée s'intitulaient encore *Patesi :*

Ce titre appartient évidemment à la langue des prédécesseurs des Chaldéens-Sémites, et ceux-ci l'ont adopté sans que son équivalent ou sa traduction sémitique nous ait été conservée. C'est un terme sacré qu'on traduit généralement par « Pontife » et dont il faut peut-être chercher l'origine chez les Ariens, tandis que le titre suivant paraît se rattacher à l'occupation touranienne.

On trouve, en effet, dans les titres des rois Assyriens, mais dans les titres de ceux-là seuls qui ont occupé Babylone et la Chaldée, l'expression idéographique

Elle se lit *Sakkanaku,* et paraît avoir son équivalent dans les langues Ouraliennes, pour désigner le pouvoir suprême. Dans la langue des Sumirs et des Akkads, *Saknu* signifie littéralement « vicaire, » ou bien encore « lieutenant. » La Bible l'écrit סגן et s'en sert pour désigner, au temps des prophètes, des fonctionnaires assyriens et babyloniens. (Is. xi, 25. — Jev. LI. 23, 28, 57. Ezéch. xviii, b. 12, 23. Dans. 11, 43, 111, 2, 27). Dans la hiérarchie des fonctionnaires administratifs il désigne les Chefs de district, les Gouverneurs de provinces. Au sommet de la hiérarchie se trouve le Sakkanaku. Mais alors ce titre paraît emporter une dignité à la fois politique et religieuse, particulière à la Chaldée. Les souverains de l'Assyrie se disaient « Sakkanaku des Dieux à Babylone, » lorsque leurs conquêtes leur avaient assuré la souveraineté sur les deux empires.

Le titre royal est indiqué par plusieurs monogrammes ; en voici un qui remonte à une haute antiquité :

Il a perdu sa prononciation primitive et il a été traduit *Sarru* par les souverains assyro-babyloniens qui l'ont adopté comme le plus élevé de leurs titres, tandis que l'expression *Malik,* plus en rapport avec les traditions sémitiques, a été réservée aux rois des provinces situées à l'occident de l'Euphrate. C'est, du reste, le même monogramme qui a été accepté par les Achéménides dans leurs titres, et ils l'ont fait passer dans leurs écriture, tout en lui appliquant l'articulation arienne *Khsayathiya* qui leur était familière.

En prenant le titre de souverains des Sumirs et des Akkads, si leur génie guerrier faisait sortir les Rois chaldéens de ces limites, la plus grande étendue de leur puissance était exprimée par ce titre élastique « Roi des Quatre-Régions. » On a cherché inutilement à comprendre sous ce titre les quatre villes mentionnées par la Genèse comme le siége de l'empire de Nemrod : il y a là une indication géographique et rien de plus. .

Nous reproduisons ici l'expression la plus antique sous laquelle nous la rencontrons dans les textes des rois des premiers empires chaldéens, parce qu'elle est représentée par un complexe bien caractéristique sur lequel nous aurons occasion de revenir.

Ces Quatre-Régions indiquent naturellement, par rapport au pays des Akkads, comme centre, les pays situés à droite, à gauche, en avant et en arrière du prince qui avait réduit sous sa puissance les pays situés aux quatre points cardinaux, au nord, au sud, à l'orient et à l'occident, et qui avait réuni, ou, pour être plus exact, qui avait eu la prétention de réunir sous son sceptre tous les peuples du monde. Ces peuples que la civilisation assyro-chaldéenne envahissait graduellement étaient : à l'est, Elam, l'Elimaïs, la Susiane ; à l'ouest le pays de Martu qui s'étendait à l'occident jusqu'au pays de Khatti (les Syriens) ; au nord, figurent les Guti (les *Guti um ki*), peut-être les גוים de la Bible et qui devaient résider entre la Syrie et la Médie, comprenant, suivant les indications des dernières inscriptions, le grand désert mésopotamien ; au sud, enfin, se trouvaient les Subarti qui habitaient les bords du Golfe-Persique au-delà du pays de Kar-Dunias.

Il est assez difficile de saisir, d'après les courtes inscriptions qui sont parvenues des anciens rois de la Chaldée, le caractère véritable de la civilisation qu'ils représentent. Ce caractère ne pourrait se manifester que par celui de la langue dans laquelle ils se sont exprimés ; or, la concision des textes d'une part et la nature idéographique de l'écriture qui nous permet de les comprendre, quel que soit l'idiome dans lequel elles sont conçues, rend le problème assez difficile à résoudre. Les monuments les plus étendus de la période anté-sémitique ne nous ont guère été conservés que par les scribes assyriens de la dernière époque.

Mais si sur ce point les difficultés sont sérieuses, il y a des indices qui permettent de décider avec certitude la nature d'une inscription, il suffit d'un mot, ou même d'une flexion pour donner au monument tout entier le caractère qui lui convient. Nous aurons occasion d'appliquer cette observation qui nous paraît décisive et qui nous permettra de compter, dans l'occupation sémitique, des rois ou des dynasties dont le caractère paraissait encore indécis.

Il n'est pas possible de préciser l'époque où la haute Asie a été soumise pour la première fois à l'empire des Sémites. On aperçoit, dès les temps les plus reculés, des traces des invasions diverses qui se sont succédé dans ces contrées, et, sous ces couches successives, le caractère primitif des populations autochthones a dû disparaître depuis longtemps. Tous ces peuples, d'origines différentes, venus du Nord ou du Midi ont laissé dans ces contrées des noms et des faits dont on trouve le souvenir confus sans qu'il soit possible de faire la part qui revient à chacun. Les noms qui surnagent dans ces traditions ne servent plus alors que d'indication vague pour caractériser l'une ou l'autre de ces occupations. C'est ainsi que, pour nous, le nom de Zoroastre, par exemple, est l'indice d'une occupation arienne des peuples de la Bactriane ou de l'Inde qui se sont avancés plus ou moins loin du côté de l'occident.

De nombreux passages des antiques formules magiques permettent d'entrevoir des rapports entre l'ancien fond des croyances zoroastriennes et celui des anciens habitants de la Chaldée. Où cet accord s'est-il établi ? Faut-il croire avec M. Spiegel qu'une partie des données étrangères aux traditions védiques qu'on rencontre dans les livres de Zoroastre ont pris naissance à Babylone ?

Cette occupation, indiquée d'après Bérose, prit fin à une époque qu'il est assez difficile de préciser ; le chiffre que Bérose attribue à la dynastie suivante est resté en blanc dans la traduction arménienne.

Cette nouvelle dynastie comprenait onze rois qui ont précédé la longue dynastie des 49 rois chaldéens dont nous pourrons peut-être retrouver la trace. Dans tous les cas ces onze rois étaient d'origine différente de celle qui l'ont précédé, peut être d'origine élamite, et on a remarqué que leurs règnes semblent coïncider avec ceux des rois qui sont mentionnés au chapitre xiv de la Genèse. Nous croyons devoir rappeler ici cet important passage.

« En ce temps-là Amraphel, roi de Sennaar, Arioch, roi d'Elasar, Chodor-lahomer, roi des Elamites, et Thadal, roi des Goïm, firent la guerre contre Béra, roi de Sodome, contre Bersa, roi de Gomorrhe, contre Sinnaab, roi d'Adama, contre Semeber, roi de Seboïm et contre le roi de Béla qui est la même que Segor. Tous ces rois s'assemblèrent dans la vallée de Siddim qui est maintenant la Mer salée. Ils avaient été assujettis à Chodor-lahomer pendant douze ans et la treizième année ils se retirèrent de sa domination. »

(Gen. ch. xivv, 1-4.)

On a cherché avec plus d'empressement que de bonheur à retrouver, dans les textes assyriens, quelques-uns des noms des principaux acteurs de cette grande guerre.

Arioch, dont le Dr Hincks avait cru découvrir le nom dans les tablettes des plus anciens rois de la Chaldée reste encore sans une identification plausible, et l'hypothèse du savant Irlandais n'a jamais été reprise, malgré l'autorité qu'on attache à ses recherches.

Quand à Chodor-lahomer, on n'a pas été plus heureux. On a voulu le reconnaître dans le nom de Kadu-mapuk que nous retrouverons plus tard, mais il n'en est rien. Au surplus l'étude des noms Susiens qui sont parvenus à notre connaissance permet de restituer la forme sous laquelle le nom du prince élamite se rencontrera un jour. Une induction légitime établit qu'il se compose de l'élément *Kudur* qui joue un grand rôle dans la composition des noms des rois de cette contrée, et de celui du nom du dieu *Lagamir*, mentionné parmi les divinités susiennes, dont Assurbani-pal a pillé les temples.

Nous avons, il est vrai, la certitude d'une invasion élamite dans ces temps reculés, mais cette invasion, dont on peut fixer la date, couvre déjà la civilisation sémitique dont plus tard les derniers rois assyrochaldéens devaient venger les droits, et le prince qui la représente reste ainsi isolé sans qu'on puisse préciser l'étendue ou la durée de ses exploits.

𒀭 𒌷 𒁍 𒊏 𒀝 𒌑 𒅆 𒋾 𒀀

KUDUR-NAKHUNTI.

(2294 a. J.-C.)

Le roi auquel nous pouvons rattacher la dernière invasion élamite se nomme Kudur-Nakhunti. C'est un nom qui appartient essentiellement aux princes de cette contrée ; l'un d'eux qui a laissé des inscriptions à Suse résistait, sous Sargon, aux envahissements de l'Assyrie. Nous n'avons aucun monument direct de celui qui nous occupe, mais son nom est mentionné dans l'histoire d'un des derniers rois de Ninive.

Assur–bani–pal, qui régnait sur l'Assyrie et la Chaldée au vii⁰ siècle avant notre ère, soutenait une guerre acharnée contre Elam. Or, nous trouvons dans le récit de ses campagnes un épisode qui va nous renseigner à ce sujet.

C'était dans la viii⁰ campagne (639 a. J.-C.) A cette époque, Ummanaldas régnait à Suse ; il avait donné son appui à Salmugin, le frère rebelle d'Assur-bani-pal qui régnait à Babylone et qui voulait secouer le joug de l'Assyrie. Assur-bani-pal comprit que la soumission de la Chaldée ne serait définitive que lorsqu'il aurait renversé la puissance élamite ; il marcha contre Ummanaldas, il mit en déroute les armées du roi d'Elam et il entra victorieusement dans la ville de Suse. Il s'empara des nombreuses richesses que les rois avaient amassées et qu'ils avaient conquises autrefois sur le pays des Sumirs, des Akkads et de Kar–Dunias, et il voulut les rendre à leur destination première, puis il détruisit la ville. Pendant un mois et un jour, le pays d'Elam fut livré au pillage. Puis Assur–bani–pal ajoute dans un document particulier l'épisode de l'ancien roi :

« La statue de Nanna depuis 1635 ans avait été enlevée et forcée de demeurer au pays d'Elam, dans un temple qui ne lui était pas consacré. Cette déesse qui, avec les Dieux ses pères, avait appelé mon nom au gouvernement du monde, me commanda de rétablir ainsi sa divine image. « Assur–bani–pal enlève-moi du pays [impie] d'Elam et ramène–moi au milieu du Bit-Anna. » L'ordre de la divinité qui avait été annoncé depuis les jours les plus éloignés fut répété de nouveau aux derniers hommes.

J'ai pris les mains de la Grande Déesse, son départ a réjoui mon cœur ; elle s'avança vers Bit-Anna dans le mois kisilivu, le premier jour (1ᵉʳ décembre 659) ; je l'ai fait entrer dans la ville d'Uruk, dans le Bit-Hiliani, qu'elle avait aimée, et je lui ai élevé un sanctuaire.

(W. III., pl. 12. c. vii, l. 9. — K. 2664 et 3101. — Sm., Assur-B, p. 249.)

Voici comment cette statue était tombée aux mains des Elamites :

« Kudur-Nakhunti, l'Elamite, qui n'avait pas de respect pour les Grands-Dieux, qui s'était fié dans un esprit mauvais à ses propres forces, avait mis les mains sur les temples du pays d'Akkad ; il avait opprimé les Akkads, il avait enlevé l'image de Nana, ses jours ont été remplis, son pouvoir a été étendu. Les Grands-Dieux connurent ces choses ; pendant deux nères, sept sosses et quinze années, elle resta au pouvoir des Elamites. C'est pourquoi, moi, Assur-bani-pal, le prince qui est soumis aux Grands-Dieux, j'ai envahi Elam... »

(K. 2631. Sm. Assur-B, p. 250.)

La date de cette antique occupation élamite est indiquée dans trois passages différents : — Le prisme porte 1635 ans, — un des documents particuliers porte seulement 1535. — Le dernier passage que nous avons cité s'exprime en nères et en sosses et en convertissant ces données en années ordinaires, nous trouvons : 2 nères, = 1200, 7 sosses = 420 et 15 années, c'est-à-dire précisément 1635 conformément à l'indication du prisme. Si nous ajoutons à ces chiffres la date de la viiiᵉ campagne d'Assur-bani-pal qui tombe en l'an 659 a. J.-C. nous trouvons que l'invasion élamite remonte à l'an 2294 avant J.-C.

Il n'est pas possible, dans l'état actuel, de préciser l'étendue ou la durée de cette invasion. A quelque principe que nous puissions rattacher l'unité qui s'est peut-être plusieurs fois produite dans la Haute-Asie, il est certain que cette unité souvent brisée ou reprise, avant la domination élamite, n'existait pas au moment où les plus anciens monuments que nous pouvons consulter nous permettent de commencer l'histoire de la Chaldée.

TROISIÈME PÉRIODE.

LES PREMIERS EMPIRES DE CHALDÉE.

𒀭 𒂊 𒌍 ·

LA CHALDÉE

Le pays compris depuis Bagdad jusqu'à la mer, arrosé par les deux grands fleuves, le Tigre et l'Euphrate, qui, après s'être éloignés l'un de l'autre dans leur cours, se rapprochent et s'unissent pour se jeter dans le Golfe-Persique, était autrefois un des plus fertiles du monde. Sous Darius (521 avant J.-C)., la Babylonie formait la IXe Satrapie, elle payait, à elle seule, mille talents d'argent, et son tribut en blé s'élevait au tiers des contributions de l'empire.

Aujourd'hui tout ce pays est désolé. A mesure qu'on s'éloigne de la ville des Khalifes, en descendant l'Euphrate, le désert prend un aspect de plus en plus triste. Séleucie, Ctésiphon, ont perdu successivement leur importance, et la Babylonie n'est qu'une vaste solitude, où l'œil ne rencontre plus de verdure. Les ronces et les herbes rabougries ont remplacé les riches moissons. A mesure qu'on avance vers le sud, le désert devient lugubre et la belle terre de Chaldée disparaît bientôt au milieu d'une suite de marécages qui ne laissent apercevoir, de distance en distance, qu'une île aride, ou une ancienne ruine qui se dresse au-dessus de l'horizon.

L'Euphrate, comme le Nil, déborde périodiquement. Tant que l'inondation dure, les roseaux et les plantes aquatiques croissent encore au bord des eaux ; quelques buissons de tamaris verdissent à une plus grande élévation; mais quand les eaux se sont retirées la végétation meurt, et, au bout de quelque temps, il ne reste plus sur cette solitude que des herbes desséchées et quelques branches dégarnies de leurs feuilles.

C'est au milieu de cette désolation, sous des monticules qui rompent la monotonie de la plaine, que gisent les ruines des cités dont les rois d'Assyrie avaient fait la conquête et dont ils étalaient avec orgueil les noms dans leurs titres. C'est là que nous retrouvons les monuments des plus anciens rois de la Chaldée et sur ces monuments quelques lignes d'écriture qui nous font connaître le nom des princes qui les ont élevés.

D'après les inscriptions, que les fouilles modernes ont mises à notre disposition, il n'est pas possible d'établir la succession régulière des rois des premiers empires de la Chaldée. Cette période paraît avoir duré 800 ans, comprenant ainsi les 49 rois chaldéens et les 8 rois arabes mentionnés par les compilateurs de Bérose. Mais nous avons trop de lacunes et trop peu de données pour essayer de réunir les fragments dont nous pouvons disposer dans un ensemble plus facile à concevoir qu'à justifier.

Nous apercevons, d'ailleurs, plusieurs centres importants qui font supposer un développement simultané des dynasties dont nous ne connaissons pas tous les rois. Il est certain que des conquêtes réciproques ont fait passer tour à tour ces états particuliers, dont nous soupçonnons l'existence, sous la domination l'un de l'autre, jusqu'à ce qu'une influence supérieure ait assuré l'unité vers laquelle toutes ces cités rivales avaient pu tendre. Aussi, pour éviter un parti-pris, nous essaierons de grouper autour de chacune des villes dont on a exploré les ruines, les noms qui surgissent de ces recherches, en attendant qu'ils reçoivent dans l'histoire la place qu'on pourra leur assigner un jour.

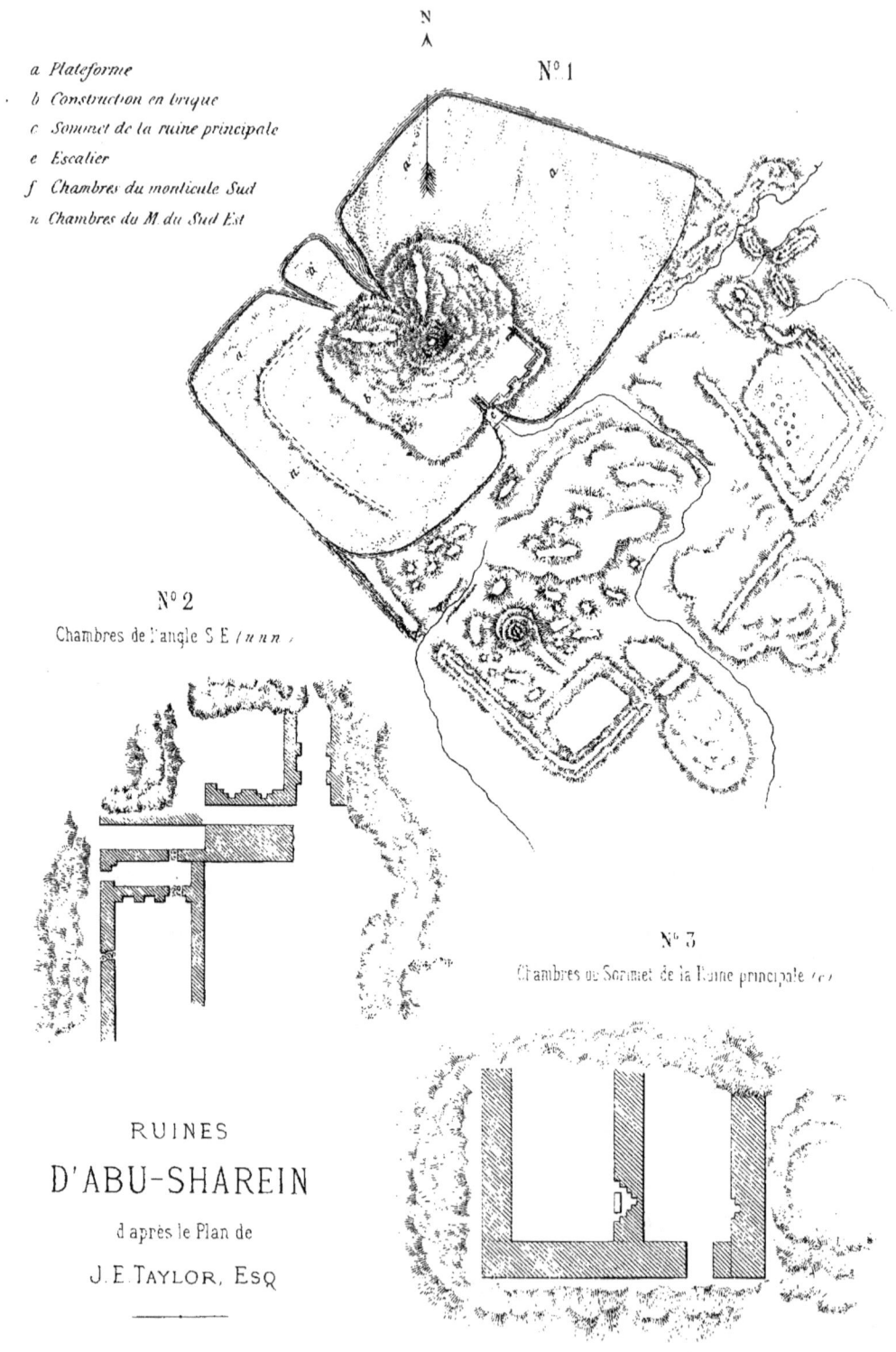

N

a *Plateforme*
b *Construction en brique*
c *Sommet de la ruine principale*
e *Escalier*
f *Chambres du monticule Sud*
n *Chambres du M du Sud Est*

N.º 1

N.º 2
Chambres de l'angle S.E (n n n)

N.º 3
Chambres du Sommet de la Ruine principale (c)

RUINES
D'ABU-SHAREIN
d'après le Plan de
J. E. TAYLOR, ESQ

Imp. F. Laquard Rouen

ABU-SHAREIN.

Nous avons vu que le premier Oannès était sorti de la mer Erythrée, pour apporter aux hommes les principes de la civilisation, et que c'est toujours de ce côté que se sont produites toutes les théophanies auxquelles nous pouvons rattacher les croyances religieuses de la Chaldée.

Il y a dans ces légendes une indication précise d'une importation étrangère, pour laquelle malheureusement nous n'avons pas de monuments. Les bords du Golfe-Persique n'ont pas encore été étudiés, et il est permis de croire que l'exploration des alluvions séculaires qui se sont formés à l'embouchure du Tigre et de l'Euphrate, nous réserve des renseignements aussi précieux que ceux que nous possédons déjà pour éclairer l'histoire de la Haute-Asie.

Il y avait dans une île, située à quelque distance de la côte d'Elam, une ville sur laquelle nous possédons déjà des données suffisantes pour apprécier le rôle qu'elle a pu jouer jadis, c'était la ville de Dilvum. Sargon en parle comme d'un point important dont il s'était assuré la conquête. Nébo et Zarpanit paraissent y avoir été particulièrement adorés, et des fragments de la bibliothèque d'Assur-bani-pal montrent qu'elle possédait une école sacerdotale dans laquelle le prince assyrien faisait rechercher avec soin les anciennes traditions qui pouvaient s'y trouver. Dilvum était donc un des foyers de la civilisation qui s'est développée dans la Chaldée, d'abord, pour rayonner ensuite dans toute l'Assyrie.

Aujourd'hui les ruines de Dilvum se cachent peut-être dans les marais qui entourent Bender-Deillim. La ville moderne est située à une cinquantaine de lieues, au nord de Bender-Bouschir, et paraît correspondre avec les indications qui nous sont données dans les inscriptions de Sargon, sur la situation de l'antique cité, qui se trouve, dit-il, « à trente doubles heures au milieu de la Mer du soleil levant. »

Beaucoup d'autres localités pourraient sans doute être utilement explorées dans ces parages, mais le moment n'est peut-être pas encore venu de porter notre attention sur ces plages. En attendant, nous commencerons par le point le plus méridional de la Chaldée, et c'est en remontant le grand fleuve que nous arriverons à Babylone.

Les ruines d'Abu-sharein sont situées sur l'emplacement de l'antique Eridu. Elles s'élèvent sur une éminence à peu près au centre du lit desséché d'une mer intérieure.

L'aspect général de ces ruines est celui d'une forteresse entourée de murailles élevées, ayant à l'une de ses extrémités une sorte de donjon. Elles s'élèvent brusquement de la plaine sur la plate-forme traditionnelle qui sert de base aux constructions assyro-chaldéennes. Cette plate-forme est composée d'un massif de sable soutenu par un mur de 20 pieds de hauteur. Le pavé de cette plate-forme est composé de briques cuites au four, portant des inscriptions. Sous ce pavé on trouve une couche d'argile de 2 pieds d'épaisseur environ, et plus bas le sable.

L'édifice se dresse en forme de pyramide à une hauteur de 70 pieds environ depuis la plate-forme jusqu'au sommet. Il est composé d'une masse solide de briques séchées au soleil qui ont acquis la dureté de la pierre, et revêtu d'un mur de briques cuites au four, de 5 pieds d'épaisseur au sommet.

On gagne le premier étage du bâtiment par un escalier, ou plutôt par une rampe conduisant à l'étage supérieur qui forme le sommet de l'édifice. Une partie seulement de la construction primitive existe encore dans un état de conservation assez satisfaisant du côté du sud-est. Dans cette partie le mur est soutenu par quatre bastions qui ne participent pas de la forme générale du bâtiment. Sur les autres côtés le mur est parfaitement uni.

L'escalier avait 15 pieds de large sur une étendue de 70 pieds. Les marches étaient formées par des blocs de marbre dont on retrouve encore une certaine quantité.

Le sommet de l'édifice, dégagé des décombres qui ont pu tomber sur les parties inférieures, est à peu près uni. Toutefois, on peut remarquer les restes d'un petit sanctuaire qui couronnait à l'origine le second étage. On trouve une grande quantité de morceaux d'agathe, d'albâtre et de marbre taillés et polis, ainsi que des petites pièces d'or pur, des clous grossiers de cuivre à tête d'or, le tout, épars sur le soubassement du second étage et même sur celui de l'étage inférieur. Ces débris attestent la richesse de l'ornementation du sanctuaire qui se trouvait au sommet de la pyramide.

Autour de la ruine principale, M. Taylor a découvert plusieurs autres constructions, notamment au Sud. Il est parvenu à déblayer deux chambres dont les murs étaient recouverts d'une couche de plâtre rayée de lignes rouges, noires et blanches, larges de trois pouces.

Sur un autre point, à l'angle Nord du mont du Sud-Est, il a trouvé une suite de chambres dont les murs étaient recouverts de plâtre et dans l'une desquelles on voyait, grossièrement peinte, une figure d'homme tenant un oiseau sur son poing. On distinguait, derrière ce personnage, une figure plus petite peinte en rouge. La peinture et le dessin étaient, du reste, d'une exécution très-grossière.

Les autres parties des ruines ne permettent pas de reconstituer la forme primitive des monuments.

Éridu est la Rata des Grecs; son nom se trouve parmi celui des villes que Sargon se vantait de tenir sous sa puissance; et ce fait indique qu'elle a dû avoir, à une époque quelconque, une autonomie qui lui a valu cet honneur.

Cependant les inscriptions qui recouvrent les briques de cette localité appartiennent, en général, à des princes qui avaient le siége de leur empire dans une des autres villes de la Basse-Chaldée, dont nous parlerons bientôt. Nous donnerons la traduction de ces documents à mesure que nous ferons connaître les personnages auxquels ils se rapportent, pour ne pas en scinder l'histoire.

Les souverains particuliers d'Eridu portaient le titre de *Patesi* et ne nous sont connus que par des fragments encore inédits. Rien de particulier ne paraît nous renseigner sur le caractère de la civilisation à laquelle nous devons rattacher les rois de cette époque. Ils sont, du reste, peu nombreux; nous nous bornerons à les faire connaître d'après les indications de M. G. Smith.

ME-SA-NANA-KALAMMI.

(....)

Le nom de ce prince n'est mentionné que dans la légende inédite d'un cône d'argile, dont la traduction a été ainsi publiée par M. G. Smith :

« Me-sanana-kalammi, Patesi de Eridu, Sakkanaku de *Mati num*, fils de Be...huk. »

(Smith, Earl., H. p. 32, n° 1.)

IDADU.

(....)

Ce prince, dont le nom a une apparence sémitique très-caractérisée, régnait également à Eridu ; la légende qui le concerne est ainsi conçue :

« A Nin-ridu, son roi, pour la conservation de Idadu, Patesi de Eridu, le serviteur favori de Nin-ridu. »

(Smith, Earl, H. p. 32, n° 2.)

Rien ne peut, dans ces courtes inscriptions, indiquer à quelle époque nous devons reporter le règne de ces deux souverains qui appartiennent au premier empire de Chaldée, mais qui ont pu précéder ou suivre les rois dont nous allons nous occuper.

ZERGHUL.

—

Non loin d'Abu-sharein, à l'est du fleuve Hye qui traverse la Mésopotamie, se trouvent les ruines de Zerghul. Les caractères qui expriment
le nom antique de cette localité, peuvent se lire *Zir-lab* ou *Zir-gur-la*.
La première partie du nom est certainement phonétique, car les variantes
donnent l'articulation *Za-ri* au lieu de *Zir*. La seconde partie renferme
un élément que nous rencontrons dans les noms de quatre villes principales
de la Chaldée, et sur lequel nous aurons occasion de revenir. Dans tous
les cas, le nom moderne paraît être une altération peu déguisée de l'antique appellation.

Les rois dont on lit les noms sur les documents qui proviennent de
Zerghul, s'intitulent Patesi ; du reste, ils sont peu nombreux et doivent
appartenir à cette période indécise dont nous n'osons définir le caractère.

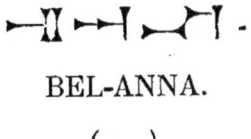

BEL-ANNA.

(....)

Nous lisons le nom de ce monarque sur un cône inédit, traduit ainsi
par M. G. Smith :
« Bel Anna, Patesi de Zirgurla, à la déesse Nanna, son délice Hip...,
a construit, il a terminé le Bit-anna à l'est du Pays. »

(Sm. *Earl. H.*, p. 32, n° 3.)

GUDEA.

(....)

Le nom de ce prince est assez difficile à lire. Les signes qui l'expriment
se prêtent aux articulations les plus diverses et leur forme archaïque n'a

pas toujours été bien comprise. Ils présentent un composé idéographique dont nous n'avons pas la transcription. M. Lenormant le lit *Ka mum a* en laissant à chaque signe sa valeur syllabique absolue ; mais ces valeurs ne se prêtent pas à un ensemble phonétique. M. Oppert le lit Haboub, en s'appuyant sur différents passages des syllabaires qui donnent les valeurs de *habab* et de *nagab* pour une partie du complexe. M. Smith le lit Gudea, en s'appuyant sur une glose des tablettes philologiques qui paraît justifier cette articulation. Nous l'avons adoptée provisoirement. Ce nom, dans tous les cas, appartient à la langue des Sumirs ou des Akkads et son correspondant sémitique se lit *Nagagu*, *Hababu* et *Nabu*.

Gudea, régnait à Zerghul, à une époque où cette localité devait avoir toute son autonomie, mais nous ne pouvons en préciser autrement la date.

Les monuments de ce prince proviennent d'abord de Zerghul même. Sur un cône en terre cuite de cette localité, nous lisons :

« A la déesse Nana, la brillante (?) déesse, Sa Souveraine, Gudea, Patesi de Zir-gurla, a construit... »

(*W. A. I.* I, pl. 5, nº XXIII, 2.)

Sur un cône en terre cuite, trouvé dans les ruines de Warka et dont un double a été trouvé à Babylone:

« Au dieu Adar, le roi des Seigneurs, son roi (*sarru*) Gudea, Patesi de Zir-gurla a construit ce palais. »

(*W. A. I.* I., pl. 5, nº XXIII, 1.)

Aucune brique n'atteste à Warka ou à Babylone la présence d'un temple élevé par ce souverain.

Sur une empreinte qui nous a été communiquée par M. Barré de Lancy, et dont nous ignorons la provenance, nous lisons :

« A la déesse Nanna, la gloire et la force du dieu Bel, son roi Gudea, Patesi de Zir-gurla. »

(Inédit.)

Les autres inscriptions de ce prince, signalées par M. G. Smith, sur une statue en pierre noire, et sur une brique dont il n'indique pas la provenance, sont, à ce qu'il paraît, trop mutilées pour se prêter à une interprétation. D'après la copie de l'une d'elles donnée par M. F. Lenormant, nous lisons :

« A sa souveraine, Gudea, Patesi de Zir–gurla.... le sanctuaire... a construit. »

(**L. n.** *Choix de T.*, pl. v, nº 3.)

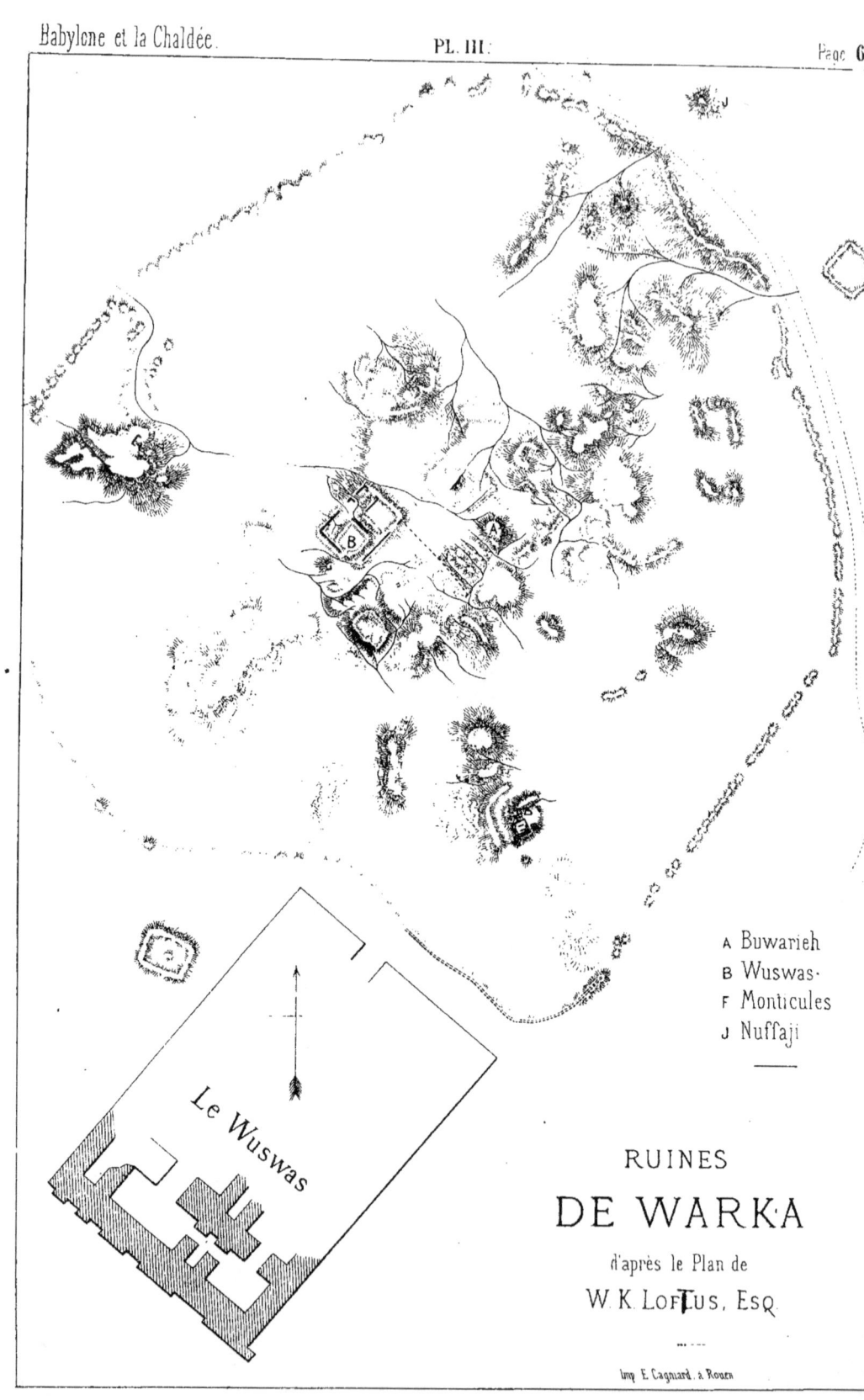

A Buwarieh
B Wuswas
F Monticules
J Nuffaji

Le Wuswas

RUINES
DE WARKA
d'après le Plan de
W. K. LofTus, Esq.

Imp. E. Cagnard, à Rouen

WARKA.

—

Les ruines de Warka sont situées à une distance de quatre milles environ de la rive gauche de l'Euphrate, sur une banque de dix milles de largeur qui s'élève au-dessus d'une série d'ondulations, au milieu des marais formés par les débordements périodiques du fleuve. Warka est inabordable pendant la plus grande partie de l'année ; mais, depuis le mois de novembre jusqu'au mois de mars, le fleuve rentre dans son lit et en permet alors l'accès.

C'est pendant ce court espace de temps, et au milieu des plus grandes difficultés inhérentes à la nature du sol, que M. Loftus a pu accomplir ses explorations.

Du sommet de la ruine principale, située au centre de la colline, le spectateur n'a sous les yeux qu'une accumulation de monticules informes ; ils s'étendent à ses pieds sur une surface de plus de six milles de circonférence, terminée par les restes d'un rempart de terre élevé, sur certains points, à plus de quarante pieds de hauteur. Un ravin profond divise les monticules en deux parties égales. C'est au nord que l'on trouve le monument le plus considérable. Il porte le nom de Buvarieh.

LE BUVARIEH.

À première vue, cette ruine présente l'aspect d'un cône ; mais en l'examinant attentivement, on voit que c'est une tour de plus de deux cents pieds de hauteur, construite en briques séchées au soleil.

En fouillant à sa base, on découvre de chaque côté un massif contrefort destiné à soutenir l'édifice principal. Les briques que l'on peut extraire de la ruine sont de différentes formes et de différentes dimensions, contrairement à ce que l'on peut observer dans la plupart des autres

5

ruines. Il est facile de conclure que la construction appartient à plusieurs époques. On y remarque deplace en place des couches de roseaux entre les couches de briques, comme il en existe dans d'autres constructions de la Mésopotamie et même à Babylone. C'est ce qui lui a fait donner le nom de *Buvarieh,* qui signifie en arabe « natte de roseaux. »

Le Buvarieh est situé à l'angle ouest d'un large enclos de trois cents pieds de long sur deux cent soixante-dix de large. Il touche du côté Sud-Est à la grande plate-forme qui porte l'ensemble des ruines. Les angles de l'édifice sont orientés vers les points cardinaux. C'est, du reste, la disposition générale des édifices de l'époque chaldéenne, et qui en forme, pour ainsi dire, une des dispositions les plus caractéristiques.

Sur ce monticule s'élevaient jadis deux temples, l'un dédié au dieu Anu, l'autre à la déesse Beltis.

Les inscriptions de leurs briques nous feront connaître les princes qui les ont élevés.

LE WUSVAS.

La seconde ruine est située à 840 pieds du Buvarieh, sur le côté nord-ouest de la grande plate-forme. L'ensemble est compris dans un rectangle dont les côtés mesurent 650 pieds de long et 500 pieds de large. Les angles sont orientés vers les points cardinaux. Le bâtiment principal était enfermé dans plusieurs cours élevées en terrasse, auxquelles on accédait par de larges escaliers. La partie la plus importante est située au sud-ouest.

L'architecture de ce monument présente une ornementation extérieure qui mérite de fixer l'attention. Les briques forment un système continu de rentrées et de saillies qui rompent la monotonie ordinaire des grandes constructions chaldéennes. Rien de plus primitif, de plus désagréable que cette décoration, mais c'est précisément cette laideur qui affirme l'originalité du style.

Le nom de cette ruine est très-moderne. Un nègre qui portait le nom de Wuswas, séduit par l'appât des trésors qui devaient être cachés dans cet édifice, y entreprit des fouilles. Un jour il disparut sans qu'on n'ait jamais su ce qu'il était devenu. Les Arabes ont donné son nom à la ruine et ne s'en approchent encore qu'avec une terreur superstitieuse.

Au nord de Warka, à deux milles environ, s'élèvent les restes d'une colonne terminée par un dôme et qui porte le nom de Neffayj ; mais cette localité ne paraît pas avoir été encore explorée.

Parmi les différents débris qui ont été trouvés dans ces ruines, nous devons mentionner des tablettes d'une forme particulière. Ce sont des tablettes d'argile chargés d'une inscription en caractères cunéiformes et recouvertes d'une couche d'argile qui reproduit l'inscription intérieure. Ce sont, en général, des contrats d'intérêt privé dont nous aurons occasion de nous occuper lorsque nous mentionnerons les souverains du règne desquels ils sont datés.

Ce qui frappe surtout l'attention, c'est le nombre prodigieux de tombeaux qui entourent ces ruines.

Depuis sa fondation jusqu'au moment de l'occupation Parthe, Warka paraît avoir été une immense nécropole où sont venus reposer les différents habitants de la Mésopotamie. Les anciens chaldéens enfermaient leurs morts dans des sarcophages en terre cuite qui dessinent, comme les caisses des momies égyptiennes, la forme des corps qu'elles renferment. Ces débris humains s'élèvent autour de Warka à plus de 60 pieds d'épaisseur, et dans cette épaisseur on trouve, à côté des morts des différentes époques, les restes de la civilisation à laquelle ils ont appartenu. Il faudrait percer cette couche immense pour arriver aux débris de l'époque primitive, et s'il est permis d'entrevoir au prix de quels travaux on pourrait l'atteindre, il n'est pas possible d'affirmer que les résultats sauraient répondre à tant d'efforts.

Warka est peut-être la localité la plus intéressante de la Chaldée. Il est certain que les ruines que nous fouillons aujourd'hui couvrent celles de l'antique Erech qui, d'après la Genèse, fut occupée par Nemrod. Cette ville a été, pendant longtemps, le siège d'une école d'érudits chaldéens, dont Pline et les historiens grecs nous transmettent la renommée, et dont les rois assyriens nous font apprécier la valeur. C'est dans les archives d'Orchoë qu'Assur-bani-pal a puisé les éléments de cette fameuse bibliothèque dont nous recueillons avec tant d'avidité les débris.

Les fouilles de M. Loftus ont mis au jour des spécimens des époques les plus différentes, depuis les textes des plus anciens rois de la Chaldée jusqu'aux légendes relativement modernes qui renferment le nom des Séleucides. Aussi, à chaque instant, nous rencontrerons le nom d'Orchoë comme un des plus puissants jalons auxquels se rattache l'histoire de la Chaldée.

Malgré les efforts de M. Loftus, les fouilles qu'il avait entreprises et continuées pendant le court espace de temps où les ruines sont abordables, n'ont pas produit tout ce qu'il était en droit d'en attendre. Il déclare lui-même que le sol de Warka ne peut pas encore être considéré comme exploré ; aussi il appelle de tous ses vœux de nouvelles recherches que la science continuera un jour, mais que sa mort prématurée ne lui a pas permis d'entreprendre.

Le nom antique de Warka se compose d'un monogramme que nous avons déjà rencontré dans le nom de Zerghul; mais ici, il est seul et suivi du déterminatif aphone propre aux noms de ville de la vallée du Tigre et de l'Euphrate. La prononciation antique du complexe devait être *Uruk* ou *Arku;* mais, dans tous les cas, elle devait avoir une certaine analogie avec celle qui nous a été conservée dans la forme Erech (ארך) de la Genèse, l'Ορεχ des Septantes et l'Ορχόη des Grecs.

Quelle qu'ait été la puissance d'Erech, nous ne trouvons qu'un seul prince qui puisse se rapporter à la période de son autonomie, et il nous reste à en examiner les inscriptions.

BELIT-HASIHAT.

(....)

Ce prince est le père de celui dont nous avons quelques documents. Il n'est connu que parce qu'il figure dans les inscriptions de son fils.

SIN-GASIT.

(....)

Le nom de ce prince ne souffre aucune difficulté. La première partie se compose du monogramme bien connu pour représenter le dieu Sin, la seconde partie est phonétique.

Nous lisons d'abord sur des briques provenant du sommet de la ruine du Buvarieh :

« Sin-gasit, fils de Belit-Hasihat, roi (*Sar*) de Uruk, constructeur (*Banuv*) du Bit Anna. »

(*W. A. I.*, I, pl. 3, n° VIII, 2.)

Sur des briques provenant de la porte principale de la ruine du Wusvas, on lit :

« Sin-gasit, le mâle puissant, roi (*Sar*) de Uruk, roi de Gananu (Amnanu S.), a construit ce palais pour sa royauté. »

(*W. A. I.*, pl. 3, n° VIII, 2.)

M. G. Smith nous donne ainsi la traduction d'une inscription du même roi, qui se trouve sur un cône d'argile trouvé à Warka et qui a été publiée par M. F. Lenormant dans son *Choix de Textes inédits*.

« A Sar-turda son Dieu, à Belat-sunat (Bel Nasihal), sa mère Singasit, roi de Uruk, roi de Amnanu (Gananu), seigneur du Bit-Anna, qui a construit le Bit-Anna, le *Bel-Kirib*, le *Bel-Kibu, lib, tul lu Ka ne ne*, il a construit pour la prospérité de son royaume, il a construit 18 *segur*, 12 mines de *dukta*, 10 mines de bronze, *asni*, cette maison. Il a....... de l'argent, comme une montagne, 1 sekel d'argent. Son nom est proclamé celui qui donne le plaisir. »

(Sm. *Earl. H.*, p. 41, n° 20. — L. n., *Choix de T.*, p. 153, n° 64.)

Il est assez difficile d'apprécier le caractère ethnographique des rois de cette époque. C'est dans la langue seulement que nous pouvons, jusqu'ici, puiser des renseignements à ce sujet. Or, le système graphique dans lequel les inscriptions sont conçues, peut nous laisser une grande incertitude. En effet, il est certain que nous pourrions *comprendre* des inscriptions tout entières, si elles ne renfermaient que des idéogrammes ou des allophones, et cependant nous n'aurions pas la plus légère indication sur la langue de leur rédacteur, puisque ces inscriptions auraient pu être tracées par tous les peuples qui faisaient usage du même système graphique, et qui les auraient comprises comme nous les comprenons aujourd'hui.

Mais je ne saurais trop insister sur ce point : si, dans une inscription de cette nature, il se trouve une expression phonétique, et surtout si cette expression comporte une flexion, ce mot suffit pour nous révéler immédiatement l'idiome auquel nous devons rapporter la rédaction du document.

Voilà pourquoi nous avons cru devoir appeler l'attention sur le mot *banuv* que nous lisons sur les briques du Buvarieh : ce mot est essentiellement sémitique et suffit à lui seul pour caractériser la langue dans laquelle sont conçues les inscriptions qui le renferment.

Dans tous les cas, et quelque soit l'idiome, nous n'hésitons pas à accepter pour le nom du souverain la lecture Sin–gasit, au lieu des lectures Sin-sadu, Sin–saïd qui reposent sur une fausse appréciation des caractères archaïques qui le composent.

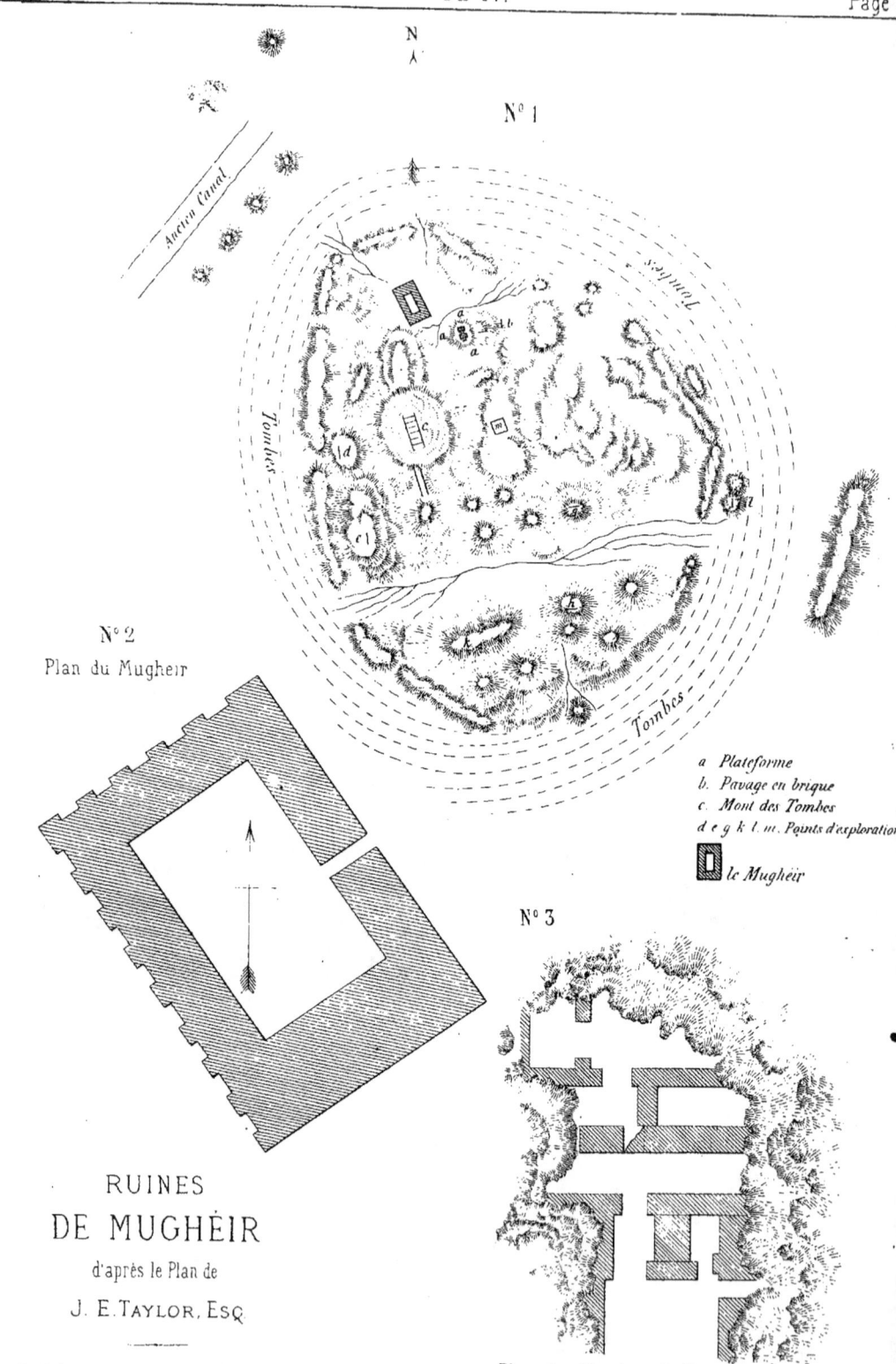

N° 1

N° 2
Plan du Mugheir

a. *Plateforme*
b. *Pavage en brique*
c. *Mont des Tombes*
d e g k l m. *Points d'exploration*

le Mugheir

N° 3

RUINES
DE MUGHÉIR
d'après le Plan de
J. E. TAYLOR, ESQ

Imp E Cagniard Rouen

Plan des Chambres du Monticule Ouest

MUGHÉÏR.

—

Les ruines de Mughéïr sont situées sur la rive arabe de l'Euphrate, à peu près en face de Warka. Pendant les inondations occasionnées par la crue périodique du fleuve, Mughéïr est inabordable, excepté en bateau. L'aspect général de la contrée présente une série de tumulus ou de monticules ovales qui occupent une superficie dont le plus large diamètre, du Nord au Sud, mesure environ un demi–mille d'étendue.

Le nom de Mughéïr est particulièrement affecté à une tour de 70 pieds de haut qui s'élève près de l'extrémité Nord des monts. C'est une ancienne construction babylonienne qui se présente encore dans un état de conservation assez satisfaisant. Cet édifice est bâti en larges briques cimentées avec du bitume, et c'est cette circonstance qui lui a fait donner, par les Arabes, le nom moderne de Mughéïr, qui signifie « Bitume. »

Le monument se compose de deux étages construits sur le plan d'un parallélogramme rectangle, dont les plus longs côtés sont orientés N.-E. et S.-O. Un des angles regarde ainsi le Nord, comme dans tous les édifices d'origine chaldéenne. L'étage inférieur est supporté par des contreforts qui sont cachés par les décombres du côté du N.-E. et du S.-E.; il s'élève à 27 pieds de hauteur environ et ne présente qu'une entrée de 8 pieds de large au N.-E. Cette entrée conduisait de la base à l'étage supérieur par une série de gradins qui ont disparu.

La partie supérieure a 14 pieds de hauteur et s'élève en retrait sur le mur inférieur.

La masse de l'édifice est construite sur une épaisseur de 10 pieds, moitié en briques séchées au soleil, moitié en briques cuites au four. Celles de l'étage inférieur sont plus petites que celles de l'étage supérieur et sont cimentées avec du bitume, tandis que celles de l'étage supérieur sont fixées avec du mortier. Il est évident que les deux étages n'ont pas été construits à la même époque ; c'est, du reste, ce qui a été confirmé par les inscriptions. Les briques du premier étage portent le nom du père et celles de l'étage supérieur, celui de son fils.

En cherchant dans les décombres amoncelés au pied du premier étage, M. Taylor a découvert, parmi des débris de briques émaillées, les fragments d'un prisme chargé d'une inscription qui appartient à Nabonid et qui donne de curieux détails sur les travaux de reconstruction auxquels le dernier roi de Babylone s'est livré. Puis, en continuant ses fouilles, il a trouvé aux quatre angles de l'édifice quatre barils complets, déposés intentionnellement dans la maçonnerie et dont l'inscription se rapporte au même roi ; nous les examinerons en temps et lieu.

Il est certain que les fragments du premier baril qui a été découvert, provenaient de l'étage supérieur. Deux ou trois vieillards des tribus de bergers, qui s'assemblent en hiver et au printemps autour des ruines, ont affirmé à M. Taylor qu'ils avaient vu jadis, au sommet du second étage, une sorte de chambre qui n'existe plus depuis 40 ou 50 ans. Cette assertion paraît, du reste, justifiée par les restes des briques émaillées et les fragments de diverse nature que l'on trouve auprès des murs ainsi que par les débris de plusieurs petites lampes d'argile.

Cet édifice était un temple dont nous retrouvons la mention dans les inscriptions des différents rois qui l'ont construit ou restauré.

Près du coin S.-E. de cette ruine on voit les restes d'un second monument qui repose sur une plate-forme de 400 pieds de circonférence, formée par un pavage de briques cuites, dont quelques-unes portent des inscriptions. La structure de cet édifice est très-irrégulière ; elle comprend plusieurs chambres de différentes grandeurs, pavées avec des briques cuites ; celles des murs sont remarquablement belles ; quelques-unes sont émaillées, et un certain nombre présente plusieurs lignes de caractères sur les côtés et sur la tranche.

Quelle est maintenant la ville antique qui se cache sous les ruines de Mugheïr ? Le nom qui est écrit sur les briques de cette localité renferme encore le monogramme que nous connaissons déjà ; il est précédé du signe qui signifie « frère » *ahu* ou « protéger » *nasir*; il est suivi du déterminatif ordinaire des noms de ville. La transcription du complexe est, du reste, assurée ; il se lit *uru* ; il ne saurait donc y avoir de doute sur son articulation phonétique, aussi on a identifié cette localité avec la ville qui est

nommée dans la Genèse Ur–Kassdim (אור־כשדים), Ur des Cas-
déens, et qui, dès le temps d'Abraham, était appelée « la Grande Ville ».
Elle était située sur les frontières du pays de Chaldée. Ur n'est pas mentionné parmi les villes dont les traditions de Bérose font remonter l'origine
à l'époque antédiluvienne ; elle paraît d'origine plus récente que Babylone, Sipar, Larsam ; c'est elle qui nous a fourni les monuments les plus
anciens ; ses rois avaient une influence considérable et nous en trouvons
la preuve sur les monuments des autres villes de la Chaldée, où nous
lirons leurs noms.

Ur a dû être le centre d'une navigation très–active dans la haute antiquité. Ses vaisseaux figurent dans une tablette du Musée-Britannique, à
côté des vaisseaux du pays d'Akkad, de Dilvun, de Magan (Egypte), de
Miluhi (Méröé), de Nibi et de Khatti (Syrie). (*W.A.I.* II, 46, l. c. 2, l. 3-
10.) On voit ainsi que son commerce s'étendait au grand cabotage qui
explorait, d'une part, les côtes du Golfe-Persique jusqu'à l'Inde, et d'autre
part, les côtes de la presqu'île arabique jusqu'au nord de l'Egypte, en se
reliant ainsi, par les caravanes, au commerce maritime de la Méditerranée.

URKHAM.

(3000 (?) a. J.-C.)

Les signes qui composent le nom de ce roi ne se prêtent pas à une articulation phonétique. Ils forment un idéogramme ; et même la valeur du
dernier signe qui, du reste ne se trouve que dans ce groupe et dans celui
qui désigne les fleuves, est encore complètement inconnue. Il faut se rési-
gner à accepter une articulation provisoire jusqu'à ce qu'on puisse lui
donner son nom véritable.

M. Oppert a découvert dans la collection de M. L. de Clerc un cylindre
qui fournit une lecture différente ; le dernier signe serait expliqué par
l'articulation *bagas* et le complexe donnerait alors *ur ba gas kit*. C'est par
suite de ce document que M. F. Lenormant a présenté la lecture *lik–bagas*

qui ne nous paraît pas définitive. (Voyez, au surplus, L. n., *Essai sur un document chaldéen*, p. 169.)

Le docteur Hincks avait cru reconnaître dans ce personnage, Arioch, de la Genèse (G. X. I.), mais son hypothèse n'a pas été justifiée. La lecture Orcham, adoptée par Sir H. Rawlinson, s'appuie sur la valeur phonétique du premier signe, et, sur une tradition qui aurait besoin d'être expliquée. Quoi qu'il en soit, s'il y a incertitude sur l'articulation du nom, le personnage est un des plus connus.

Ce prince paraît être le plus ancien souverain de la domination sémitique ; le siége de son empire était à Ur, où il a fondé un temple en l'honneur du dieu Sin. Il a laissé des monuments de sa puissance dans beaucoup d'autres localités, à Niffer, à Warka, à Sinkéreh, à Zerghul. Il est impossible de préciser la date de son règne, mais, à cette époque, la Basse-Chaldée toute entière, semble avoir été soumise à son sceptre.

Voici les inscriptions qui sont parvenues jusqu'ici à notre connaissance.

Sur les briques de l'étage inférieur du grand temple de Mughéïr, nous lisons :

« Urkham, roi du pays de Ur, a construit le temple du dieu Sin. »

(W. A. I. I, pl. 1, n° 1, 1, 2.)

Cette inscription est répétée sur une large pierre en balsate noire provenant de la même localité.

Sur les briques du petit tumulus situé au Sud de la grande ruine, on lit :

« Au dieu Sin, son roi, Urkham, roi de Ur, a construit le temple et la forteresse de Ur. »

(W. A. I. pl. 1, n° 1, 3.)

La même inscription se trouve sur les briques du tumulus situé au centre des ruines.

Sur un cône en terre cuite trouvé dans les ruines du grand temple de Mughéïr.

« Au Dieu Sin, lumière du Ciel, fils aîné de Bel, son roi, Urkham, mâle puissant, roi de Ur, a construit le temple *tim—ga-tu* (le temple des assises élevées), le palais de son désir. »

(W. A. I. I, pl. n° 1, 4.)

Sur une brique provenant du tumulus central :

« Au dieu Sin, le fils aîné de Bel, son roi, Urkham, le mâle puissant, le guerrier intrépide, roi de Ur, roi des Sumirs et des Akkads, a construit le temple *tim-ga-tu* (le temple des assises élevées), le palais de son désir. »

(*W. A. I.* I, pl. 1, n° 1, 5.)

Voici maintenant des inscriptions de diverses provenances :

Sur une des briques de la ruine de Buvarieh à Warka, nous lisons :

« A la déesse Nana, sa souveraine, Urkham, le mâle puissant, roi de Ur, roi des Sumirs et des Akkads, a construit ce palais. »

(*W. A. I.* I, pl. i, n° 1, 6.)

Sur une brique de Sinkereh :

« Au dieu Samas, son roi, Urkham, le mâle puissant, roi de Ur, roi des Sumirs et des Akkads a construit ce palais. »

(*W. A. I.* I, pl. i, n° 1, 7.)

Sur une pierre en balsate noire provenant des ruines de Niffer :

« A la déesse Beltis, sa souveraine, Urkham, roi de Ur, rois des Sumirs et des Akkads, a construit ce temple . . . . . le temple de son désir. »

(*W. A. I.* I, pl. 1, n° 1, 8.)

Sur une brique provenant du grand tumulus de Niffer, appelé Bint-el-Emir.

« Urkham, roi de Ur, roi des Sumirs et des Akkads, a construit le temple de Bel. »

(*W. A. I*, I, pl. 1, n° 1, 9.)

M. G. Smith signale, sur une brique de Zerghul, une légende alors inédite et publiée depuis par M. F. Lenormant ; elle est ainsi conçue :

« A *Sar-illi*, son roi, Urkham, roi de Ur . . . . . a construit le . . . . à Zirgurla. »

(Sm. *Earl. H.*, p. 35, n°. 17. L. n. *Choix de T.*, p. 149, 60.)

Enfin, nous devons mentionner une inscription qui figure sur un cylindre, publié par Ker-Porter, et qui contient ces mots :

« A Urkham, le mâle puissant, roi de Ur, *Hassimir* Patesi de. . . . son serviteur. »

(Ker-Porter, vol. ii, pl. 79, 6.)

𒀭𒂠𒁀

DUNGI.

(....)

Dungi, le fils d'Urkham, a hérité de la puissance de son père. Ses monuments sont moins nombreux, mais rien ne nous autorise à croire qu'il ait laissé amoindrir, dans ses mains, l'empire paternel. Nous le voyons, au contraire, terminer les monuments inachevés et en fonder de nouveaux.

Sur les briques de la partie supérieure du mont central de Mughéïr, nous lisons :

« Dungi, le mâle puissant, roi de Ur, roi des Sumirs et des Akkads. »

(*W. A. I.* I, pl. 2, n° 11, 1.)

Sur une autre brique de la même ruine :

« Dungi, le mâle puissant, roi de Ur, roi des Sumirs et des Akkads, a construit le Bit-Harris, le temple de son désir. »

(*W. A. I.* I, pl. 2, n° 11, 2.)

Sur une pierre de balsate noire trouvée dans les ruines de Tel-Ed à Warka, on lit :

« A la déesse *Ninmurki*, sa souveraine, Dungi, le mâle puissant, roi de Ur, roi des Sumirs et des Akkads, a construit le Bit-*gilsa*, le palais de son désir.

(*W. A. I.* I, pl. 2, n° 11, 4.)

Sur une pierre de balsate noire, de provenance incertaine :

« A la déesse Nana, sa souveraine, Dungi, le mâle puissant, roi de Ur, roi des Sumirs et des Akkads, a réparé le Bit-Anna et en a construit les grands contreforts. »

(*W. A. I.* I, pl. 2, n° 11, 3.)

Sur une tablette en pierre noire du musée du Louvre, dont l'inscription a été traduite et publiée par M. François Lenormant :

« Dungi, le mâle puissant, roi de Ur, roi des Quatre-Régions, a construit le temple. . . . . »

(L. n. *Revue arch.* 1873, p. 76.)

Il doit exister plusieurs monuments analogues, car j'ai reçu, en 1870, une empreinte semblable, de M. Barré de Lancy.

M. G. Smith lit, sur un cylindre dont il n'indique pas la provenance, mais qui est évidemment le même que celui de la collection de M. de Clerc, dont M. Lenormant a donné la copie.

« A *Sit-ti-ta-ud-du-a*, roi du *Bit sid-da* de Zirgulla, pour la conservation de Dungi, le mâle puissant, roi de Ur, *lib nir la gu za lal*, fils de Ur-bagas (*lik-ba-gas*), a fait une libation (?). Que la volonté de mon roi. ·   .   .   . que son nom soit prononcé. »

(Sm. *Earl H.*, p. 36, n° 8. L. n., *Choix de T.*, p. 151, n° 62.)

Sur un poids de pierre en forme de canard.

« Dix mines de Dungi. »

(Sm. ibid.)

Dungi avait donné son nom à une ville mentionnée dans une tablette géographique publiée par le Musée-Britannique (*W. A. I.* II, pl. 60, c. 1, l. 5), et nous voyons dans cette liste que le dieu Nebo est nommé Seigneur de Dungi.

Le nom de Dungi ne souffre pas de difficulté de lecture; le premier caractère qui se présente sur les briques dans sa forme archaïque, a bien la valeur phonétique de *dun*. Cependant, il paraît avoir été interprété autrement par les Scribes de Nabonid, qui y substituaient un signe qui a la valeur de *el;* le nom serait alors *Elgi*.

𒀭 𒁹 𒌓 𒉽 𒈗 ·

Il ne peut cependant y avoir de doute sur l'identité du personnage exprimé par ces deux noms. Voici dans quelle circonstance le nom de Elgi nous est transmis.

Nabonid a fait des fouilles dans la Basse-Chaldée pour retrouver les noms des anciens rois et restaurer leurs monuments. C'est dans une de ces explorations qu'il rencontre, à Ur, les ruines du palais fondé par Urkham et continué par son fils; il s'exprime ainsi :

« Le temple du roi du .   .   .   .   . la *Zigurrat* du temple du *Iz* de la Grande-Déesse, situé dans la ville de Ur, avait été commencé par Urkham, un roi ancien; mais celui-ci ne l'avait pas terminé; Elgi (Dungi), son fils, en acheva la magnificence. »

(*W. A. I.* I, pl. 68, n° 1, c. 1, l. 5, 18.)

Il est fâcheux que Nabonid n'ait pas indiqué la date du règne de ces deux princes ainsi que les rois d'Assyrie l'ont fait dans des circonstances analogues. Peut-être que cette date était déjà inconnue du temps de Nabonid, et cette omission nous fortifie dans l'idée que Urkham et son fils sont les plus anciens souverains de la Chaldée. La nature des matériaux, le style des caractères et la rédaction même du texte nous prouvent, du reste, qu'il doit en être ainsi.

M. F. Lenormant a démontré que les inscriptions de Dungi étaient écrites, malgré les nombreux idéogrammes ou allophones qu'elles renferment, dans la langue sémitique de la Chaldée, je n'hésite pas à étendre cette observation aux inscriptions de Urkham. Si le fils appartient à la race des Sémites, il est évident qu'on ne saurait en détacher le père. J'ajouterai une observation : c'est pour la première fois que nous rencontrons le titre de « roi des Quatre-Régions ». Sur la tablette publiée par M. F. Lenormant, le mot « quatre » y est écrit, comme sur celle dont nous avons l'empreinte, en caractères phonétiques, et le mot *arba'iv* ainsi tracé, bien plus que le mot *dalum*, que j'ai toujours considéré comme un allophone, ne laisse aucun doute sur le sémitisme de la rédaction.

Le mot « quatre » peut se trouver exprimé en caractères idéographiques et causer un certain embarras, mais l'hésitation cesse toutes les fois que l'idéogramme est accompagné d'un complément phonétique (*ba*). Cette simple désinence suffit, je crois, pour caractériser toute l'inscription.

ISMI-DAGAN.

(1800 a. J.-C.)

La provenance des documents de ce prince et de son fils nous font penser que le siége de leur puissance était à Ur, bien que le titre de seigneur de Nipur précède celui de leur souveraineté à Ur. Nous ne connaissons, du reste, qu'une inscription chaldéenne d'Ismi-Dagan, et elle provient des briques du temple Sud du mont de Mughéïr. Elle est ainsi conçue :

« Ismi-Dagan, seigneur de Nipur, souverain de Ur, *ut sa du* de Eridu, maître de Uruk [le puissant monarque], roi de Nisin, roi des Sumirs et des Akkads, le favori de la déesse Nana. »

(W. A. I. I, pl. 2, n° v, 1, 2.)

𒀭𒌋𒀭𒌋𒌋 ·

GUNGUNUM.

(1771 a. J.-C.)

Ce prince est fils d'Ismi-Dagan ; sur un cône en terre cuite trouvé dans les ruines de Mughéïr, on lit :

« Au dieu Samas le Pasteur (*riu*) vigilant de Sin, le fils de la Grande-Déesse la souveraine de *ru tu du*, son roi, pour la conservation des jours de Gungunum le héros puissant, roi de Ur, serviteur d'Anu, serviteur de Sin, Pasteur (*riu*) de Ur, fils d'Ismi-Dagan, roi des Sumirs et des Akkads. Il (Gungunum) a construit le *Bit–hiliani*, le *Bit-gina*, de Ur pour la conservation de ses jours. »

(*W. A. I.*, I, pl. 2, n° vi, 1.)

Sur des briques du mur Est du mont des Tombes, à Mughéïr, on lit :
« En l'honneur d'Anu, pour les délices de Sin, le Pasteur (*riu*) fils d'Ismi-Dagan, roi des Sumirs et des Akkads. »

(*W. A. I.*, I, pl. 2, n° vi, 2.)

Il ne peut y avoir de doute sur le caractère de ces deux rois. Le nom d'Ismi-Dagan est essentiellement sémitique; il a été rapproché, depuis longtemps, du nom d'Ismaël. Des circonstances topographiques indiquent, par la situation des monuments, que les constructions auxquelles il a attaché son nom sont postérieures à celles de Urkam; il est du reste possible d'en préciser la date.

On trouve le nom d'Ismi-Dagan sur les briques d'un palais de Kalah-Serghat, l'antique El-Assar, en Assyrie, où ce prince avait construit un temple. Or, Tuklat–pal-Asar, un roi assyrien du xii° siècle avant J.-C., fait mention de cette construction dans ses annales; voici les documents :

On lit d'abord sur les briques de Kala-Serghat :
« Samsi-Bin, Patisi du dieu Asit (Assur), fils de........ a construit le temple du Dieu Asit (Assur). »

(*W. A. I.*, I, pl. vi, n° 1.)

Le nom du père de Samsi-Bin est effacé sur la brique, mais Tuklat-pal-Asar va nous le faire connaître ; il s'exprime ainsi dans ses annales :

« Dans ce temps-là, le temple d'Anu et de Bin, les Grands-Dieux mes Seigneurs, que Samsi-Bin, Patisi d'Assur, fils d'Ismi-Dagan, Patisi d'Assur, avait construit 641 années avant moi était tombé en ruines... »

(W. A. I., I, pl. 15, c. VII, l. 60.)

Samsi-Bin était donc fils d'Ismi-Dagan comme Gungunum. Il se pourrait, sans doute, que deux rois, l'un d'Assyrie, l'autre de Chaldée, aient porté le même nom, mais cette hypothèse n'a jamais été admise. Il faut donc reconnaître qu'à cette époque, l'empire de Chaldée était réuni à l'empire d'Assyrie sous le sceptre d'Ismi-Dagan et que le siége de sa puissance était à Ur, (ou peut-être à Nipur ?) A sa mort, l'empire s'est trouvé partagé entre ses deux fils : Samsi-Bin, le fondateur du temple d'Anu à Kalah-Serghat, est devenu roi d'Assyrie, et Gungunum, le constructeur du Bit–hiliani de Ur, a continué à régner en Chaldée.

Si on admet ces données, la date de ces événements se déduit naturellement des textes assyriens.

Samsi-Bin a construit le temple d'Anu 641 avant le règne de Tuklat-pal-Asar (W. A. I., I, pl. 15, c. VII, l. 6.) Tuklat-pal-Asar régnait 418 avant la xe campagne de Sennachérib. (W. A. I., III, pl. 14, l. 50.) Sennachérib est monté sur le trône le 12 ab de l'année de Pakar-Bel, c'est-à-dire le 12 août 704 avant J.-C. Samsi-Bin régnait donc en Assyrie vers l'année 1771 avant J.-C. Si on admet 25 ans de plus pour tenir compte de l'âge de son père, le règne d'Ismi-Dagan se trouve fixé vers l'an 1800 avant J.-C.

𒐊 𒑱 𒐊 𒐊 𒑱 .

GAMIL-SIN.

(....)

Le nom de ce roi est assez incertain. Le premier élément est exprimé par le signe Su, le second désigne le dieu Sin. A défaut d'une lecture possible, M. G. Smith lui donne le nom de Gamil-Sin porté par un personnage qui figure dans une liste de noms propres, mais ce nom n'est pas autrement justifié. Les monuments de ce prince sont peu nombreux.

On lit ainsi la signature d'un cylindre qui provient de Bagdad :

« A Gamil-Sin, le mâle puissant, roi de Ur, roi des Quatre-Régions, Amil-aua, l'écrivain de cette tablette, fils de Gandu, son serviteur. »

(*W. A. I.*, I, pl. 3, n° xi.)

Nous devons remarquer que dans le texte, le mot *arba* (quatre) est écrit avec le complément phonétique *ba* qui nous paraît suffisant pour caractériser le sémitisme de l'inscription.

M. G. Smith publie la traduction d'une inscription inédite du même roi, qui est écrite sur un galet irrégulier de basalte, ayant servi à recevoir le gond d'une porte ; le texte en a été donné depuis par M. F. Lenormant ; il est ainsi conçu :

« A Nugan, son seigneur, Gamil-Sin, le délice de Bel, roi de Nipur, dans la joie de son cœur l'a béni, le roi puissant, le roi de Ur, le roi des quatre régions qui a construit cette demeure. »

(Sm. *Earl. H.*, p. 39, n° 16. L. n., *Choix de T.*, n° 65, p. 152.)

IBIL-SIN.

Nous ne connaissons de ce prince que cette courte légende :

« Ibil-Sin, roi de Ur. »

(*W. A. I.*, III, pl. 38, l. 64.)

Le nom de ce roi figure encore dans un fragment inédit d'une inscription astrologique où il est nommé Abil-Sin.

On connaît plusieurs personnages de ce nom dans les inscriptions. M. G. Smith a rapporté les deux formes au même roi, ce qui est très-possible ; mais rien ne vient donner à ce souverain sa date et la place dans l'histoire des rois de Ur, où il n'est pas encore autrement connu.

6

Le caractère des anciens rois de Ur, paraît plus défini que celui des rois qui régnaient probablement à la même époque dans les villes du Bas-Euphrate. Ils appartiennent tous à la domination sémitique, et sans aller chercher dans les inscriptions mêmes les symptômes qui pourraient nous donner des indices à ce sujet, leurs noms sont suffisamment caractéristiques à cet égard.

Cependant, il est certain que leurs inscriptions ne renferment rien de plus que celles des rois dont nous avons trouvé les monuments dans les autres localités du Bas-Euphrate; mais il y a plus, car parmi tous ces débris, c'est toujours dans la couche inférieure que nous avons rencontré les monuments du prince que nous nommons provisoirement encore Urkham, et qui semble avoir étendu son empire sur toute la Basse-Chaldée. Les souverains particuliers de Rata, de Uruck et même de Larsam, apparaissent alors comme des vice-rois qui auraient relevé du souverain dont la capitale aurait été à Mughéïr. Mais nous avons encore à étudier les documents qui nous proviennent des ruines de Sénkereh.

SENKEREH.

———

Les ruines de Senkereh sont situées à 15 milles au S.-O. de Warka, sur la limite extrême de la frontière du grand désert qui s'étend entre les inondations de l'Euphrate à l'Ouest et les marais du Shat-el-Khar à l'Est. Dans les saisons ordinaires, les eaux du Khar arrivent jusqu'à la base des ruines qui occupent un plateau circulaire de 4 milles et demi de circonférence. Le terrain s'élève graduellement, du niveau de la plaine, vers un monticule central qui atteint une hauteur de 70 pieds et qu'on aperçoit très-distinctement de Warka et de l'Euphrate.

Autour de cette masse principale, on trouve plusieurs autres constructions qui attestent l'importance de la ville détruite.

La ruine qui couronne le sommet du monticule principal couvre un espace de 320 pieds de longueur sur 220 de large ; il est circonscrit par un mur de 4 pieds d'épaisseur, dont il est facile de suivre la trace, et sur les briques duquel on lit le nom de Nabuchodonosor.

L'édifice était orienté comme ceux de Mughéïr, c'est-à-dire que les angles étaient dirigés vers les points cardinaux ; les murs n'ont plus que 4 pieds de hauteur environ et se poursuivent dans toute leur étendue. Il y avait une entrée de 9 pieds de large au centre d'une des façades, elle était ornementée avec des niches analogues à celles qu'on remarque au Wusvas. Les murs avaient 5 pieds d'épaisseur et étaient soutenus par une masse de briques cuites au soleil.

M. Loftus trouva d'abord, sur la terrasse inférieure, un cylindre très-abîmé, qui paraissait avoir roulé avec les briques du sommet de l'édifice. Bientôt après, à 3 pieds environ de la surface, M. Loftus découvrit un second cylindre plus petit, mais complet et très-lisible. Ce cylindre était déposé à 5 pieds au-dessus du pavage, dans l'épaisseur du mur, sans que rien n'eût pu indiquer sa présence.

Au sommet du monticule les ouvriers rencontrèrent une tombe d'une antiquité incontestable; les briques portaient une inscription au nom de Urkham, le fondateur des monuments de Warka et de Niffer; en creusant on découvrit une seconde sépulture. Ces tombes étaient construites dans l'intérieur d'un mur de 5 pieds d'épaisseur, elles ne renfermaient rien de remarquable, car elles avaient été fouillées depuis longtemps. Les briques au nom de Nabuchodonosor indiquent que la partie supérieure de cet édifice a été construite sous son règne, tandis que la partie inférieure remonte à une antiquité beaucoup plus réculée.

On remarque autour de la ruine principale d'autres monticules qui indiquent la présence de monuments plus ou moins considérables.

El-Heimar, « le monticule rouge », est remarquable par la couleur des briques dont il se compose. On trouve dans la construction des murs de ce monument, comme dans d'autres que nous avons déjà signalés, des couches de roseaux qui alternent avec des assises de briques. Cet édifice porte également la trace de plusieurs restaurations successives, dont les dernières ont eu lieu sous le règne de Nabonid.

Les fouilles de Senkereh ont fourni des inscriptions d'un grand nombre de souverains de la Chaldée, depuis Urkham jusqu'aux princes du dernier empire. Senkereh paraît avoir survécu à la ruine de Babylone; un document qui porte le nom de Cambyse, permet de croire que cette ville était encore florissante sous les Perses. C'était, comme Warka, un lieu de sépulture très-vénéré dans la Chaldée; mais, sous les Achéménides, Warka prit un rang plus élevé et semble avoir eu le privilége plus spécial de servir de dernière demeure aux habitants de la Chaldée.

De Senkereh on aperçoit plusieurs tumulus considérables de l'autre côté des Shat-el-Kahr; les plus importants sont Ablah, El-Assam, Tel-Sifr. Le nom Tel-Sifr dérive des nombreux objets en cuivre que les Arabes trouvent dans cet endroit. M. Layard y fit faire des fouilles et découvrit bientôt une collection considérable de chaudrons et de vases plus ou moins grands et de différentes formes, puis des marteaux, des tenailles, des doloires, des hachettes, un grand nombre de couteaux et de dagues. Ces objets n'étaient pas terminés et leur ensemble, leur quantité et leur diversité paraît indiquer qu'il y avait là tout l'assortiment d'une fabrique d'objets de cuivre.

Le complexe qui exprime le nom de la ville antique renferme encore le monogramme que nous avons signalé à Zerghul, à Orchöé et à Mughéïr; il y a évidemment une relation nécessaire entre les noms de ces quatre villes, mais l'explication de cette relation nous échappe et nous ne pouvons que la constater. L'idéogramme paraîtrait désigner la ville du Soleil, comme celui de Ur pourrait désigner la ville de la Lune; dans tous les cas, la transcription ne souffre aucune difficulté, on l'a rencontrée dans de nombreux passages parallèles ou identiques, elle se lit en assyrien

Larsam; c'est la ville qui est désignée dans les fragments de Bérose sous le nom de Λάραγχα ou Λαγχαρα comme la patrie de Xisuthrus, le dernier des rois antédiluviens. Dans les textes du Musée-Britannique, où nous lisons le récit du déluge, nous voyons que Xisuthrus et son père sont originaires d'une ville qui se nomme Sourippak. Bérose, qui devait avoir cette donnée sous les yeux, a traduit en grec le nom de cette ville et nous permet de l'identifier ainsi avec Larsam dont nous trouvons aujourd'hui les ruines à Sinkereh.

Le culte de Samas a toujours été en honneur à Larsam; il y avait un temple consacré à ce dieu sous le nom de Parra et qui fut construit par Urkham, il fut plus tard réparé par Hammurabi et Burnapurias, deux rois du premier empire de Chaldée. Les rois du dernier empire y ont également travaillé. Nabuchodonosor en entreprit la restauration et elle ne fut terminée que par Nabonid, quelque temps avant la chute du grand empire. Ces restaurations successives nous permettent de suivre l'importance de Larsam aux différentes époques de son histoire.

SIMTI-SITARHAK.

(....)

Les souverains qui avaient leur résidence principale à Larsam ont été assez nombreux. Nous avons d'abord une génération de trois souverains

dont il est assez difficile de préciser l'époque, mais qui appartiennent certainement au premier empire de Chaldée. Le grand-père Simti-sitarhak
n'est connu que par les inscriptions de son fils Kudur—Mapuk.

𒁹𒁹𒁹𒁹𒁹𒁹𒁹 .

KUDUR-MAPUK.

(....)

On a essayé, mais en vain, de rapprocher ce nom de celui de Kodor-
Laomer ; il est certain que ce nom est d'origine élamite, mais il n'est pas
possible de rattacher ce prince à la dynastie des rois d'Elam qui avaient
envahi la Chaldée et la Syrie au temps de Kodor-Laomer. L'inscription, du reste, ne contient que des idéogrammes ou des allophones et
rien ne permet de se prononcer sur la nature de l'idiome qu'elle renferme;
Elle provient des fondations de l'édifice situé au Sud du grand mont
de Mugheïr ; mais on n'a pas encore découvert de briques portant son
nom à Sinkereh, bien qu'il s'intitule « roi de Larsam ». Voici ce document :

« Au dieu Sin, son roi Kudur-mapuk, souverain du pays de Martu
(la Syrie), fils de Simti-sitarhak adorateur de Sin, son appui qui marche
devant lui, a construit le temple Suprême (le Bit-rubmah) pour la conservation de ses jours et pour la conservation des jours de son fils, Zikar-Sin,
roi de Larsam. »

(*W. A. I.*, I, pl. ii, n° 3.)

Il existe au musée du Louvre une statuette en bronze qui porte une légende analogue. Elle a été trouvée à Afadji, près Bagdad, et ne donne
rien de plus précis sur les rois dont elle reproduit les noms, si ce n'est
que celui du fils de Kudur-mapuk, écrit phonétiquement, lève toute
incertitude au sujet de sa lecture.

ㅗㄱ ㅏㅓ ㅓㅓ ㄱㅣ ·

ZIKAR-SIN.

(...)

Les monuments de ce roi sont assez étendus et présentent de grandes difficultés de lecture ; ils ne renferment que des idéogrammes ou des allophones. Le nom du prince est cependant sémitique, la transcription du
premier élément qui est donnée par l'inscription de la statuette du
Louvre ne permet pas de doute à ce sujet. Il se nomme Zikar-Sin.

On trouve une inscription qui le concerne sur les briques des monticules situés à l'Est du Mugheïr, elle est ainsi conçue :

« Zikar-Sin, le mâle puissant, Pasteur (*riu*) suprême établi par Bel,
souverain de Ur, roi de Larsam, roi des Sumirs et des Akkads, fils de Kudur-mapuk, seigneur de Elam (?) a construit le grand . . . . de
Ur, il a établi. . . . son roi, pour qu'il le bénisse, il a construit la
grande muraille du *Harris qa tu la a* pour se défendre, il a tracé son circuit, il l'a élevé, il a construit solidement la grande tour de Ur. »

(*W. A. I.* I., pl. 5, n° xvi.)

Sur un cône inédit, provenant de Mugheïr et appartenant au Musée-
Britannique, M. G. Smith a lu l'inscription suivante dont le texte a été
publié par M. F. Lenormant.

« A Sin, le seigneur des Esprits et des Génies. . . . . mon roi,
Ardu-Sin (Zikar-Sin) constructeur du temple, gouverneur du temple de
Nirgal, le prince. . . . seigneur du Bit-Parra, *miskin* de l'antique
Eridu qui a rétabli les fêtes religieuses, a restauré sur ses fondations le
Bit-Nana de Zirgal, il a fait de sa main les grandes murailles, il a restauré. . . . de Sin et de Samas. Il a établi pour sa vie le prince
qui l'a engendré le Bit-Sarna. . . . qui marchait avant lui dans
l'adoration de son seigneur, il a construit ce temple pour la conservation
de ses jours, il en a restauré la place, et les quatre temples de *Saggal* pour
la conservation de ses jours et la conservation des jours de Kudur-mapuk
son père qui l'a engendré. Il a construit le temple de ses délices le *Bit-
Ningal*, il a. . . . . une statue devant le temple de . . . »

(Sm. *Earl. H.*, p. 43, n° 23. L. n., *Choix de T.*, pl. 156, n° 67.)

Après un intervalle dont il n'est pas possible d'apprécier l'étendue, nous nous trouvons en présence d'une nouvelle dynastie, celle de Gasin et de Sin-idinnam.

𒂍𒅖𒀭 .

GASIN.

Le nom de ce prince ne figure que dans les monuments de son fils.

𒀭𒂊𒌋𒁁𒄑 .

SIN-IDINNAM.

(....)

La lecture de ce nom ne souffre plus de difficulté, c'est bien Sin-idinnam qu'il faut lire; le mauvais état des inscriptions qui concernent ce prince avait pu causer quelque embarras, mais aujourd'hui, grâce à la comparaison des différentes inscriptions du même roi, tous les signes de ce nom sont parfaitement visibles; c'est du reste un nom dont le sémitisme est bien caractérisé. Voici d'abord une inscription qui provient d'un cône brisé découvert à Sinkereh :

« . . . . roi de Bit. . . . son roi, Sin-idinnam, mâle puissant, fils de Gasin, roi de Ur, roi de Larsa, roi des Sumirs et des Akkads.

(*W. A. I.* I., pl. 3, nº IX).

Sur les briques de l'extrémité Nord du monticule de Mughéïr, on lit :
« Sin-idinnam, le mâle puissant, souverain de Ur, roi de Larsa, roi des Sumirs et des Akkads a restauré sur ses bases le temple antique ; il était établi fortement sur le trône de Larsa, il avait sous ses ordres de puissants soldats, il a creusé un canal de délices, le fleuve Kibigana pour les besoins du pays, il a fourni au pays des eaux abondantes pour les besoins du pays et de la ville.

« *Ka ne nam ka a ru ma ni.* Sin, le fils aîné de Bel, qui le précède dans la guerre, il a proclamé sa gloire à ses oreilles attentives, il a établi son culte à Ur, il a construit à Ur le bit *nam nun na*, le temple de son adoration. »

(*W. A. I.* I., pl. 5, n° xx.)

M. G. Smith lit l'inscription suivante sur un cône inédit de Senkéreh :

« A Samas, le souverain de la vie, le chef du ciel, le plus élevé des Génies, son roi Sin-idinnam le mâle puissant, le souverain de Ur, roi de Larsa, roi des Sumirs et des Akkads a construit le Bit-Parra pour la conservation de ses jours. . . . . il l'a élevé. D'après l'ordre de Sin et de Samas, Sin-idinna a célébré des fêtes pompeuses dans le Bit-Parra et le Bit-ningal pour la gloire des génies (du ciel).

(Sm. *Earl. H.*, p. 44, n° 26.)

A cette époque commence une série de monuments épigraphiques du plus grand intérêt, ce sont des contrats écrits dans la langue des Sumirs et des Akkads, mais dans lesquels presque tous les noms sont phonétiques, et ont un caractère sémitique très-tranché. Il résulte de l'ensemble de ces tablettes, que les Chaldéens n'avaient pas encore recours à une ère fixe pour dater les événements de leur histoire, ce n'est que plus tard que cet usage a prévalu. Sur une de ces tablettes, on lit :

« Mois abu (août) de l'année pendant laquelle *Eri-ul-garra*, a construit le *bit gan ki* el. . . . . d'or. . . . . Sin-idinnam, roi de Larsam, a fait les . . . . . »

NUR-BIN.

(. . . .)

Voici les monuments de ce roi. D'abord, une inscription provenant de Mughéïr, est ainsi conçue :

« A Sin, son roi. Nur-bin, mâle puissant, Pasteur (*riu*) de Ur, roi de Larsa a construit dans la ville de Ur, le Bit-rubmah, le Bit-minuni le Bit-galzib, en l'honneur de Sin et de Nin-gal (le dieu protecteur de la terre et la Grande-Déesse).

(*W. A. I.* I., pl. 2, n° iv).

Nous citerons encore la signature d'un contrat chaldéen dont le prix est de une mine 1/2 d'argent et dans lequel les parties jurent par le nom du dieu Sin, et du roi Nur-Bin, il est daté ainsi :

« Mois tebitu (décembre) de l'année dans laquelle (le roi) a décoré avec de l'or, un trône splendide en l'honneur de Samas. »

(Sm. Earl. H., p. 45, n° 27.)

⊢⊣⊢𝇈⊣ ⊰⊢⊢ ⊢⊣ ⊢⊏⊨⊩ .

RIM-SIN.

(. . . .)

Rim-Sin est le dernier roi de Larsam, les documents qui le concernent sont assez nombreux. Nous lisons d'abord sur une brique de Mughéïr :

« A la déesse Beltis, la Grande Souveraine, *dubbu rame ki ha de Zi gul zu*, intelligence suprême, l'épouse du Grand-Dieu, sa souveraine, Rim-Sin, Pasteur (*riu*) du pays et du peuple de Nipur, le *mishihar*, le majestueux, l'auguste, le . . . . Seigneur de Ur, séjour de . . . roi de Larsam, roi des Sumirs et des Akkads, adorateur de Anu, de Bel et de Bin, les Grands-Dieux qui ont confié à mes mains la souveraineté d'Uruk. A Beltis, ma souveraine, qui a rempli mon âme de joie, j'ai fondé et bâti ce temple *Bit–da–rum–se–mu*, le sanctuaire de ses délices, pour la conservation de mes jours. »

(W. A. I. I., pl. 3, n° x.)

M. G. Smith a publié la traduction de la signature d'un certain nombre de tablettes qui sont datées du règne de ce roi, et qui en font ainsi connaître les principaux événements.

« Mois nisan, le 25e jour (25 mars) de l'année pendant laquelle les puissants soldats de Anu, de Bel et de Hea ont pris la cité royale de Karrak. »

« Mois nisan, 30e jour (30 mars) de l'année pendant laquelle les soldats de Anu, de Bel et de Hea ont pris la cité royale de Karrak. »

« Mois ululu, le 5e jour (5 août) après la prise de Karrak. »

« Mois addaru, 30° jour (30 février), de la 6° année après la prise de Karrak. »

« Mois adduru, 30° jour (30 février), de la 7° année après la prise de Karrak. »

« Mois nisan (mars) de la 8° année après la prise de Karruk. »

« Mois tasritu, 30° jour (30 septembre), de la 13° année après la prise de Karrak par le roi Rim-Sin. »

« Mois sabatu, 10° jour (10 janvier) de la 28° année après la prise de Karrak. »

D'autres contrats sont datés d'événements particuliers.

« Mois davuzu (juin) de l'année pendant laquelle Rim—Sin a placé deux statues de bronze dans le Bit-Parra. »

« Mois sabatu (janvier) de l'année pendant laquelle Rim-Sin a placé deux statues de bronze dans le Bit-Parra. »

« Mois duvuzu (juin) de l'année pendant laquelle la rivière *uk kas nun* a été creusée. »

« Mois tasritu (septembre) de l'année pendant laquelle le grand temple de Beltis a été construit. »

« Mois abu (juillet) de l'année pendant laquelle le fleuve Tiglat (le Tigre) a été creusé. »

« Mois abu (juillet) de l'année pendant laquelle le fleuve Tiglat (le Tigre) le fleuve des Dieux a été creusé jusqu'à la mer. »

« Mois sabatu (janvier) de l'année pendant laquelle il (le roi) a occupé Kisuri avec ses guerriers, et s'est emparé de Dur-Ilu. »

« Mois kisileyu (novembre) de l'année pendant laquelle Rim-Sin le roi (a combattu) Ninmah du Bit-*saptumur*, la fondation du ciel et de la terre. . . . . . . l'ennemi n'a plus reparu dans la région supérieure. »

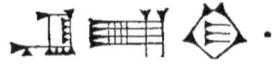

NIFFER.

Les ruines de Niffer se dressent au milieu de la Mésopotamie sur une grande plate forme couverte de terre et de décombres et sillonnée par de nombreux accidents. Elles sont divisées en deux parties égales par un ravin profond qui a environ 120 pieds d'étendue. A peu près au centre de la partie orientale de cette plate-forme, on trouve les restes d'une tour en briques d'une construction antique. Les débris de cette tour forment une masse conique qui s'élève à 70 pieds au-dessus de la plaine et qui se nomme Bint–el-Amir « la Fille du Prince » c'est le point culminant des ruines.

La partie occidentale de la plate-forme ne présente rien de remarquable si ce n'est qu'on y trouve abondamment des débris de poteries et d'autres reliques de l'époque babylonienne.

A une distance de 100 pieds environ à l'Est de la ruine, on aperçoit distinctement les traces d'un mur qui entourait la ville. Nipur était en effet protégée par une double enceinte dont les inscriptions nous ont conservé les noms ; le mur intérieur avait été construit par un prince nommé Bin–bal-iddin et s'appelait Nivit-Marduk, le mur extérieur se nommait Imgur-Marduk.

Le tumulus s'étend sur une grande surface et s'élève à l'angle des marais ; il est souvent entièrement couvert d'eau pendant la crue du fleuve. Le sol nitreux et mou dans lequel les pieds enfoncent jusqu'aux chevilles, est jonché des fragments ordinaires de briques et de poteries qu'on trouve dans toutes les ruines.

M. Layard ne signale aucune découverte importante sur ce point et il pense qu'une plus grande exploration n'amènerait aucun résultat sérieux.

La ville dont les ruines portent aujourd'hui le nom de Niffer s'appelait autrefois Nipur. Son nom antique est un composé idéographique qui signifie « la ville du dieu Adar. » Elle possédait un temple qui était particulièrement consacré à Beltis et les documents assyro–chaldéens indiquent cette divinité comme l'épouse et la mère du dieu Adar. La transcription phonétique résulte de nombreux passages qui ne permettent pas l'incertitude. La ville de Niffer a été identifiée par le Talmud avec l'antique Chalaneh, elle portait alors le nom de Νύμφη. Les documents antiques ne permettent pas de suivre cette assimilation et la trace de Chalaneh est encore à découvrir.

Nipur a eu une grande importance à toutes les époques. Malgré cette prospérité, les princes particuliers de Nipur sont peu nombreux et ils ne paraissent pas même y avoir laissé de monuments. C'est dans d'autres localités que nous sommes obligés d'aller les chercher.

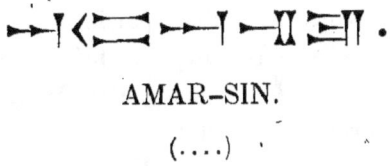

AMAR-SIN.

(....)

La plupart des inscriptions de ce roi proviennent d'Abu-Sharein qui paraît avoir été entièrement bâti par lui, bien que le siége de son empire fut à Nipur. On trouve également à Mughëïr, dans le mont des Tombes et dans le mur S.-E., des briques sur lesquelles on lit :

« Amar-Sin, seigneur de Nipur, le constructeur du temple de Bel, roi puissant, roi de Ur, roi des Quatre–Régions, a construit le mur élevé en l'honneur de Bel, le roi suprême. »

(*W.A.I.* I., pl. 3, n° XII. I.)

Sur une brique d'Abu-Sharein, on lit :

« Amar-Sin, seigneur de Nipur, le constructeur du temple de Bel, le mâle puissant, roi de Ur, roi des Quatre-Régions. »

(*W. A. I.* I., pl. 3, n° XII, 2.)

Sur les briques de l'extrémité S.-E. des monts de Mughéir :

« Amar-Sin, Seigneur de Nipur, le constructeur du temple de Bel, roi puissant, roi de Ur, roi des Quatre-Régions . . . . . . Amar-Sin, seigneur de Ur *mu bi ki ri su gam ba* roi *ki du s'u bi gam,* qui renverse celui qui m'attaque, a construit le *bit sigabi, ni ka ri a* de *Sin,* roi de Ur, en l'honneur de la Grande Déesse, la mère du dieu Sin, les délices des Grands-Dieux de. . . . . »

(*W. A. I.* I., pl. 5, n° XIX.)

[𒃲] 𒈪𒀉𒀭 .

[GA] MIL–ADAR.

(. . . .)

La première partie du texte de la brique sur laquelle le nom de ce roi
figure, manque sur l'exemplaire publié par le Musée-Britannique, et il
avait été attribué alors à Ismi-Dagan ; une brique mieux conservée a
permis de restituer l'inscription dans son entier. M. G. Smith en a donné
la traduction et M. Lenormant en a publié le texte. Il est ainsi conçu :

« Gamil-Adar, glorieux souverain de Nipur, *nu* de Ur. . . .
maître de Eridu, seigneur de Uruk, roi de Karrak, roi des Sumirs et des
Akkads, le protégé, les délices des yeux de Nanna. »

(*W. A. I.* I., pl. 5, n° xxiv. — Sm. *Earl. H.*, p. 37, n° 9.—L. n.,
Choix de T., p. 154, n° 6.)

𒀭𒈨𒀭 .

LIBIT–ANUNIT.

(. . . .)

Le nom de ce roi imparfaitement publié dans le recueil du Musée-
Britannique a été ainsi rectifié par M. G. Smith d'après l'inscription d'un
cône :

« Libit-anunit Pasteur (*riu*) de Nipur, le seigneur de Ur. . . .
le. . . . . d'Eridu, bienveillant souverain de Uruk, roi de Nisin,
roi des Sumirs et des Akkads, le restaurateur de Nana, a construit le
Bit-mikit.

(*W. A. I.* I.. p. 5, n. xviii.).

ISBI–ZIKARA.

Ce prince n'est mentionné que dans un fragment du Musée Britannique ainsi conçu :

« Isbi–zikara, roi de Karrak. »

(Sm. *Earl. H.*, p. 37, n° 10.)

RIS-BIN.

Aucun monument de ce prince n'est parvenu à notre connaissance, il figure, sur une tablette du Musée–Britannique que nous examinerons plus tard, comme le dernier roi d'Apirak vaincu par Naram-Sin.

———

NISIN.

Nous avons vu que plusieurs rois de cette époque prenaient le titre de rois de Nisin, c'est la forme antique du nom d'une localité qui se lit en assyrien Karrak. C'est peut-être la même ville que Apirak dont la position est du reste inconnue. Les rois de Karrak étaient contemporains des rois de Ur et de Uruk que nous avons cités, et les tenaient peut–être sous leur dépendance ; ils paraissent même avoir étendu leur domination jusqu'à Nipur, mais leur royaume a été détruit peu de temps avant le règne de Hammourabi par les derniers princes originaires de Larsam.

𒅖 ⌐𒁹 ⊢𒐕 𒌷 ·

SIPPARA.

———

La colline de Suféira cache évidemment les ruines de l'antique Sippara. Mais, si nous pouvons indiquer l'emplacement que cette ville occupait jadis, aucun vestige de la cité détruite n'a encore été exhumé du tumulus qui la renferme.

L'histoire de cette ville remonte aux époques fabuleuses, c'est à Sipar que, d'après la légende de Bérose, Cronos, le Dieu Suprême, annonça l'approche du déluge à Xisuthrus et lui ordonna d'enfouir les tables qui contenaient les préceptes de la révélation divine.

Il a dû exister à Sipar, de toute antiquité, une bibliothèque analogue à celle dont on a retrouvé les débris à Ninive, et cette circonstance a peut-être valu à la ville antique le nom qu'elle a toujours porté. L'idéogramme qui la désigne emprunte un de ses éléments au nom de l'Euphrate, mais son expression phonétique paraît exprimer « la ville des livres » (ספר). C'est du reste sous le nom de Παντιϐιϐλα qu'elle est désignée dans les fragments de Bérose. Abydène la nomme Πὸλις Σιππαρήνων « la ville des Sippares » et la Bible emploie également pour la désigner la forme du duel (ספרוים) « les Sepharvaïm », qui signifie littéralement « les deux Sippares ». Nous savons par les textes antiques que la ville se divisait, en effet, en deux parties distinctes, séparées par l'Euphrate, ou plutôt par un canal qui se nommait le Nahar-Agané. Les deux villes avaient un nom différent ; l'une s'appelait Sipar-sa–Samas, la Sipar consacrée au dieu Samas, qu'on identifie quelquefois avec le soleil ; c'est celle qui est désignée dans les fragments de Bérose sous le nom de Πὸλις Ἡλίου Σιππάροις ; l'autre se nommait Sipar-sa-Anunit, c'est la Sipar consacrée à la déesse Anunit, et elle portait particulièrement le nom d'Agané :

𒐖 𒅆𒐰⊢ ⌐𒐔⌐ 𒌷 ·

Dans des temps qui appartiennent à l'histoire, Sagaraktias, un roi dont le nom nous est transmis dans les inscriptions de Nabonid, avait construit à Sippara, dans la partie de la ville connue sous le nom de Agané, le temple *Ulbar*, consacré à la déesse Anunit. Il fit comme Xisuthrus apporter de Larsan à Sippara des tablettes mystérieuses, et les fit enfouir sous la première pierre de cet édifice. On supposait que ces tables contenaient la copie de celles qui avaient été déposés par Xisuthrus avant le déluge et le roi historique donna ainsi à la légende une consécration qui devait en perpétuer la tradition; mais avec le cours des siècles, les tables de Sagaraktias devinrent elles-mêmes légendaires. On les considéra comme les originaux, et, dès le XIIIᵉ siècle, Kurigalzu faisait des fouilles inutiles dans les ruines du temple *Ulbar* pour les découvrir. C'est seulement sous le dernier roi de Babylone que les tables de Sagaraktias ont été retrouvées.

Les souverains de Sipar remontent, ainsi qu'il est facile de le comprendre, à la plus haute antiquité. Voici les noms qui sont parvenus jusqu'à nous.

ZABUM.

(....)

Cet ancien roi de Chaldée ne nous est connu que par le passage de l'inscription de Nabonid où il est dit :

« Le temple du Jour, le temple de Samas, mon Seigneur, à Sippara et le temple Ulbar, d'Anunit, ma souveraine à Sippara, étaient détruits dans leurs fondations depuis l'époque de Zabum, un roi ancien. »

(*W. A. I.* I, pl. 69, l. 27-31.)

Quel est ce Zabum? M. F. Lenormant croit découvrir dans la forme assyrienne le nom de Xisithrus. Voici comment il essaie de l'établir.

Zabum, dit-il, est la lecture qu'ont adoptée MM. Oppert et Norris, mais elle ne répond à rien et cependant le vieux roi Babylonien fait certainement, d'après les allures de sa phrase, allusion à un personnage très-fameux des temps primitifs. Or, quel peut être un tel personnage si ce n'est Xisuthrus? Si nous étudions le nom en question, nous nous rappelons que le second signe est polyphone et peut se lire *Sir* aussi bien que *bu*, quant au troisième, s'il a la valeur phonétique de *um*, il est l'idéogramme de « table » et se dit *dip*. C'est ainsi que nous arrivons à la lecture *Sasir dip*. *Sasir* est le participe kal d'un verbe *susar*, qu'il faut comparer à l'hébreu · « construxit, collegit ». *Saser-dip* est donc « celui qui rassemble les tables ». Nom évidemment en rapport avec l'histoire de Xisuthrus. . . . . et rendu par les Grecs sous la forme Σισιθρος ou Ξισουθρος. » Nous laissons à cette conjecture tout ce qu'elle peut avoir de spécieux, mais jusqu'ici rien ne vient l'appuyer.

Il y a là une lacune dans laquelle nous plaçons les deux noms suivants:

AI .   • • •

A—MAT—NIM.

Ces deux noms figurent dans une liste (*W. A. I.* II, pl. 65) des rois de Chaldée, comme les deux prédécesseurs de Sargon l'ancien; leur histoire ne nous est pas autrement connue. Après eux nous arrivons à un des rois les plus fameux de cette époque reculée.

SARGON-L'ANCIEN.

(2000 (?) a. J.-C.)

Nous conservons à ce prince le nom de Sargon, parce qu'il est identique à celui du roi d'Assyrie, mentionné dans la Bible et célèbre par la prise de Samarie; pour le distinguer, nous l'appellerons Sargon-l'Ancien.

D'après quelques documents, ce roi paraît appartenir à une époque légendaire, bien que son existence réelle ne puisse pas être contestée. De nombreux passages des inscriptions assyriennes nous parlent de la création ou de la restauration d'un dépôt de livres relatifs aux sciences sacrées, qui lui est formellement attribué (*W. A. I.* II, 39, 5, l. 41, 48, l. 40). Il y avait à Agané un exposé complet des présages tirés des phénomènes astronomiques et météorologiques qui pouvaient se produire, et qui a été rédigé par ses ordres. Cet ouvrage comprenait 70 tablettes qui ont été copiées par Assur-bani-pal, et il nous en est parvenu un grand nombre de fragments.

Au moment de la formation première de cette collection, sous Sargon-l'Ancien, la langue des Sumirs et des Akkads était encore employée dans la rédaction des anciens documents scientifiques. Un grand nombre de mots, qui sont devenus des idéogrammes et des allophones, n'étaient plus facilement compris, les scribes d'Assur-bani-pal en avaient déjà perdu l'usage ; aussi, en traduisant en assyrien ces documents, ils nous ont transmis des expressions qu'ils ne comprenaient peut-être pas eux-mêmes, et ces expressions nous causent aujourd'hui un grand embarras.

Voici les documents de ce roi qui sont parvenus à notre connaissance. La nature toute particulière du texte dont nous donnons d'abord la traduction, a fixé depuis longtemps l'attention des assyriologues. Les traductions de MM. Fox Talbot, G. Smith et F. Lenormant, ne s'écartent que sur des questions de détails pour lesquels toute discussion philologique est encore réservée, mais qui n'atteignent pas le sens général du document. Il est ainsi conçu :

« Sar-kin, roi puissant, roi d'Agané, Moi.

« Ma mère m'a conçu sans la participation de mon père, pendant que le frère de mon père opprimait le pays. Elle m'a conçu dans la ville d'Azupirani, qui est située sur les bords de l'Euphrate. Ma mère devint enceinte et elle m'a mis au monde dans un lieu caché ; elle m'a déposé dans un berceau d'osier ; elle l'enduisit de bitume et me déposa sur le fleuve qui m'emporta loin d'elle. Je flottais sur le fleuve qui me porta vers Akki, le chef des eaux. Akki, le chef des eaux, me prit en affection et m'enleva. Akki, le chef des eaux, m'éleva. Akki, le chef des eaux, me prit comme son ouvrier et Istar me fit prospérer dans la culture.

« . . . . 5 ans. Je me suis emparé du royaume. J'ai gouverné les hommes à la tête noire . . . . . Je . . . . sur des chars aux roues de bronze des pays difficiles. . . . . . . J'ai subjugué les pays de montagnes . . . . . J'ai régné sur les rois (*riu*) de la plaine *ti ti sal lul*. J'ai assiégé une troisième fois et j'ai soumis Dilmun. *Dur an ki gal* s'inclina . . . . Je détruisis et . . . . .

« . . . . . . Quand le roi qui règnera après moi dans les (jours) à venir . . . . . . Le peuple des hommes à la tête noire (règnera) sur des contrées difficiles . . . . . dans des chariots (de bronze marchera) il gouvernera les contrées supérieures et (gouvernera) les rois (?) des contrées inférieures . . . . *ti ti sal lul* assiégera la troisième fois. Dilmun se soumettra (?). Dur en ki gal s'inclinera. . . . . . de ma ville Aganie. »

(W. A. I. III, pl. 47.)

Voici maintenant des extraits des présages que Sargon–l'Ancien avait fait rédiger et qui nous mettent au courant de l'histoire de son règne.

« Quand la lune, etc. . . .
> Présage pour Sar-kin, qui dans cette position, marche vers Elam et détruit les Elamites; il accomplit leur défaite et disperse leurs membres.

4. « Quand la lune, etc.
> « Présage pour Sar-kin, il marchera vers la Syrie et il détruira les Syriens; il prendra dans ses mains les quatre races.

7. « Quand la lune, etc.
> « Présage pour Sar-kin qui, dans cette position, soumettra toute la Babylonie et enlèvera la poussière du butin de Bab-tuna et. . . . . . . il bâtira la ville d'Agane . . . . . . son nom sera proclamé . . . . et il le placera [au milieu de la ville].

12. « Quand la lune, etc. . . .
> « Présage pour Sar-kin qui, dans cette position, marche sur la Syrie, et il conquiert les quatre races.

15. « Quand la lune, etc.
> « Présage pour Sar-kin qui, dans cette position, marche sur la Syrie et. . . . . . son . . . . . . ses chefs . . . . . . les portes qu'il avait élevées.

19. « Quand la lune, etc.
> « Présage pour Sar-kin qui, dans cette position. . . . *ri*, sa main gauche . . . . . il l'a conquis. . . . . à sa tête. . . .

22. « Quand la lune, etc. . . . . .
    « Présage pour Sar–kin qui, dans cette position. . . . . se lève
        . . . . . il n'a jamais eu d'égal ou de rival ; ses armées ont
        traversé les terres situées au–delà de la mer du soleil couchant
        et dans la troisième année au soleil couchant . . . . son bras
        a conquis, il domine, il a élevé son image au soleil couchant, il
        a traversé la mer avec son butin sur les pays.

27. « Quand la lune, etc. . . .
    « Présage pour Sar–kin qui, dans cette place *padi* cinq *Bathu*. . .
        il l'établit chef du peuple et il le nomma Ekiam–Izallak.

30. « Quand la lune, etc.
    « Kastu-bila de Kazalla se révolte contre lui ; il marche contre Ka-
        zalla et il combat de nouveau ses hommes, il les met en fuite, il
        détruit leur puissante armée. Il réduit Kazalla en un monceau
        de ruines ; il secoue ces nids d'oiseaux.

35. « Quand la lune. . . . .
    « Présage pour Sar–kin, dans cette position, l'armée de Kaldi se ré-
        volte contre lui et l'enferme dans Agané. Et Sar–kin s'en va et
        combattit ses hommes ; il en accomplit la fuite. Il détruit leur
        armée et force leur camp.

 3. « Quand la lune, etc. . . .
    « Présage de Sar–kin qui, dans cette position, détruit et défait par
        l'épée Subarti et son peuple. Sar–kin s'empare de leurs . . .
        et combat contre leurs soldats ; il en accompli la défaite ; il met
        en fuite leur grande armée, il recueille leur butin et il le fait
        entrer dans Agané.

   La suite de la tablette parle des présages qui ont trait à Naram-Sin, le
fils et le successeur de Sargon–l'Ancien.

⌐⊢⊏⊐⌐⊏⊲⊢⊣⊣⊐⊐⊐ .

NARAM-SIN.

(1950 (?) a. J.-C.)

Naram-Sin, le fils et le successeur de Sargon, est le dernier roi de cette époque sur lequel nous ayions quelques notions précises. Il avait continué l'œuvre de son père et il avait consacré le souvenir de ses constructions à Agané sur des tables commémoratives qui ont été l'objet des recherches de Nabonid. On lit, en effet, dans les inscriptions de ce roi :

« Les tables du Bit-Ulmas, d'Agané, n'avaient pas été vues depuis le temps de . . . . . roi de Bab–Ilu et de Naram-Sin, son fils, les rois antiques, jusqu'aux jours de Nabu–na'id, roi de Bab–Ilu.

(*W. A. I.* I, pl. 69, c. ii. l. 29-32.)

Le nom du père a disparu sur le monument de Nabonid, mais la table des présages dont nous avons donné le commencement à propos de Sargon-l'Ancien se relie ainsi sans interruption aux présages relatifs à son successeur.

10. « Quand la lune, etc.
     « Présage pour Naram-Sin qui, dans cette position marchera contre Apirak et . . . . . . *ip lu su ris bin* d'Apirak. . . . et il conquit Apirak.

15. « Quand la lune, etc.
     « Présage pour Naram-Sin qui, dans cette position marchera contre Maganna (l'Egypte) ; il s'emparera de Maganna et. . . . le roi de Maganna tombera dans ses mains.

19. « . . . . . . sept et demi pour après lui . . . . il ne recueille pas . . . . . . *ibu* . . . . . »

On connaît, depuis longtemps, la légende de ce roi gravée sur un vase découvert par M. Oppert et dont il a donné la première traduction. Elle est écrite en caractères hiératiques et les derniers mots n'ont pu être compris que lorsque les inscriptions que nous avons citées sont venues les expliquer. Elle est ainsi conçue :

« Naram–Sin, roi des Quatre-Régions, conquérant de Apirak et de Magan. »

(*W. A. I.* I. pl. 3, n° VII.)

Le nom du prince, le caractère, l'inscription, tout indique la domination sémitique qui brillait alors. Naram–Sin avait étendu sa puissance au-delà de la Chaldée. Nous nous sommes déjà expliqué sur la ville désignée sous le nom d'Apirak. Quant à Magan, c'est le nom antique de l'Egypte sur lequel il ne saurait y avoir d'indécision. Il n'est pas douteux qu'il y eut alors un grand empire, mais il ne nous est pas encore possible d'en indiquer l'étendue ni la durée. Naram-Sin et son père sont désignés dans le texte de Nabonid comme rois de Babylone, et seraient alors les plus anciens rois de cette localité dont le souvenir nous ait été conservé jusqu'ici du moins. Dans tous les cas, à partir de cette époque, il n'est plus question de Sippara comme d'une ville indépendante, et son histoire va se confondre avec celle des autres villes de la Chaldée dans l'histoire de ce grand empire dont le centre devait être à Babylone.

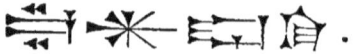

BABYLONE.

Les fouilles que l'on a entreprises dans ces temps derniers, au milieu des ruines de Babylone, ne nous ont rien fait connaître de la ville antique ; la plupart des briques qui sortent des anciennes constructions qu'on a explorées jusqu'ici, portent le nom de Nabuchodonosor ; elles ne sont pas antérieures au vi⁰ siècle, c'est-à-dire qu'elles sont relativement modernes. Et pourtant Babylone avait déjà une longue existence. Cette ville éternelle était la patrie des rois antédiluviens dont les fragments de Bérose nous ont gardé le souvenir ; c'est là que les compagnons de Xisuthrus, de même que les fils de Noé, se sont donné rendez-vous après le grand cataclysme qui les avait épargnés ; c'est là qu'ils ont construit des monuments, dont nous essayons encore de retrouver la trace.

Cependant, de toute cette longue période de grandeur et de gloire, pendant laquelle nous voyons au Sud, dans les provinces du Bas-Euphrate, des royaumes puissants s'élever, se ruer les uns sur les autres et étendre leur puissance jusque sur le sol de l'Assyrie, il ne nous est parvenu de Babylone que son nom pour marquer sa place dans l'histoire.

Le nom de Babylone, tel que nous le connaissons aujourd'hui, est l'expression de la forme antique qui nous a été conservée par les inscriptions des différentes époques dans lesquelles nous pouvons le retrouver. C'est un idéogramme ou un allophone.

La transcription qui nous en est donnée par les livres de Moïse (בבל), pas plus que celle (Βαϐύλων) que nous trouvons dans les fragments de Bérose ne sauraient exprimer l'articulation originale qui existait déjà alors que l'assyrien et l'hébreu n'étaient pas encore en usage dans la Mésopotamie.

L'idéogramme qui le représente encore pour nous, comme il le représentait pour ceux qui l'ont formé, se compose de deux éléments faciles à comprendre. Le premier signifie « porte, » il entre avec cette signification dans la composition d'un grand nombre de noms auxquels il suffit de faire allusion ; le second est l'expression du Dieu suprême, du Dieu qui dans le Panthéon sumiro-akkadien, occupe le sommet de la hiérarchie céleste et auprès duquel les dieux que nous connaissons déjà sont des divinités inférieures. La réunion des deux signes qui représentent le nom de Babylone, pourrait donc se traduire par ces mots « Porte de Dieu. » Les peuples touraniens qui ont les premiers écrit ce nom paraissent l'avoir prononcé *Ka–Dingir* ou *Ka–Dingira*, parce que *Ka* signifie « porte » et que la divinité suprême se dit *Dingir* dans leur idiôme.

Mais lors de l'occupation sémitique, les Assyro-Chaldéens qui avaient accepté et les noms des Dieux et les noms des Villes avec les formes idéographiques qui les désignaient dans leur écriture, le traduisirent dans leur propre langue. Nous savons qu'ils le prononçaient Bab-Ilu, parce que le mot porte se dit *Bab* en assyro-chaldéen et que *Ilu* est le nom du Dieu suprême de la Chaldée. C'est, du reste, le mot qui, chez tous les Sémites, a toujours représenté l'idée absolue de la divinité ; il est resté avec cette valeur dans le dogme des Sémites monothéistes et nous le retrouvons encore dans toute sa pureté dans la langue des disciples de Mahomet.

Peu à peu la signification première du nom de Babylone s'est effacée, car si les signes nous donnent, à toutes les époques, la représentation antique de Bab-Ilu, il vient un moment où elle ne paraît plus comprise : nous lisons alors, sur certaines briques, ce nom en un seul mot, *Ba–bi–lu*, comme nous lisons dans les inscriptions des Achéménides, *B a b i r u s*, sans que cette articulation nous laisse soupçonner l'origine du nom, pas plus que nous ne pourrions la découvrir dans l'articulation que les Juifs et les Grecs nous ont transmises.

A côté de ces différentes formes, dont nous pouvons suivre la filiation, le nom de Babylone s'écrit encore par plusieurs composés idéographiques qui appartiennent à la langue d'une des occupations anté-sémitiques de la Chaldée, mais qui, aboutissant toujours à la même transcription assyro-chaldéenne, ne présentent sous ce rapport aucune difficulté.

Si le nom de Babylone est la seule chose qui nous reste de ses origines, il nous faut descendre bien loin dans l'histoire pour saisir les traces de son existence.

Il y a là une grande lacune. Les rois du Bas-Euphrate, quel que ait été le siége de leur puissance, ne paraissent pas avoir étendu leurs conquêtes au-delà de Nipur. Pendant cette longue période, il y avait donc à Babylone une puissance capable de les contenir.

Les dernières découvertes de M. G. Smith nous font remonter à la plus haute antiquité ; il a présenté, dans son rapport à la Société d'Archéologie biblique du 7 juillet 1874, sur le résultat de ses nouvelles fouilles, un document d'un des plus anciens rois de Babylone.

Le nom de ce nouveau monarque est Agu, fils de Tassi-Gurubar, fils de Abi..., fils de Agu-rabi, fils de Ummih-zirriti, de la race de Sukamuna. Les noms de tous ces monarques sont du style le plus archaïque, et totalement différents des noms ordinaires que l'on trouve dans la période historique. Ce monarque prend les titres de roi de Kassu et d'Akkad, roi de Babylone, roi de Padan et d'Alman, roi des Guti, roi des Quatre–Régions. Agu raconte qu'il a repris les images de Marduk et de Zirbanit qui avaient été transportés dans la terre de Hani, située au N.-E. de Babylone; enfin Agu déclare, dans cette inscription, qu'il a restauré le temple de Bel à Babylone et que ce temple existait depuis longtemps avant lui.

M. F. Lenormant avait déjà signalé l'existence, au Musée-Britannique, d'une inscription dans laquelle figure un Sakkanaku de Babylone, qui porte le nom sémitique de Mutabil, et qui paraît remonter à une date aussi antique que celle des rois dont on trouve les noms sur les plus anciennes ruines de la Basse-Chaldée.

Nous sommes évidemment dans une époque très-reculée ; mais rien jusqu'ici, ne peut encore nous faire comprendre le temps qui sépare ces souverains de ceux dont nous allons nous occuper.

SAGARAKTIAS.

(2000 a. J.-C.)

Sagaraktias paraît le plus ancien roi de Babylone dont il soit possible de fixer l'époque, au moins approximativement; il doit avoir suivi de près 'les derniers rois d'Agané. C'est là, en effet, que Nabonid, qui nous le fait connaître, a découvert l'inscription qu'il nous a transmise.

Nabonid cherchait, à Agané, dans les fondations du temple Ulbar, les tables commémoratives que son premier fondateur y avait déposées. Après avoir rendu compte des travaux qu'il avait entrepris pour arriver à ce résultat, il découvre ces fameuses tables, et il en donne ainsi la traduction ou la copie :

« Sagaraktias, Pasteur véritable, roi de Bab–Ilu, Moi.

« Je dis ceci : le dieu Samas et la déesse Anunit m'ont appelé pour gouverner les pays et les peuples, ils ont rempli ma main des tributs de tous les hommes.

« Je dis ceci : Ce temple du jour, le temple de Samas, mon Seigneur, à Sipar, et le temple Ulbar d'Anunit, ma souveraine, à Sipar, ont été renversés jusque dans leurs fondements, depuis le règne de Zabum dans des temps antérieurs. J'ai déblayé les substructions. J'ai mis à nu les fondations, j'ai enlevé les amas de terre, j'ai fixé les parements, j'ai achevé les *Usurat*, j'ai rempli les fondations, j'y ai apporté de la terre nouvelle. J'ai applani les fondations et j'ai élevé au-dessus des fondations un temple à la gloire de Samara d'Anunit pour ma propre satisfaction. Ils m'ont accordé leur affection perpétuelle. Qu'ils prolongent mes jours, qu'ils me restituent à ma première vie et qu'ils multiplient, dans cette maison, les années de bonheur. Qu'ils préservent l'écriture de ce document et qu'ils rehaussent la gloire de mon nom. »

Nabonid ajoute :

« C'est ainsi que j'ai trouvé la date et le nom de Sagaraktias, roi de Bab–Ilu, mon prédécesseur, qui a construit le temple *Ulbar* à Sipar, en l'honneur de la déesse Anunit, et qui en a posé le timin. »

(W. A I.., I, pl. 69, c. iii, l. 19, 32.)

HAMMURABI.

(1500 a. J.-C.)

Après le nom de Elat-Gula, la dernière souveraine de la dynastie de Sargon l'ancien à Agané, nous voyons figurer, sur la liste des rois de

Chaldée, publiée par le Musée-Britannique, l'indication d'une période astronomique dont il est assez difficile de déterminer la portée (*W. A. I*, II, p. 65) puis la suite des souverains recommence, et nous voyons apparaître un nom, Hammurabi, qui appartient à une dynastie étrangère.

Ce prince, en effet, était originairement roi du pays de Kassu, en Élam, le Cissiens des Grecs. Il arriva au trône de Babylone, peut-être par une alliance, car nous ne voyons pas, à cette occasion, la trace d'une occupation violente.

Babylone devint alors sa capitale et atteignit sous son règne un haut degré de splendeur.

Hammurabi étendit d'abord sa puissance sur les deux vallées du Tigre et de l'Euphrate, puis après la défaite de Rim-Sin, le dernier roi de Larsam, il devint maître de toute la Chaldée.

Les renseignements que l'on possède sur son règne sont assez nombreux; quelques-uns sont très-précis. Nous avons publié, en 1863, les inscriptions qui étaient connues alors et auxquelles nous pouvons nous référer. La plus importante est écrite sur une pierre de gypse blanc, en beaux caractères archaïques; elle fait partie de la collection du musée du Louvre. Voici ce qu'elle nous fait connaître :

« Hammurabi, roi puissant, roi de Bab-Ilu, roi des Quatre-Régions, qui attaque les ennemis de Marduk, le pasteur qui réjouit le cœur de ce Dieu, Moi.

« Nous disons : Les dieux Bin et Bel m'ont donné les peuples des Sumirs et des Akkads, pour régner sur eux, ils ont rempli ma main des tributs de ces nations.

« J'ai fait creuser le Nahar-Hammurabi, la bénédiction des hommes de la Babylonie, le canal qui conduit aux terres des Sumirs et des Akkads. J'ai dirigé les eaux de ses branches sur des plaines désertes, je les ai fait déverser dans des fossés desséchés, j'ai donné ainsi des eaux perpétuelles aux peuples des Sumirs et des Akkads.

« J'ai réparti les habitants du pays des Sumirs et des Akkads dans des bourgs étendus, j'ai changé les plaines désertes en terres arrosées, je leur ai donné la fertilité et l'abondance, j'en ai fait un séjour de bonheur.

« Nous disons ceci : Hammurabi, roi puissant, favori du Dieu Suprême, Moi !

« D'après les ordres impénétrables de Marduk le Redoutable, j'ai construit un fort élevé, muni de grandes tours dont les sommets sont hauts comme des montagnes, à la prise d'eau du Nahar-Hammurabi, la bénédiction des hommes. J'ai nommé ce fort Dur–Ummu-banit, du nom du père qui m'a engendré. Je l'ai établi dans ces contrées dans le souvenir d'Ummu-banit, le père qui m'a engendré. »

(M. *Inscr. de H.*, p. 13.)

Sur une tablette analogue du Musée-Britannique, on lit :

« A la déesse Nanna de Zirgurla, la souveraine des seigneurs, la gloire du Ciel et de la Terre, sa souveraine, Hammurabi . . . . . par Anu et Bel, béni par Samas, qui réjouit le cœur de Marduk, les délices de la déesse Nana, le roi puissant, roi de Bab-ilu, roi des Sumirs et des Akkads, roi des Quatre-Régions (*Arba, ba*), que les grands Dieux ont remis dans ses mains.

« Lorsque Nana a remis le peuple des Sumirs et des Akkads sous sa domination, elle a livré ses ennemis dans ses mains.

« A la déesse Nana, sa souveraine, qui le protége dans la cité royale de Zirgurla, il (Hammurabi), a construit le temple de l'esprit du pays, le temple son sanctuaire. »

(*W. A. I.*, I, pl. 4, n° 15, I.)

On a cru que cette inscription appartenait à la langue des Sumirs et des Akkads. Il est certain que l'aspect général permet de le supposer, et nous nous rangerions à cette opinion, si ce n'est que le complément phonétique du signe « quatre » *ba*, indique qu'il se prononçait *arba,* conformément à l'expression sémitique. L'inscription tout entière appartient donc à la même rédaction.

Le triomphe de Hammurabi sur les peuples des Sumirs et des Akkads, se rapporte peut-être à la défaite de Rim–sin.

Il existait à Babylone un temple dédié à Marduk, qui était appelé le *Bit-Saggal.*

Ce temple avait été fondé très-vraisemblablement par Hammurabi ; c'est du moins à lui que M. G. Smith en rapporte la construction qui est mentionnée dans une inscription du Musée-Britannique ainsi conçue :

« . . . . . Babylone. . . . . les hommes. . . . . il fit le Bit-Saggal dans les portes de l'abîme, il construisit un palais délicieux, il compléta ce palais avec des cris de joie, il éleva sa tête jusqu'au ciel.

« . . . . . Dans la porte de la mer (l'abîme ?) il a fait élever les images de sa divinité.

« Il a élevé un autel splendide à Marduk et à Zarpanit, et il les a établis solidement. . . . .

     . . . . . il a ouvert son cœur.

     . . . . . son bien. . . . .

       il a répandu la joie.

       il a fait entendre. . . . . la nuit et le jour.

       il l'a établie à la tête du pays. »

(Sm. Earl. H., p. 56, n° 37.)

On a trouvé à Senkereh, à l'angle Nord de l'El-Heimar (le Monticule-Rouge), des briques au nom de Hammurabi. Elles portent la légende suivante :

« Hammurabi, roi puissant, roi de Bab–Ilu, roi des Quatre-Régions (*arba, ba*), a construit le temple du jour, le temple de Samas à Larsam. »

(W. A. I., I, pl. 4, n° 15, II.)

Nous verrons que ce temple a été réparé ou continué par un des successeurs de Hammurabi et qu'il y a laissé également des inscriptions qui portent son nom. Mais Nabonid, le dernier roi de Babylone, a fouillé ce monument et il a découvert dans les fondations des cylindres que Hammurabi y avait déposés. Il est probable qu'il en avait copié le texte dans son inscription. Malheureusement le prisme de Nabonid nous est arrivé par fragments, et le passage qui concerne Hammurabi est très-mutilé ; il n'y a de lisible que ces mots :

« Pendant. . . 700 ans (?) il ne fut rien fait. . . il fit un temple à Samas. . . . . sur la pierre (*timin*) angulaire de Hammurabi. . . . j'ai construit un mur extérieur. J'ai consacré le temple, j'ai. . . . . »

(W. A. I., I, pl. 69, C. II, l. 4.)

Il paraît résulter de ce passage que le temple de Samas avait été fondé au moins 700 ans avant Hammurabi. Il pouvait y avoir un chiffre avant le nombre des centaines, mais ce chiffre a disparu. Or, comme les fondations de l'El-Heimar portent le nom de Urkam, il s'ensuit que ce roi de Ur aurait régné au moins 700 ans avant l'époque de Hammurabi. Malheureusement cette époque n'est pas encore fixée, bien qu'elle doive être antérieure au XVIe siècle av. J.-C.

Hammurabi avait bâti un palais à Kilmad. On a découvert dans les ruines de cette localité, qui porte aujourd'hui le nom de Kalwada, près Bagdad, des anneaux de bronze que nous croyons provenir de l'extrémité d'un sceptre. Nous avons rapproché, au Musée-Britannique, ces objets des sculptures assyro-chaldéennes, et il nous paraît qu'il ne peut y avoir de doute à cet égard. La courte inscription qui les recouvre est ainsi conçue :

« Palais de Hammurabi, roi de . . . . . »

(*W. A. I.*, pl. 4, n° 15, 3.)

Mais ce qui nous donne les renseignements les plus précis sur l'histoire de ce monarque est écrit sur les nombreuses tablettes d'intérêt privé que M. G. Smith a réunies et dont nous détachons la signature qui est datée d'un des principaux événements de l'histoire de ce prince. Elles nous fournissent les renseignements suivants :

« Mois sabatu (février), le 22e jour de l'année pendant laquelle Hammurabi, le Roi, marchait triomphalement dans le service d'Anu et de Bel, il a renversé le souverain d'Elam et le roi Rim-Sin. »

« Mois nisanu (mars) de l'année pendant laquelle le Roi a marché triomphalement dans l'adoration d'Anu et de Bel. »

« Mois ulu (août), 10e jour de l'année pendant laquelle Hammurabi, le Roi, proclame le culte de Urmitu. »

« Mois ulu (août), 21° jour de l'année pendant laquelle il (Hammurabi) a proclamé le culte d'Urmitu. »

« Mois samna (octobre), 13e jour de l'année pendant laquelle Hammurabi a été proclamé roi d'Urmitu. »

« Mois tebitu (décembre) de l'année pendant laquelle Hammurabi, le roi, a proclamé le culte d'Urmitu. »

« Mois sabatu (janvier) de l'année pendant laquelle Hammurabi, le roi, a proclamé le culte d'Urmitu. »

« Mois tasritu (septembre), 4e jour de l'année pendant laquelle Hammurabi, le roi, a proclamé le culte d'Urmitu. »

« Mois tebitu (décembre), 10e jour de l'année pendant laquelle. . . . d'Urmitu. »

Une autre série de tablettes est datée de l'année pendant laquelle Hammurabi a restauré le temple de Mit-Urris dans la ville de Kis. Hammurabi avait construit, auprès de ce temple, une zigurrat dédiée à Zamana. Cette tour est représentée aujourd'hui par les restes du mont Ohéimir, au Nord-Est de Babylone. La signature des tablettes est ainsi conçue :

« Mois airu (avril) de l'année pendant laquelle Hammurabi, le roi, a restauré le *Bit-mit ur-ris.* »

« Mois airu (avril), 23e jour de l'année pendant laquelle Hammurabi, le roi, a restauré le *Bit-mit ur-ris.* »

« Mois ululu (août), 10e jour de l'année pendant laquelle Hammurabi a restauré le *Bit-urris.* »

« Mois airu (avril) de l'année pendant laquelle Hammurabi a restauré le *Bit-mit urris*, et a élevé vers le ciel le sommet de la grande tour de Zamana. »

« Mois addaru (février), le 4e jour de l'année pendant laquelle Hammurabi, le roi, a restauré le *Bit-mit urris,* et a élevé vers le ciel le sommet de la grande tour de Zamama. »

Trois tablettes se rapportent à la décoration d'un ouvrage pour les dieux Anu, Anunit et Nana.

« Mois sabatu (janvier), 13e jour de l'année pendant laquelle Hammurabi, le roi, a orné le. . . . . de Anu, Anunit et Nana et a restauré le *Bit-silim-kalamma.* »

« Mois addaru (février) de l'année pendant laquelle Hammurabi, le roi, a orné le. . . . . de Anu, Anunit et Nana. »

« Mois addaru (février) de l'année de Anu, Ananit et Nana. »

Les dates suivantes se rapportent à une calamité, une inondation :

« Mois samna (octobre) de l'année pendant laquelle Mullias a été détruite par une grande inondation. »

« Mois tasritu (septembre) de l'année pendant laquelle Mullias a été détruite par une grande inondation. »

D'autres dates se rapportent à une digue que Hammurabi a construite :

« Mois tébitu (décembre) de l'année pendant laquelle il (Hammurabi) a construit le Grand-mur de Teara-Samas. »

« Mois ululu (août) de l'année pendant laquelle Hammurabi, le Roi, a construit la Grande-Digue le long du Tigre ; il a élevé son sommet comme une montagne, et il l'a appelé le Teara-Samas. »

Enfin deux tablettes se rapportent à la destruction des villes de Maïru, Malalnak et Kitu :

« Mois abu (juillet), le 13e jour de l'année pendant laquelle Hammurabi, le Roi, par l'ordre de Bel, a détruit les remparts de Mairu et de Malalnak. »

« Mois kiselevu (novembre), le 25e jour de l'année pendant laquelle, d'après l'ordre de Bel, les remparts de Kitu ont été détruits. »

(Sm. *Earl. H.*, p. 58.)

SAMSU-ILUNA.

(. . . .)

Le nom de ce prince ne se trouve sur aucun des grands édifices de la Chaldée ; mais on le rencontre sur la liste des rois dont nous avons parlé (*Sup.*, p. 98), en face du nom de Hammurabi.

Ces deux circonstances ont fait supposer que Samsu-iluna était le nom que Hammurabi avait pris lorsqu'il devint roi de Babylone, et dès lors que les deux personnages étaient identiques. Cette opinion ne nous paraît pas probable. Tant que nous n'aurons pas rencontré la mention d'un même événement attribué à un même roi dont le nom se présenterait sous deux formes différentes, nous continuerons à penser que sous deux noms différents il y a deux personnages distincts. L'état fragmentaire de la tablette ne nous permet de rien préciser à cet égard. Nous n'avons, pour ce prince, que les contrats d'intérêt privé dont la signature nous fait connaître les principaux événements de son règne.

« Mois airu (avril), 6e jour de l'année pendant laquelle [il a creusé] le canal de Samsi-iluna, le Nagab-nuhsi. »

« Mois airu (avril), 12e jour de l'année pendant Samsi-iluna, le roi, a creusé le canal de Samsi-iluna, Nagab-nuhsi. »

8

« Mois abu (juillet) de l'année pendant laquelle Samsu-iluna, le roi, a creusé le canal de Samsu-iluna, Nagab-nuhsi. »

« Mois ululu (août), 3e jour de l'année pendant laquelle le canal de Samsu-iluna, Nagab-nuhsi a été creusé. »

« Mois ululu (août), 15e jour de l'année pendant laquelle le canal de Samsu-iluna, Nagab-nuhsi, a été creusé. »

« Mois ululu (août), 30e jour de l'année pendant laquelle le canal de Samsu-iluna, Nagab-nuhsi, a été creusé. »

« Mois samna (octobre), 4e jour de l'année pendant laquelle Samsu-iluna, le roi, a creusé le canal de Samsu-iluna, Nagab-nuhsi. »

« Mois tebitu (décembre) de l'année pendant laquelle Samsu-iluna, le roi, a creusé le canal de Samsu-iluna Nagab-nuhsi. »

« Mois sabatu (janvier), 5e jour de l'année pendant laquelle la rivière de Samsu-iluna, Nagab-nuhsi, a été creusée. »

Une autre série de tablettes est datée de la construction d'un rempart et d'un canal autour de la ville de Sargina.

« Mois tasritu (septembre), 8e jour de l'année pendant laquelle Samsu-iluna, le Roi, a construit, autour de Sargina, un rempart et un canal. »

« Mois nisanu (mars), 5e jour de l'année pendant laquelle Samsu-iluna, le Roi, a construit, autour de Sargina, un canal et un rempart. »

« Mois ululu (août) de l'année pendant laquelle Samsi-iluna, le Roi, a construit, autour de Sargina, un canal et un rempart. »

« Mois tasritu (septembre), 8e jour de l'année pendant laquelle Samsi-iluna, le Roi, a construit un rempart et un canal autour de Sargina. »

La dévotion de Samsu-iluna au culte des divinités de Babylone apparaît par de nombreuses tablettes qui relatent que des *Lamasi* (des taureaux sculptés) ont été érigés en l'honneur de Samas et de Marduk. Ces statues étaient recouvertes d'or et placées soit dans le temple de Bit-Saggal, à Babylone, en présence de Marduk, soit dans le temple de Samas, à Larsa, en présence du dieu Samas.

Elles sont ainsi datées :

« Mois samna (octobre), 10e jour de l'année de Samsu-iluna, le Roi, il a fait les images de Samas et de Marduk, il a recouvert ces images avec de l'or et les a placées dans le Bit-Parra, en présence de Samas et dans le Bit-Saggal en présence de Marduk.

« Mois tasritu (septembre), 10ᵉ jour de l'année pendant laquelle Samsu–iluna a recouvert les statues des........ avec de l'or. »

« Mois tasritu (septembre), 15ᵉ jour de l'année pendant laquelle Samsu-iluna a recouvert les statues des........ avec de l'or. »

« Mois tasritu (septembre), 20ᵉ jour de l'année pendant laquelle Samsuiluna a recouvert les statues de........ avec de l'or. »

« Mois samma (octobre), 20ᵉ jour de l'année pendant laquelle Samsuiluna, le Roi, a recouvert les statues de........ avec de l'or. »

Deux tablettes sont datées de l'année de l'avénement de Samsuiluna.

« Mois kisilivu (novembre) de l'année pendant laquelle Samsu-iluna, le Roi, s'est élevé au commandement de ces pays, par la volonté divine de Marduk. »

« Mois samma (octobre), 20ᵉ jour de l'année pendant laquelle Samsuiluna a accompli la volonté de Marduk. »

M. G. Smith cite encore quatre dates qui se rapportent aux événements du règne de Samsu-iluna, mais il déclare que les tablettes présentent de grandes difficultés de traduction.

L'une d'elles contient la mention suivante :

« Mois de nisan (mars), le 20ᵉ jour de l'année pendant laquelle Samsu-iluna a dédié une statue ornée d'or et d'argent dans le temple de Marduk. »

Les deux autres ont trait à la dédicace d'un trône d'or que le roi a dédié au dieu Sin.

La quatrième est inintelligible.

Après les documents relatifs à ces deux rois, qui nous donnent des renseignements si précieux sur l'histoire de Babylone, nous trouvons une immense lacune, et pour la combler nous n'avons que les indications très-sommaires de la liste du Musée–Britannique, qui nous présentent une suite de noms que nous devons nous contenter d'enregistrer.

C'est d'abord :

Amidi-kaga, qui ne nous est pas autrement connu.

Kurgalzu, dont nous retrouverons un homonyme plus tard, car les monuments qui portent ce nom paraissent appartenir à une époque plus récente.

Sammas-siha. Celui-là même dont M. G. Smith cite une tablette qui est datée de son règne :

« Mois tebitu (décembre), 12ᵉ jour de la 12ᵉ annnée du règne de Sammas-siha, le Roi.

(Sm. Earl. H., p. 65.)

Le premier côté de la liste se termine par les noms suivants :

Ulam-buryas.
Nazi–hurdas.
Mili-siha.
Burnapuriyas.
Kar-bel.

Nous connaissons des monuments de Burnapuriyas qui paraissent appartenir à une époque postérieure, et, par conséquent, à un prince homonyme.

Viennent ensuite, sur le revers de la tablette, les noms suivants :

Milam mur bi.
Mili hali.
Mili sumu.
Mili an si bur ru.
Mili kit.
Nin gi ra bi.
Nim gi ra bi kit.
Nim gi ru bi pur yas.
Kadar-kit.
Nasi-sihu.
Nazi-purias.

C'est après ces règnes, sur lesquels nous sommes privés de renseignements, que nous voyons des rapports suivis s'établir entre l'Assyrie et la Chaldée.

BIN – SUM – NAZIR.

(Vers 1500 a. J.-C.)

Le nom de ce prince s'associe aux grands noms des rois d'Assyrie Assur–Narara et Nabu–Dayan, c'est ce qui permet d'établir un premier synchronisme, dont l'époque ne reste pas moins indécise.

KARA-INDAS.

(Vers 1450 av. J.-C.)

L'histoire de la Chaldée commence à devenir plus précise ; les documents vont nous guider. Kara–indas était contemporain de Assur-Bel-nisisu, roi d'Assyrie ; les détails de son règne nous sont fournis par une tablette qui établit le synchronisme des rois d'Assyrie et de Chaldée. Le passage qui le concerne est ainsi conçu :

« Kara-indas, roi de Kar-Dunias et Assur-Bel–nisisu, roi du pays d'Assur, ont fait un traité pour limiter leurs frontières. Ils se sont donné un gage l'un à l'autre pour respecter leurs frontières. »

(*W. A. I.*, II, pl. 65.)

M. G. Smith parle de deux inscriptions inédites du Musée-Britannique, qui se rapportent à ce roi de Babylone, et dans lesquelles il prend les titres de roi de Kar-Dunias et de roi de *Kassu*. Le texte de l'une d'elles est ainsi conçu :

« A la déesse Nana, la Souveraine du Bit–Anna, sa Souveraine, Ka ra–indas, roi puissant, roi de Bab–Ilu, roi des Sumirs et des Akkads, roi de Kassu, roi de Kar–Dunias, a construit le temple de Bit–Anna. »

(Sm. *Earl. H.*, p. 67, n° 46.)

𒀭𒈹𒉪𒈹𒂗𒆤 .

PURNAPURIAS.

(1430 a. J.-C.)

Ce prince, le successeur de Kara–indas, était contemporain de Busur-Assur, roi d'Assyrie. La tablette des synchronismes continue ainsi :

« Busur-Asur, roi du pays d'Assur et Purnapurias, roi de Kar-Dunias ont fait un traité et ils ont réglé leurs frontières respectives. »

(*W. A. I.*, II, pl. 62.)

Purnapurias avait élevé un temple en l'honneur de Samas, à Larsam, sur l'emplacement d'un temple construit par Urkham, ainsi que l'établissent les briques que l'on trouve encore dans ses fondations. Voici l'inscription de Purnapuryas :

« A Samas, le souverain du Ciel et de la Terre, le souverain puissant, le..... de Larsa, son roi, Purnapurias, roi puissant, roi des Sumirs (*ki-en-gi*) et des Akkads, a réparé le vieux temple Bit–Parra, qui avait été construit dans les temps anciens, il l'a rebâti, il l'a élevé sur sa place. »

(*W. A. I.*, I, pl. 4, n° XIII.)

Un passage de l'inscription mutilée de Nabonid contient un chiffre qui nous renseigne indubitablement sur la date du règne de Purnapurias. Nabonid paraît dire que la statue de Samas que Purnapurias avait élevée dans le fameux temple de Larsa, était restée abandonnée pendant 700 ans, jusqu'à ce qu'un roi, nommé Kinziru, en entreprit la restauration. Kinziru est certainement le Χινζηρος du Canon de Ptolémée, qui monta sur le trône de Babylone 731 avant J.-C. Si les chiffres du fragment sont exacts, nous arriverions à la date de 1430 pour l'époque du règne de Purnapurias.

Les calculs qui établissent la date du règne de Busur-Assur, roi d'Assyrie, que nous voyons traiter avec Burna-purias dans la tablette des synchronismes, donnent une différence de 41 ans, et fixent le règne de Busur-Assur vers l'an 1390 avant J.-C.

KARA-HARDAS.

(Vers 1370 a. J.-C.)

La tablette des synchronismes s'exprime ainsi :

« Au temps de Assur-ubalit, roi du Pays d'Assur, Kara-hardas, roi de Kar-Dunias, fils de Muballidat-Serua, fille de Assur-Ubalit, les hommes de Kassi se révoltèrent et le tuèrent. Nazibugas, un homme de basse condition, fut élevé au trône. »

(*W. A. I.*, II, pl. 65, l. 8 à 12.)

NAZIBUGAS.

(1360 a. J.-C.)

La tablette des synchronismes que nous avons déjà citée, continue :

« Pour venger Kara-hardas, ils marchèrent vers le pays de Kar-Dunias, il tua Nazibugas, roi de Kar-Dunias, et plaça sur le trône Kurigalzu, fils de Purnapurias. »

(*W. A. I.*, II, pl. 65, l. 13 à 17.)

𒀭𒆳𒄀𒃲𒍪 .

KURIGALZU.

(1350 a. J.-C.)

Kurigalzu que nous voyons, après une révolution sanglante, revenir
enfin sur le trône de ses pères, a laissé son nom sur un certain nombre de
monuments que nous allons examiner.

𒀭𒂦𒀭𒆳𒄀𒃲𒍪 .

AKARKOUF.

Kurigalzu semble avoir fermé pour un temps l'ère des révolutions. Il
est probable qu'il fit un traité avec l'Assyrie pour fixer les frontières réciproques des deux États, car il construisit, sur la limite de ses domaines, une
forteresse à laquelle il donna son nom, Dur-Kurigalzu. Les ruines de cet
édifice, qui porte aujourd'hui le nom de Tel-Nimroud, sont situées à
Akarkouf, à 20 kilomètres à l'ouest de Bagdad, sur la route qui conduit
de Bagdad à Hillah.

L'édifice, qui pouvait être une tour, est construit sur une substruction
gigantesque de 20 pieds de hauteur environ, en briques cuites, et se dresse,
sur une longueur de 20 mètres, à 40 mètres de hauteur. La construction
rappelle les procédés que nous avons déjà signalés. A l'intérieur, une
masse de briques crues avec un revêtement en briques cuites. Chaque rangée est séparée par une couche de mortier, et, de distance en distance, une
couche de roseaux s'étend souvent dans l'épaisseur totale du mur.

La ruine est entamée de toute part. Les briques crues ne portent pas
d'inscription ; mais, autour de l'édifice, Sir H. Rawlinson a découvert des
briques qui portent le nom de Kurigalzu.

La présence des briques de ce roi, à Akarkouf, permet d'identifier cette localité avec la ville désignée dans les inscriptions sous le nom de Dur-Kurigalzu, qui figure dans les annales de Tuklat-pal-Asar, comme formant la frontière de ses Etats.

« Depuis le jour de mon avénement, j'ai régné sur le pays situé à partir de Dur-Kurigalzu, de Sippara, la ville du Soleil, de Pasil, qui est dans le pays de Duna, jusqu'à Nipur. »

C'est-à-dire sur toute la rive gauche de Shat-el-arab.

(Layard, pl. 27.)

L'inscription des briques d'Akarkouf est ainsi conçue :

« A Bel, souverain de la terre, son roi, Kurigalzu, Sakkanaku de Bel, a construit le temple de *u Gal*, le temple de sa prédilection. »

(*W. A. I.*, I, pl. 4, n° 14, I.)

Sur des briques du mur extérieur du temple Sud de Mughéïr, on lit :

« A Sin, Kurigalzu, Sakkanaku de Bel, le roi puissant, roi des Sumirs et des Akkads, roi des Quatre-Régions, a relevé le *Bit Rab-mah*, l'antique maison qui avait été élevée dans des temps reculés ; il a restauré cette demeure. »

(*W. A. I.*, I, pl. 4, n° 14, II et III.)

Nous avons vu précédemment que ce temple avait été élevé par Ur-kham. Il fut restauré plus tard par Ismi-Dagan, et plus tard encore par Kudur-mapuk, et enfin il a été reconstruit par Kurigalzu. On a trouvé dans les ruines des briques de ces quatre souverains.

Sur un ornement circulaire, on lit :

« Kurigalzu, roi des Nations (?) fils de Purnapuriyas, roi de Bab-Ilu. »

(Sm. *Earl. H.* p. o., n° 50.)

Sur l'œil d'une statue :

« A Marduk, son Roi, Kurigalzu, fils de Purnapuriyas, a fait (cette statue). »

(Sm., *Earl. H.* p. o., n° 50.)

On sait, par l'inscription de Nabonid, que Kurigalzu avait entrepris, mais inutilement, de découvrir les fameuses tables du temple Ulbar, et qu'il avait laissé, dans ce monument, une inscription dont Nabonid nous rapporte ainsi les termes :

« J'ai cherché ce timim (du temple Ulbar) et je në l'ai pas trouvé. »

(*W. A. I.*, I, pl. 69, c. II, l. 30.)

Après le règne de Kurigalzu, nous nous trouvons en présence d'une lacune. Nous ne connaissons rien des événements qui ont pu se passer alors jusqu'au règne de Tuklat-Samdan, roi d'Assyrie.

Cette lacune est au moins d'un demi-siècle. Pendant cet intervalle, il est certain que Babylone a passé sous la domination assyrienne, et c'est dans le texte des rois d'Assyrie que nous devons désormais suivre son histoire.

QUATRIÈME PÉRIODE.

DOMINATION ASSYRIENNE.

(1270. — 625 av. J.-C.)

Au point où nous sommes arrivés, Babylone est devenue le centre d'un vaste empire qui a dans sa dépendance les Etats, jadis aussi puissants, de la Basse-Chaldée, dont le siége était à Erech, à Nipur, à Ur, à Larsam ou à Nisin. L'unité qui, à un moment donné, s'était étendue jusqu'au pays d'Assur, après s'être brisée, s'était définitivement reconstituée autour de Babylone. Mais pendant ce temps, sur le Tigre, une autre puissance rivale s'était également développée, et la lutte devait s'engager désormais entre la Chaldée et l'Assyrie.

Si nous examinons les grandes lignes qui semblent caractériser, à cette époque, ces deux civilisations rivales, nous voyons dans l'un et l'autre parti la même langue, les mêmes Dieux, et on serait tenté de croire à leur unité, n'était l'acharnement avec lequel les deux empires vont lutter l'un contre l'autre.

Cette grande civilisation assyro-chaldéenne, qui devait s'étendre un jour sur le monde entier, n'avait pas encore trouvé son unité véritable. Pendant toute cette période, c'est l'Assyrie qui poursuit ses conquêtes, et qui n'est arrêtée ou contenue que par la puissance de Babylone, contre laquelle elle combattra longtemps encore sans parvenir à la renverser.

𒁹 𒑱 𒂊 𒅗 𒇲 𒁹 𒄿 .

TUKLAT–SAMDAN.

(1270 av. J.-C.)

Il est certain que Tuklat-Samdan, qui régnait en Assyrie vers l'an 1270 avant J.-C., envahit la Chaldée, s'empara de Babylone et soumit ainsi toute la vallée de l'Euphrate.

Les détails sur cette campagne manquent, mais on a la certitude des conquêtes de ce souverain dans les titres qui lui sont donnés par les rois d'Assyrie qui lui ont succédé.

Dans la généalogie de Bin-Nirari III, un de ses successeurs, nous lisons la mention suivante :

« Descendant de Tuklat-Samdan, roi du pays d'Assur, roi des Sumirs et des Akkads. »

(*W. A. I.,* pl. 35, n° 3, l. 19-20.)

Nous pouvons noter en passant que c'est le premier prince assyrien qui prend le titre de « roi des Sumirs et des Akkads. » Nous ne verrons ce titre apparaître que lorsque ces princes auront étendu leurs conquêtes sur Babylone et la Chaldée.

Ces succès n'ont pas été de longue durée. Bientôt, en effet, les Chaldéens, vainqueurs, ont repris l'offensive, et Sennachérib nous a transmis un curieux document de ces guerres déjà vieilles de son temps. Tuklat-Samdan avait fait graver, sur un sceau, son titre de roi de Chaldée. Les Chaldéens s'en emparèrent et il resta dans leurs mains jusqu'à ce que Sennachérib s'en soit emparé à son tour. C'est à cette occasion que Sennachérib a rédigé une inscription ainsi conçue :

« Tuklat-Samdan, roi des Légions, fils de Salmanasar, roi du pays d'Assur, le conquérant de Kar-Dunyas, (a écrit ceci :) « Celui qui effacera mon écriture et mes tablettes, Assur et Bin effaceront son nom du pays. »

« Ces lignes étaient écrites sur un cachet de pierre *zamat*.

« Ce sceau avait été enlevé du pays d'Assur et transporté à Akkad. Moi, Sennachérib, roi du pays d'Assur, j'ai conquis Bab-Ilu 600 ans après, et j'ai enlevé ce monument du trésor de Bab-Ilu. »

(*W. A. I.*, III, pl. 4, n° 2.)

BIN—PAL—IDIN.

(Vers 1260 a. J.-C.)

Ce prince est probablement celui dont le nom très-mutilé figure dans une tablette de synchronisme qui nous renseigne sur les rapports de l'Assyrie et de la Chaldée à cette époque. Le passage qui le concerne est ainsi conçu :

« Bel—kudur—usur, roi du pays d'Assur. . . . . avait. . . . . . . Bel-kudur-usur. Bin [pa—idin]. . . . . dans la guerre avec Adar—pal—Asar. . . . . et retourna dans ses Etats. Il réunit ses nombreux guerriers, et il marcha pour envahir le pays d'Assur. Il attaqua [Adar-pal-Asar] dans son camp ; il le mit en fuite et rentra dans ses Etats. »

(*W. A. I.*, III, pl. 4, n° 3, l. 19-20.)

Sur un cône tronqué trouvé à Khorsabad, on lit, en caractères archaïques, une légende de dix lignes que M. Oppert a publiée dans l'ouvrage de M. Place :

« Bin-pal-idin, roi de Bab—Ilu, a construit le Nivit-Marduk, le mur intérieur, le mur de Nipur, en l'honneur de Bel, son seigneur. »

(Op., *Inscrip. de Dur-Sarkayan*, p. 28.)

On lit sur une brique rapportée par Ker—Porter de la ruine de l'Hymer, près Babylone :

« Bin—pal-idin, roi de Bab-Ilu, a construit le Bit-mit-harris, le temple de Zamana. . . . . »

(*W. A. I.*, I, pl. 5, n° 22.)

𒀭 𒈬 𒍠 𒍠 𒀸 .

ZAMANA-ZIKIR-IDIN.

(1170 a. J.-C.)

Sous le règne de ce prince, Assur-dayan, roi d'Assyrie, fils de Adar-pal-asar, envahit la Babylonie. Ces faits sont relatés dans la tablette des synchronismes :

« Au temps de Zamana-zikir-idin, roi de Kar-Dunias, Assur-dayan, roi du pays d'Assur, s'avança du pays d'Assur au pays de Kar-Dunias. Il s'empara des villes de Zaba, Irriga et d'Agarsal, et il emporta leurs dépouilles au pays d'Assur. »

(*W. A. I.*, III, pl. 4, 1. 25-28.)

𒀭 𒈬 𒁺 𒌑 𒌑 𒊬 .

NABU-KUDUR-USUR.

(1150 a. J.-C.)

Ce prince, qui porte le même nom que le Nabuchodonosor que nous connaîtrons plus tard, était contemporain de Assur-ris-isi, roi d'Assyrie. Il envahit trois fois l'Assyrie. La tablette des synchronismes donne le récit de ses deux dernières campagnes :

« . . . . . et il rentra dans ses Etats. Après cela, Nabu-[kudur-usur] prit son *nibise* et il s'avança pour s'emparer de Zanki sur les frontières du pays d'Assur. Assur-ris-isi, roi du pays d'Assur, réunit ses chars pour marcher contre lui. Nabu-kudur-usur, voyant que le *nibise* ne voulait pas avancer, brûla ses bagages dans le feu et fut forcé de rentrer dans son pays.

« Nabu-kudur-usur s'avança pour prendre ses chariots et ses bagages, vers le pays de Idi, sur les frontières du pays d'Assur. Assur-ris-isi envoya au secours de ses chariots et de ses bagages. Ils en vinrent aux mains et il les mit en déroute ; il tua ses guerriers, il tailla en pièces son armée, il prit 50 de ses chariots avec leurs harnais et s'empara de l'étendard qu'il portait devant lui. »

(*W. A. I.*, II, pl. 65, c. ii, l. 1 à 13.)

MARDUK-IDIN-AKHI.

(Vers 1100 av. J.-C.)

Marduk-idin-akhi régnait à Babylone au temps de Tuklat-pal-Asar, roi d'Assyrie. Il fit trois fois la guerre à l'Assyrie. La première fois il défit Tuklat-pal-Asar et s'empara de la ville de Ekali et transporta en Chaldée les statues de Bin et de Sala. Ces statues restèrent pendant 418 années au pouvoir des Chaldéens, jusqu'au moment où elles ont été reprises par Sennachérib quand il s'empara de Babylone.

Voici comment il est fait mention de cet épisode dans les inscriptions de Sennachérib :

« Bin et Sala, les dieux de Ekali que Marduk-idin-akhi, roi des Akkads, au temps de Tuklat-pal-Asar, roi du pays d'Assur, avait transportés à Bab-Ilu après 418, je les ai enlevés de Bab-Ilu et je les ai replacés dans leurs sanctuaires, à Ekali. »

(*W. A. I.*, III, pl. 14, l. 48 à 50.)

Cette date peut fixer l'époque du règne de Marduk-idin-akhi. Sennachérib monta sur le trône en 704. C'est pendant la dixième campagne qu'il s'empara de Babylone, donc le règne de Marduk-idin-akhi, qui eut lieu 418 avant cette époque, tombe vers l'an 1112 av. J.-C.

La tablette des synchronismes ne donne aucun détail sur cette guerre, mais elle parle d'une seconde expédition et d'une bataille qui eut lieu sur le Zab inférieur, pendant laquelle Tuklat-pal-Asar remporta, au contraire,

certains avantages. Il poursuivit Marduk-idin-akhi dans la Chaldée jusqu'aux portes de Babylone. La tablette s'exprime ainsi :

« Tuklat-pal-Asar, roi du pays d'Assur et Marduk-idin-akhi, roi de
Kar-Dunias, rangèrent en bataille leurs armées et leurs chariots, pour la
seconde fois, dans le voisinage de Arzuhina, une ville du Zab inférieur.
Dans la seconde année, il ravagea les provinces situées au-dessus du pays
des Akkads et il s'empara des villes de Dur-Kurigalzu, Sipar-Samas,
Sipar-Annunti, Babili et Upi, villes puissantes et fortifiées. Au même
moment, il étendit ses conquêtes à Agarsal, à Labdi, et il enleva des dépouilles de Sahi et de Rapiki. »

(*W. A. I.*, II, pl. 65, c. II, l. 14-24.)

Plusieurs inscriptions sont datées du règne de Marduk-idin-akhi.

Nous trouvons d'abord un document écrit sur une pierre de basalte
noire trouvée à Zaaleh, à douze milles au nord de Babylone. C'est la copie
certifiée d'une décision prise au sujet du rétrécissement de l'embouchure
d'un canal de l'Euphrate. Elle est ainsi datée :

« A Bab-Ilu, dans le mois de sabatu (janvier) de la première année du
règne de Marduk-idin-akhi, roi puissant, roi des héros, Tipsar des
cent. »

(*W. A. I.*, I, pl. 63.)

Sur un monument connu depuis longtemps sous le nom de « Caillou de
Michaux, » on lit les conditions d'un véritable contrat de mariage qui appartient également à cette époque. En effet, le nom d'un témoin, Tub-irib-
Marduk, qui figure dans le document de Zaaleh, figure également sur le
Caillou de Michaux et en établit le synchronisme. On avait cru, au début
des recherches, qu'il pouvait s'agir là de deux princes différents, parce que
parmi les parties intéressées qui figurent sur le Caillou de Michaux, on
voit une personne qui se nomme Dur-Sarkinaïte. A cette époque on ne
connaissait qu'une ville de ce nom, cachée sous les ruines de Khorsabad,
mais aujourd'hui qu'il est établi qu'un prince du nom de Sargon a régné
à Agané longtemps avant l'époque de Marduk-idin-akhi et qu'il a donné
le nom de Dur-Sarkin à une ville de Chaldée, toutes ces suppositions doivent être rectifiées, et il ne reste, comme roi de Chaldée, qu'un seul Marduk-idin-akhi, qui est celui dont nous venons de réunir les documents.

Pour compléter les rectifications qui concernent ce règne, nous devons ajouter que M. G. Smith a vérifié les originaux des inscriptions des briques de Warka qui lui avaient été attribuées (*W. A. I*, I., pl. 5 n° XVII), et qu'il a reconnu qu'elles portaient le nom de Marduk-bal-idin. C'est un roi dont nous aurons à nous occuper plus tard.

𒀭𒈬𒁳𒍣 .

MARDUK–SAPIK–ZIRAT.

(1080 a. J.-C.)

Ce prince était contemporain de Assur–Bel–kala, fils de Tuklat-pal-Asar. La tablette des synchronismes constate ainsi les relations qui existaient à cette époque entre les deux empires.

« Au temps d'Assur-Bel-kala, roi du pays d'Assur et de Marduk-sapik–zirat, roi de Bab–Ilu, les deux princes firent un traité de paix. »

𒀭𒈬𒁳𒍣 .

SADUNI.

(1070 a. J.-C.)

La tablette des synchronismes continue :

« Au temps d'Assur-Bel-kala, roi du pays d'Assur, et de Marduk-sapik-zirat, roi du pays de Kar–Dunias, la mort prit ce dernier. Ils (les Chaldéens) mirent sur le trône Saduni d'une naissance obscure. »

(*W. A. I*. II, 65, l. 25).

Saduni, dont le nom du reste est assez peu lisible, n'est connu que par des défaites. Comment parvint-il au pouvoir ? Rien ne l'indique ; mais la tablette fait ainsi connaître les faits qui ont suivi son avénement :

« [Assur–Bel–kala), roi du pays d'Assur, s'avança au pays de Kar-Dunias et remporta des dépouilles au pays d'Assur. »

(*W. A. I*. II, 65, l. 25).

𒀭 𒈾 𒉪 𒈬 𒅖 𒆧 .

NABU–ZIKIR–ISKUN.

(1060 a. J.-C.)

Ce prince succéda à Saduni ; il ne put arrêter l'effet des défaites de son prédécesseur, mais il finit par conclure un traité avec le roi d'Assyrie, et il permit ainsi à la Chaldée de se relever de ses désastres. La tablette des synchronismes nous indique ainsi les événements de cette époque :

« Nabu-zikir-iskun. . . .

« Je les ai mis en déroute, j'ai pris *ban bala*, j'ai pris la ville de Bagdada, la grande ville, et des dépouilles nombreuses ; je les ai transportées au pays d'Assur. . . . ni annuti. La mort le prit.

« Ils se donnèrent en mariage leurs filles et conclurent un traité de paix. Ils limitèrent le pays d'Akkad, et ils établirent leurs frontières depuis le mont Bit–Haris, qui est au-dessus de la ville de Zaban, jusqu'au mont Batani, près de la ville de Zabdani. »

(*W. A. I.* II, pl. 65, l. 25-44).

Le nom de Bagdad, que nous voyons figurer dans ce document, est aussi rapporté sur le Caillou de Michaux. L'existence de la ville antique, et du nom qu'elle portait déjà, ne peut donc être désormais révoqué en doute.

A partir de cette époque, la tablette des synchronismes nous fait défaut. Les deux états ont dû vivre longtemps en paix, car après un intervalle de 150 ans environ, au temps de Assur-nasir-habal, roi d'Assyrie, nous leur trouvons les mêmes frontières.

𒀭 𒊑 𒅁 𒀫 𒌓 .

IRIB-MARDUK.

(950 a. J.-C.)

Irib–Marduk n'est connu que par les textes de son fils et par une inscription sur un poids en forme de canard, où on lit :

« XXX mines du palais de Irib-Marduk, roi de Bab-Ilu. »

(Sm. *Earl. H.*, p. 75, n° 59.)

𒀭𒂗𒍪𒌝 ·

MARDUK–BAL–IDIN.

(940 a. J.-C.)

La filiation de ce roi est assurée par une légende de son fils, inscrite sur les briques de la plate-forme du mont Buwarieh, à Warka, au côté S.-O. de la ruine :

« A la déesse Dimiri, souveraine de la Terre, sa maîtresse, Marduk-bal–idin, roi de Bab–Ilu, fils de Irib–Marduk, roi des Sumirs et des Akkads, a construit ce temple pour son bonheur. »

(*W. A. I.*, I, pl, 5, n° xvii.)

Nous avons dit (*Sup.*, p. 129), que ce nom avait été lu dubitativement Marduk-idin-akhi ; mais M. G. Smith a vérifié l'original et a acquis la certitude de la lecture Marduk-bal-idin.

Nous trouverons plus tard un prince de ce nom, mais il ne peut y avoir de doute sur leur identité qui est assurée par leur généalogie. N'oublions pas que celui dont nous nous occupons ici est fils d'Irib-Marduk, tandis que celui dont nous aurons à nous occuper par la suite est fils de Iakin.

𒀭𒈗𒁻 ·

SIBIR.

(880 a. J.-C.)

La date du règne de ce prince est assez indécise, les faits qui le concernent sont ainsi rapportés dans les inscriptions de Assur-nazir-habal :

« Dans ce temps-là, Sibir, roi de Tirat-Dunias, avait pris la ville d'Allilu, au pays de Zamuya ; il l'avait ravagée, il en avait fait un monceau de ruines. Assur–nasir–habal, roi du pays d'Assur, l'a prise de nouveau. J'ai fait mon palais de la forteresse, j'y ai établi ma demeure, je l'ai orné, je l'ai restauré, je l'ai remis comme il était auparavant, j'y ai amassé des denrées des pays environnants et je l'ai nommé Dur–Assur. »

(*W. A. I.*, I, pl. 22, c. II, l. 84-86.)

NABU–BAL–IDIN.

(870 a. J.-C.)

Le nom de ce prince figure dans plusieurs inscription des rois d'Assyrie. Il paraît, pour la première fois, dans les annales de Assur-nasir-habal, roi du pays d'Assur, lorsque ce prince attaque les Sukhi, dans l'année 879 avant J.-C. Voici comment le roi assyrien rend compte de cette guerre :

« .... J'ai quitté Anat et je suis arrivé aux environs de la ville de Suri, une des places fortes de Sandudu, le chef du pays de Sukhi ; il se fia aux armées du vaste pays de Kassi et il s'avança vers moi pour me livrer combat et bataille. Après deux jours de combat, je me suis avancé vers la ville, je l'ai assiégée. Sandudu et ses soldats, craignant la puissance de mes armes s'enfuirent de l'autre côté du fleuve Purat (l'Euphrate). J'ai pris la ville, 50 cavaliers et les soldats de Nabu-bal-idin, roi du pays de Kar-Dunias, ainsi que Zabdan, son frère ; 300 morts et Bel-bal-idin, leur général, tombèrent entre mes mains. J'ai fait un grand nombre de prisonniers, etc., etc. »

Cette victoire semble avoir établi la puissance assyrienne sur la Basse-Chaldée, car le roi continue quelques lignes plus loin :

« La crainte de ma puissance s'étendit sur le pays de Kar-Dunias. La terreur de mes armes entraîna le peuple de Kaldu. J'ai répandu l'épouvante dans les pays arrosés par le fleuve Purat. J'ai fait faire l'image de ma royauté, j'y ai fait inscrire la gloire de ma puissance et je l'ai placée dans la ville de Suri.

(*W. A. I.* I, pl. 23, c. III, l. 23 à 26.)

Après cette guerre, Nabu-bal-idin fit sa paix avec le roi d'Assyrie. Le Musée-Britannique renferme plusieurs fragments dans lesquels il est question de ce traité, mais ils sont encore inédits pour la plupart. Sur l'un d'eux on lit :

« En ce temps-là, Salman-Asar, roi du pays d'Assur et de Nabu-bal-idin, roi de Kar–Dunias, firent un traité de paix entre eux. »

(*W. A. I.* I, pl. 65, l. 45.)

Il est probable que les fragments du Musée-Britannique se rapportent à ce traité.

𒀭𒈬𒌉𒊮𒌉𒊮 .

MARDUK–ZIKIR–ISKUN.

(853 a. J.-C.)

Ce monarque était fils de Nabu-bal-idin et succéda à son père vers l'année 853. Le frère de Marduk-zikir-iskun se révolta contre lui et lui enleva la province d'Akkad. Ces événements provoquèrent une intervention de Salman-Asar, roi d'Assyrie, qui entreprit deux expéditions en Babylonie pour venir au secours de Marduk-zikir-iskun.

La première eut lieu en 852 a. J.-C. Il s'avança jusqu'au fleuve Turnat et s'empara des villes de Mie–Turnat et de Lahiru. La seconde eut lieu l'année suivante ; Marduk-bel-usate fut tué. Le roi d'Assyrie s'avança vers Babylone, où il reçut la soumission des habitants de la Chaldée.

Les textes présentent quatre récits de ces événements ; nous allons les rapporter ici.

Sur le premier, on lit :

« Pour appuyer Marduk-zikir-iskun, j'ai marché vers le pays d'Akkad. . . . . . . J'ai tué Marduk-bel-usate. Je suis entré dans Kuti (Cutha) Bab-Ilu, Barsip. J'ai fait des libations et des sacrifices aux Dieux des villes d'Akkad. J'ai poursuivi mon chemin, je suis descendu vers la Chaldée et j'ai reçu les tributs de tous les rois de la Chaldée. »

(Layard, pl. 76, l. 14 à 20.)

Sur le monument connu sous le nom de l'Obélisque de Nimroud, on lit :

« Dans ma VIIIᵉ campagne (849 a. J.-C.) Marduk-Zikir-iskun, roi du pays de Tirat-Dunias fut trahi par Marduk—bel—usate, son frère illégitime, il lui prit ses bagages, j'ai marché pour soutenir le parti de Marduk-Zikir-iskun et j'ai occupé la ville de Mic-Turnat.

« Dans ma IXᵉ campagne (848 a. J.–C.), j'ai marché pour la seconde fois vers le pays des Akkads, je me suis emparé de la ville de Ganati. La crainte immense d'Assur, mon seigneur, terrifia Marduk-bel-usate ; pour sauver sa vie, il s'enfuit dans les montagnes, je me suis avancé à sa poursuite, j'ai fait passer par les armes Marduk—bel—usate et ses adhérents, j'ai gagné les temples des Dieux et j'ai offert des sacrifices dans les villes de Bab–Ilu, de Barsip et de Kuti, j'ai élevé des autels en leur honneur, et je suis descendu vers le pays de Kaldi dont j'ai occupé les villes, j'ai imposé des tributs aux rois du pays de Kaldi, et j'ai étendu ma gloire jusqu'à la Mer. »

(Layard, pl. 91, l. 73 à 84).

Sur le revers des Taureaux, on lit :

« Dans ma VIIIᵉ campagne, au temps de Marduk-zikir-iskun, roi de Kar-Dunias, Marduk-bel-usate, son frère, se révolta contre lui. Pour soutenir sa cause, je me suis avancé et j'ai pris les villes de Mic-Turnat et de Lahiru.

« Dans ma IXᵉ campagne, dans une seconde expédition, j'ai pris la ville de Ganati. Marduk-bel-usate, pour sauver sa vie, s'enfuit vers Khalman, je l'ai poursuivi et j'ai fait passer par les armes Marduk-bel-usate, et ses partisans, je suis arrivé à Bab-Ilu, j'ai fait des sacrifices à Bab–Ilu, à Barsip et à Kuti. Je suis descendu au pays de Kaldu, j'ai pris leurs villes et je me suis avancé jusqu'à la Mer Marati, j'ai reçu dans la ville de Bab-Ilu les tributs d'Adini, fils de Dakuri, de Musallim-Marduk, fils de Ukani, consistant en argent, en bois précieux et en cornes de bœufs. »

(Layard, pl. 15. l. 23-29).

Enfin on lit :

« Au temps de Salman-Asar, roi du pays d'Assur, Nabu-bal–idin, roi de Kar-Dunias vint à mourir, Marduk–zikir-iskun s'assit sur le trône de son père. Marduk-bel-usate son frère se révolta contre lui et. . . . . s'empara d'Akkad. Pour le soutenir, Salman-Asar, roi du pays d'Assur, s'avança pour porter secours à Marduk-zikir-iskun, roi du pays de Kar-Dunias. Il tua Marduk-bel-usate et les rebelles qui avaient pris son parti. . . . . . . »

(*W. A. I.* II, pl. 65, 1. 47-68.)

𒈦𒁲𒌇𒅗𒈨𒎏 ·

MARDUK–BALAT–IRIB.

(815 a. J.-C.)

Ce prince nous est connu par les inscriptions de Samsi-Bin, roi d'Assyrie, qui nous raconte ainsi ses guerres contre la Chaldée.

« Dans ma IVe campagne, le 15e jour du mois sivan (15 avril 819), j'ai marché contre le pays de Kar-Dunias, j'ai franchi le fleuve Zaban près des villes de Zabdi et de Zaban, j'ai pénétré dans les ravins des montagnes, j'ai tué trois lions, j'ai soumis le pays d'Ebikh, je me suis avancé vers la ville de Mie-turnat. La crainte immense des dieux Assur et Marduk, mes Seigneurs avait frappé les habitants, ils s'humilièrent devant moi, je les ai fait sortir de leurs villes, eux, leurs trésors et leurs Dieux et je les ai envoyés dans mon pays où ils ont été traités comme des habitants de mon pays. J'ai traversé sur des. . . . le fleuve de Mie-turnat, j'ai détruit la ville d'Arnié leur capitale et 200 villes de sa dépendance, je les ai ravagées, je les ai démolies, je les ai livrées aux flammes.

« Le pays de Yatman était soulevé. J'ai assiégé la ville de Dibina. La crainte immense d'Assur terrifia les habitants. Ils s'humilièrent devant moi. J'ai pris 300 villes et leurs habitants, leurs dépouilles, leurs trésors. J'ai enlevé ces habitants de leur ville. J'ai traversé la ville de Kuditi ; j'ai occupé la ville d'Ulduya, qui est située au-delà de la ville de Ganasatikan, et 200 villes de sa dépendance. J'ai tué 300 soldats ; j'ai fait des prisonniers. J'ai emporté des dépouilles, leurs trésors, leurs Dieux. J'ai ravagé ces villes, je les ai démolies, je les ai livrées aux flammes. Les hommes qui s'étaient soustraits à ma domination puissante s'étaient enfuis dans la ville de Kidanti et les autres places fortes. J'ai assiégé cette ville, je m'en suis emparé ; j'ai laissé 500 morts sur le terrain. J'ai fait des prison-niers, je me suis emparé de leurs dépouilles, de leurs Dieux, des bœufs et des moutons. J'ai détruit la ville, je l'ai ravagée, je l'ai livrée aux flammes.

« Les gens du pays d'Akkad craignirent la force de ma puissance et mes combats dont le succès est irrésistible. Ils s'étaient réfugiés dans la ville de Dur-Kurzu, leur capitale, qui est comme un *ukak* dans un fleuve au milieu des flots. Ils n'attendirent pas la rencontre de mon armée ; ils se retirèrent dans 447 villes. J'ai pris leur capitale sur mon passage et j'ai passé par les armes 13,000 de leurs guerriers. Leurs cadavres flot-taient sur les flots autour de la ville. J'ai entassé les dépouilles de leurs guerriers, j'en ai fait un monceau. 3,000 hommes tombèrent vivants dans mes mains. Je me suis emparé de l'étendard royal, des trésors et des esclaves du palais, des femmes du palais, des richesses et de ses Dieux. J'ai emporté un butin considérable de son palais. J'ai donné les dépouilles de ses guerriers aux troupes de mon pays. J'ai détruit la ville, je l'ai dé-molie, je l'ai livrée aux flammes.

« Marduk-balat-irib avait eu confiance dans la force de son armée. Il avait avec lui sous ses ordres des hommes du pays de Kaldu, du pays d'Elam, du pays de Namri, du pays d'Aram en nombre considérable. Il s'avança vers moi pour me livrer combat et bataille près de la ville de Dur-Kasu, sa capitale. Il avait compté ses troupes. J'ai accepté le com-bat ; je l'ai mis en déroute. J'ai tué 5,000 hommes ; 2,000 prisonniers tombèrent dans mes mains. J'ai pris 200 chars, 200 cavaliers, l'étendard royal et les. . . . . de son camp. »

(W. A. I., I, pl. 29-31.)

Le récit des campagnes de Samsi-Bin ne s'étend pas au-delà, mais nous savons, par la tablette chronologique des Limmu, que Samsi-Bin marcha encore deux fois contre les Chaldéens. Nous lisons, en effet, à des époques certaines :

814. « Bel-balat de. . . . . vers la ville de Diri. Le Grand Dieu est entré dans la ville de Diri. »

812. « Adar-bel-usur. . . . . . de . . . . vers le pays de Kaldu.

811. « Samas-kumma, préfet de Arbakha, vers Bab-Ilu. »

(W. A. I., II, pl. 52, rev. 5-17.)

𒁹 𒌷 𒐊 𒐊 𒐊 .

BIN-NIRARI.

(809 a. J.-C.)

Ce prince, dont le nom n'est peut-être pas encore bien déchiffré, est le fils de Samsi-Bin.

Ses inscriptions sont peu nombreuses; nous connaissons cependant sa généalogie et nous savons qu'il a continué les conquêtes de son père.

Il n'a pas le titre de Roi de Babylone dans les fragments des inscriptions qui nous sont parvenues, mais il est certain qu'il avait soumis tout le pays compris depuis le Golfe-Persique jusqu'à la mer Méditerranée et, par conséquent, toute la Chaldée. L'une de ses inscriptions se termine ainsi :

« J'ai asservi tous les rois du pays de Kaldi, je leur ai imposé des tributs. J'ai fait des sacrifices à Bab-Ilu, à Barsip, à Cutha, les demeures des dieux Bel, Nabu, Nirgal. . . .

(W. A. I. I, pl. 35, n° 1, fine.)

Pendant le règne de Bin-Nirari on compte plusieurs expéditions contre la Chaldée, que nous pouvons mentionner ici, d'après la tablette chronologique des Limmu qui donne des indications précises pour chacune des années de son règne.

795. [Marduk-sadua], préfet de Salmat, vers la ville de Diri.

794. [Kin-abuyu, préfet] Thuskam, vers la ville de Diri.

790. [Niri-samas, préfet] d'Isance, vers le pays d'Itua.

784. Marduh-sur-usur,. .]. . . vers le pays de Kubaskia — le Grand-Dieu entre dans la ville de Diri.

783. [Nabu-sur-usur. . . . . .] de Tuskhan, vers le pays de Kabuskia.

782. [Adar-nasir, préfet de] Nazamuya, vers le pays d'Itu.

781. [Nalbar-likh, préfet de] de la ville de Nasibina, vers le pays d'Itu.

(W. A. I. I, pl. 52, rev.)

Si succints que soient les renseignements qui nous sont parvenus sur le règne de ce roi, ils n'en sont pas moins d'une grande précision, malheureusement ils ne nous font pas connaître le nom des princes qui régnaient alors en Chaldée.

Parmi les documents qui viennent plutôt compliquer qu'éclairer cette phase de l'histoire, nous devons mentionner une inscription gravée sur une statue du dieu Nebo, découverte par M. Loftus, dans les ruines du palais de Nimroud ; elle est ainsi conçue :

« Au dieu Nabu, le gardien des mystères, le fils de Bit-Sakkil, l'auguste, le directeur des astres, le chef suprême, le fils du dieu des Nukimut, le protecteur, le directeur des œuvres brillantes, le surveillant des légions du Ciel et de la Terre. Le tuteur de ceux qui bénissent son nom et qui lui prêtent une oreille attentive. Celui qui tient la table des destinées ; le . . . . auguste, celui qui s'élève, celui qui préside au lever du soleil et à son coucher, celui qui marque le temps, le glorificateur de Bel ; le Seigneur des Seigneurs, dont la puissance est immuable et pour qui le ciel a été créé, le vainqueur, l'auguste, le gardien dont la surveillance est bonne, le Dieu qui habite le temple de *Bit-zida*, au milieu de la ville de Kalah.

« Au seigneur suprême de son seigneur, le protecteur de Bin-nirari, roi du pays d'Assur, mon maître.

« Au protecteur de Sammuramat, la dame du palais, ma souveraine.

« Bel-hassi-ilumu, préfet de la ville de Kalakh, du pays de Khamdi, du pays de Sutgana, du pays de Timeni, du pays de Yatuna, a fait faire cette image pour protéger sa vie, pour prolonger ses jours, pour augmenter ses années, pour faire prospérer sa race.

« Qui que tu sois, toi qui vivras après moi, aie confiance en Nabu et ne te confie pas à un autre Dieu.

(*W. A. I.* I, pl. 35, n° 2.)

Nous avons cru devoir rapporter cette inscription en entier pour en apprécier un détail. En effet, le nom de Sammuramat qu'il renferme, et qui ne souffre aucune difficulté de lecture, puisqu'il est écrit ainsi tout entier phonétiquement

a provoqué une curiosité bien légitime, mais qui n'a pas été satisfaite. En effet, on a cherché à assimiler ce nom à celui de Sémiramis, non pas la

Sémiramis légendaire de Ctésias, mais la Sémiramis d'Hérodote, celle (I. CLXXXIV) qui, d'après lui, aurait vécu cinq générations avant la reine Nitocris, qui devait être l'épouse de Nabuchodonosor, c'est-à-dire précisément à l'époque de Sammuramat.

Cette assimilation établie, on s'appuya sur un passage de la chronique d'Eusèbe où il est dit :

« Athose, qui est Sémiramis, fut fille de Belochus ; elle régna douze ans avec son père.

On a tenté de nombreux efforts pour trouver le nom de Bélochus dans le groupe qui représente le nom du prince qui figure avec celui de Sammuramat dans l'inscription de Nebo. Ces efforts ont été inutiles ; le nom du prince que nous nommons Ben–niràri, reste encore sans avoir reçu l'articulation phonétique qui l'exprimait jadis, et jusqu'ici, du moins, rien n'autorise à affirmer l'identité de la Sammuramat, citée dans l'inscription de Nebo avec la Sémiramis, d'Hérodote. J'y vois, au contraire, de sérieuses raisons de s'abstenir et d'attendre de nouveaux renseignements avant de formuler un jugement qui ne serait pas ratifié.

Le nom de Ben–nirari, du reste, comme tous les noms dont la lecture est difficile, a ouvert le champ aux conjectures, et il a été l'objet des recherches d'une autre nature que nous allons examiner maintenant.

PHUL.

פּוּל -

(775 a. J.-C.)

La Bible nous fait connaître un prince assyrien du nom de Phul, qui fit une expédition contre Ménahem, roi d'Israël, vers l'an 770 a. J.-C. Ménahem avait hérité d'un trône qui était déjà soumis à l'Assyrie ; car, dès l'an 884, Jéhu avait payé un tribut à Salmanassar et avait reconnu sa souveraineté. Or, d'après la coutume, les souverains soumis devaient reconnaître, par un tribut, la suzeraineté du prince assyrien, au moment de son avénement. Ménahem, à ce qu'il paraît, avait négligé de se soumettre à cette obligation envers Phul, et cette négligence le constituait en état de rébellion. Phul s'avança en conséquence contre lui et fit passer une armée en Palestine ; mais, aussitôt, Ménahem se hâta de faire sa soumission, et, ayant réuni, par une taxe forcée, la somme importante de 1,000 talents d'or, il la paya au monarque assyrien, qui consentit à le laisser sur le trône (II, Rois, 15, 20). C'est tout ce que la Bible nous apprend sur le règne de Phul, qu'elle qualifie de prince assyrien ; mais Eusèbe, d'après Bérose, cite également le nom de Phul, qu'il qualifie de prince chaldéen. Malgré cette double indication, on n'a pas encore rencontré, dans les documents assyro-chaldéens, de prince qui puisse répondre à ce nom.

Les synchronismes qui résultent de l'histoire des rois d'Israël où le règne de Ménahem est fixé, établissent qu'à cette époque le prince qui régnait sur l'Assyrie et la Chaldée était celui que nous nommons Ben-nirari, et comme ce nom résistait à une lecture satisfaisante, on a cru y découvrir, par des déductions philologiques ingénieuses, le nom de Phul. Ces déductions supposaient toujours que le nom de Phul était représenté par les signes qu'il fallait transcrire, il y avait là une pétition de principe qui a fait abandonner cette assimilation et qui a laissé sans identification possible le nom de Phul et le nom du roi dont on peut suivre l'histoire d'une manière succincte, il est vrai, mais régulière, et d'année en année ; or, à cette époque, nous ne trouvons aucune expédition des rois d'Assyrie contre la Palestine.

Les tables chronologiques des rois assyriens, qui nous permettent de suivre les événements pour ainsi dire sans interruption jusqu'au moment de la chute de Ninive, ne nous donnent d'indications, depuis l'année 781 jusqu'au règne de Nabonassar, en 747, c'est-à-dire pendant une période de 34 ans, que pour quatre expéditions entreprises par les rois d'Assyrie contre la Chaldée ; elles sont ainsi énoncées :

Sous Salmanassar IV :

« 776. [Nabu–illalak], ministre, vers le pays d'Itu.

(*W. A. I.* II, pl. 52, rev.)

Sous Assur-dan-il II :

« 770. [Assur-dan-il, roi du pays] d'Assur, vers le pays de Ganati.
768. [Bel-malik, préfet] d'Arbukha . . . . . vers le pays d'Itu.
766. [Gurdi–Assur, préfet de] Zuhina, vers le pays de Ganati. »

(*W. A. I.* II, pl. 52, rev.)

Voilà les seuls renseignements qui nous sont fournis par les inscriptions, et ces renseignements sont loin d'éclairer les points qui nous intéressent et sur lesquels la Bible et les historiens grecs nous donnent des indications si précises. Il est certain que Phul n'est pas un prince assyrien, mais il n'est pas impossible qu'un prince de Chaldée, du nom de Phul, ne se soit ligué avec les rois d'Elam et de Médie, pour combattre la puissance assyrienne, et n'ait imposé un tribut à Ménahem ; cependant s'il y a là plus qu'une conjecture, ce sont précisément les données sur lesquelles nous pourrions l'appuyer, et dont nous cherchons la trace dans les documents assyro-chaldéens, qui nous font défaut jusqu'ici.

Les listes des rois assyriens, d'accord avec les inscriptions, permettent de suivre une dynastie de sept princes, qui se sont succédé en ligne directe depuis Bel-kat-irasu, le Bélitaras des Grecs, jusqu'à Bin-nirari ; mais, arrivé à ce point, la succession régulière des rois paraît interrompue. Aucun monument ne mentionne les descendants de Bin-nirari. Tiglat-Piléser, qui lui succède, ne parle dans les fragments de ses inscriptions, ni de son père, ni de ses ancêtres. Les circonstances de la mort de Bin-nirari et les faits qui ont porté sur le trône la dynastie suivante, nous sont complètement inconnus. Le récit d'Agathias qui prétend que le dernier roi de la dynastie de Bélitaras a été détrôné par son jardinier, reste sans appui dans les documents que nous pouvons consulter. Au milieu de toutes les hypothèses auxquelles on pourrait se livrer, il convient d'attendre les découvertes qui devront surgir.

Quant à présent, nous ne pouvons identifier Phul, ni avec Bin-nirari, ni avec Salman-Asar, ni avec Assur-dan-il, et, en dehors de ces indications, nous n'avons aucun détail sur les événements qui ont pu s'accomplir alors en Chaldée.

NABONASSAR.

Ναβονασσάρος.

(747 a. J.-C.)

On a regardé pendant longtemps Nabonassar comme le fondateur du grand empire de Chaldée. Son règne, il est vrai, daté du 26 février 744, ouvre l'ère à laquelle le grand astronome Claude Ptolémée a attaché son nom ; mais il ne correspond à aucun phénomène astronomique ni à aucun événement politique de quelque importance. Il ne coïncide pas avec le renouvellement d'une des périodes cosmiques admises par les Chaldéens; il ne coïncide pas davantage avec une révolution qui aurait changé les relations des peuples de la Haute-Asie. C'est en vain qu'on a voulu rattacher cette date à une guerre contre Ninive, qui, d'après Ctésias, aurait été détruite à cette époque par Arbace et Bélésis. Aujourd'hui, il est certain que Ninive était alors à l'abri de toute atteinte et que la puissance de Babylone, depuis longtemps menacée, allait recevoir les coups plus terribles et devenir au contraire la vassale de Ninive.

L'histoire de Babylone à cette époque est des plus obscures. Il ne nous est parvenu aucun monument du règne de Nabonassar. Son nom, auquel il est facile de restituer la forme assyro-chaldéenne, sous laquelle on le retrouvera un jour, ne s'est encore rencontré dans aucune inscription et nous n'avons pour nous éclairer sur son règne que les traditions du Syncelle qu'il met ainsi sous l'autorité de Bérose.

« A partir de Nabonassar, les Chaldéens ont soigneusement noté les mouvements des astres, et d'après les Chaldéens, les mathématiciens Grecs. En effet, ainsi que le raconte Alexandre Polyhistor et Bérose, les collecteurs des antiquités chaldéennes, Nabonassar, après avoir réuni les documents qui racontaient les actes des rois antérieurs, les fit détruire, afin que l'on comptât d'après lui les rois de Chaldée. »

(Müller, Ber. frag. L. ii. 11 a.)

Ce passage du Syncelle a souvent été invoqué contre Nabonassar, en le représentant comme un orgueilleux destructeur d'archives, mais cette accusation n'a pas été justifiée par les découvertes modernes ; ce sont précisément les monúments de Nabonassar qui sont encore à découvrir, tandis qu'on connaît beaucoup de ceux de ses prédécesseurs. L'oubli dans lequel, à l'époque du Syncelle, les événements de la Chaldée était tombé, l'indifférence dont ils étaient l'objet, expliquent la pensée de l'historiographe ; il en a forcé l'expression, et sa phrase est venue faire ce que Nabonassar n'aurait pas fait lui-même : le souvenir des anciens rois de Chaldée s'est trouvé effacée.

Les découvertes modernes permettent d'affirmer qu'aucune trace d'une destruction systématique n'existe à cette époque dans les monuments de l'Assyrie ou de la Chaldée, et l'acte qu'on attribue à Nabonassar se trouve formellement démenti par les faits.

D'abord, Bérose lui-même nous dit, et tous ses compilateurs l'ont répété, qu'il composa son histoire sur les documents qu'il avait en sa possession et qui étaient conservés depuis un temps immémorial. Les monuments existaient donc à cette époque, et nous verrons bientôt avec quel soin les successeurs de Nabonassar recherchaient les archives de leurs prédécesseurs et avec quel respect ils savaient les conserver.

TUKLAT-PAL-ASAR.

(744 a. J.-C.)

Le règne de Nabonassar a duré quatorze ans, à défaut de document d'une origine babylonienne, les annales des rois d'Assyrie viennent nous renseigner sur cette période. Le prince, qui régnait alors à Ninive, est Tuklat-pal-Asar, le Tiglat-Pileser de la Bible. Il monta sur le trône en 744 a. J.-C., par conséquent, trois ans après l'avénement de Nabonassar. Nous devons constater qu'il prend, dans le protocole de ses inscriptions le titre de roi de Babylone, roi des Sumirs et des Akkads, il porte dès son avénement l'étendue de son empire jusqu'au golfe persique, il avait donc soumis toute la Chaldée. Voici du reste comment il s'exprime sur l'étendue de son empire.

Sur une tablette découverte à Nimroud et actuellement au Musée-Britannique, on lit :

(L. 1.) « Palais de Tuklat-pal-Asar, roi grand, roi puissant, roi des légions, roi du pays d'Assur, roi de Bab-Ilu (Babylone), roi des Sumirs et des Akkads, roi des Quatre-Régions, le puissant, le fort, celui dont la domination s'est étendue au loin et qui a balayé, comme la poussière des ruines, les légions ennemies.

(L. 3.) — « Le roi qui dans l'adoration d'Assur, de Samas, de Marduk les Grands Dieux a régné depuis la Mer (*nahar marrati*) de Bit-Yakin, jusqu'au pays de Bikni ; depuis le Pays du soleil levant et la Mer du soleil couchant jusqu'au pays de Musri (l'Egypte), depuis l'orient jusqu'au couchant ; il a commandé, il a régné sur tous les pays.

(L. 4.) — « Depuis le commencement de mon règne jusqu'à la XVIIᵉ campagne, j'ai gouverné les peuples de Itu, de Rua, de Hamarani, de Luluatu, de Kharilu, de Rupu et Rupiku, de Khiranu, de Rabiel, de Nasiru, de Galaru, de Nabatu (les Nabathéens), de Kam, de Rummulu, d'Adilie, de Kiprie, d'Ubudu, de Garuma, de Khadadumu, de Diru, de Damuna, de Nilku, de Radie, de Da, d'Ubulu, de Karma, d'Amlatu, de Rua, de Kabié, de Lita, de Murusu, d'Amatu, de Khalukhrunu, les villes de Dur-Kurigalzu, Adie, Birtu, de Serrazitu, Birtu de Labbanat, Birtu de Kar-Ilu, des pays d'Aruma, dans leur ensemble, depuis les bords du fleuve Diglat, du fleuve Purat, du fleuve Surappi, jusqu'aux rives du fleuve Arnie, auprès de la Mer-supérieure (j'ai gouverné), j'ai tué du monde, j'ai enlevé des dépouilles.

(L. 10.) — « J'ai annexé aux provinces du pays d'Assur les districts du pays d'Arumu dans son ensemble et j'y ai établi mes préfets et mes juges. J'ai fondé une ville à la place Tul-khamri, qui dépend de la ville qu'ils appellent Khumut, et je l'ai nommée la ville de Kar-Assur et j'y ai placé les hommes des pays que j'avais conquis.

(L. 12.) — « Dans les temples de Bab-Ilu, de Barsip, de Kutha, de Kisik, de Dilbat et de Uruk (?), j'ai immolé des victimes pures à Bel, à Nabu, à Tasmit, à Nirgal, à Las, les Grands-Dieux mes maîtres, et j'ai commandé aux hommes du pays de Kar–Dunias la vaste, et sur toutes les provinces qui en dépendent. J'ai soumis. . . . . . les hommes d'Usa, de Bukudu ; j'ai tué beaucoup de monde, j'ai pris un riche butin, j'ai imposé les hommes de Bukudu, j'ai réuni au pays d'Assur la ville de Lakhiru qui est située dans la ville de Limmu, la ville Pillutu qui est près du pays d'Elam dans son ensemble, je l'ai livrée dans les mains de mon lieutenant, le Préfet de la ville d'Arrapkha. »

(W. A. I. II, pl. 67.)

Comment se fait-il que Tiglat-Pileser, qui nomme dans ses conquêtes des princes d'un ordre secondaire, ait passé sous silence Nabonassar, le roi de Babylone? Quoi qu'il en soit, après ces exploits, Tiglat-Piléser, occupé en Palestine et en Syrie, où il rencontre des difficultés, laisse la révolte s'organiser en Chaldée, car nous le voyons bientôt aux prises avec un roi dont il est facile d'identifier le nom avec celui que le Canon de Ptolémée donne au successeur de Nabonassar.

𒁹 ⸺ 𒂗 ⸺ 𒌑 ⸺ 𒊭 ⸺ 𒀊 ⸺ 𒋛 ⸺ .

NABU–USABSI.

(733 a. J.-C.)

Il ne faut pas perdre de vue que les noms des souverains assyro-chaldéens qui nous ont été transmis par les Grecs ont nécessairement été altérés. La différence qui existe entre les deux langues devait incontestablement se faire sentir dans cette interprétation de noms propres que nous estropions également à notre tour, tout en cherchant à leur rendre leur forme première.

Le successeur de Nabonassar est Nadios (Ναδίος) d'après le canon de Ptolémée, son nom ne se retrouve pas, il est vrai, sur les monuments ; mais il est peut-être facile de le reconnaître dans celui de Nabu-usabsi, qui est précisément mentionné dans les conquêtes de Tiglat-Pileser. Le document que nous avons déjà cité continue ainsi :

« J'ai transporté les habitants du pays de Kaldudu tout entier, au milieu du pays d'Assur, j'ai réduit le pays de Kaldu, dans son ensemble, dé-

pendant de Nabu–usabsi, fils de Silani, j'ai fait un grand carnage autour
des murs de la ville de Sarrappani, et j'ai fait mettre des corps en croix
entre les Grandes-Portes de la ville. J'ai pris le pays de Gilu et la ville de
Sarrappani, j'ai pris 5,300 des leurs, leurs biens, leurs dépouilles, leurs
trésors, leurs richesses, leurs femme, leurs fils, leurs filles et leurs Dieux.
J'ai ravagé sa ville et les villes de son voisinage, je les ai livrées aux
flammes, j'en ai fait un monceau de ruines et un champ de vignes. »

(W. A. I. II, pl. 67.)

Le règne de Nabu–usabsi, ne fut pas très–long; le canon de Ptolémée
donne au règne de Nadios une durée de deux années seulement, après lesquelles il fut remplacé par un prince chaldéen qui ne nous est signalé
que par ses défaites.

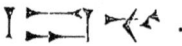

KIN–ZIRU.

(731 a. J.–C.)

Le nom de Kin–ziru, le Κινζιρος de Ptolémée, a été parfaitement reconnu
dans les inscriptions. Nous le trouvons dans celles de Tiglat–Pileser où
nous lisons ainsi le récit des événements qui le concernent :

« J'ai pris Kin–ziru, fils d'Amukhani, dans la ville de Sapie, sa capitale, j'ai élevé un monceau de cadavres devant les Grandes-Portes de sa
(ville), j'ai coupé les plantations de lentisque de son palais, j'ai tué le chef
Belul de . . . . de son pays et j'ai . . . . .
. . . . j'ai rempli. . . . j'ai ravagé ses villes, je
les ai détruites, je les ai livrées aux flammes, j'ai couvert de ruines le
pays de Bit–Silani, le pays d'Amukhani et le pays de Bit–Salni dans leur
ensemble, j'en ai fait un champ de vignes. »

(W. A. I. II, 67, l. 23, 25.)

ILOULAYOS.

Ἰλουλαῖος.

(726 a. J.-C.)

D'après des calculs basés sur la liste des Limmu, Tiglat-Pileser mourut en 726, et il fut remplacé sur le trône d'Assyrie par Salman-Asar, le Salmanassar de la Bible, qui ne paraît pas avoir régné directement à Babylone. Les inscriptions de ce prince nous faisant défaut, nous ne pouvons enregistrer que le nom d'Iloulayos, d'après le canon de Ptolémée et constater les cinq années de règne qui lui sont attribuées.

MARDUK–BAL–IDIN.

(721 a. J.-C.)

La forme véritable du nom de ce prince nous est donnée par les inscriptions où il a été facile de le reconnaître, malgré l'altération qu'il a subie en devenant le Μαρδοκεμπάδος du canon de Ptolémée. La Bible nous le fait connaître dans la transcription מראדך־בלאדן (Isaïe, XXXIX, 1). Il est évident que c'est par suite d'une erreur de copiste qu'on le dit « fils de Baladan. » En redoublant la fin de son nom, dans sa forme originale, on a l'explication de l'erreur.

Ce prince était fils de Yakin ; nous le voyons apparaître pour la première fois sous le règne de Tiglat-Pileser. Il gouvernait alors la province du Bet-Yakin, située sur le bord de la mer ; il se trouva englobé dans l'ensemble des princes, qui, après la conquête de Babylone, par le roi d'Assyrie, furent obligés d'accepter sa suzeraineté. Le texte est ainsi conçu :

« J'ai reçu les tributs de Balazu, fils de Dakkuri, d'Adini. . de l'argent, de l'or, des . . des pierres. Les sujets de Marduk-bal-iddin, fils de Ya-kin, sous les rois mes pères, n'avaient jamais été soumis, ils n'avaient pas embrassé leurs genoux. La crainte immense d'Assur, mon Seigneur, les effraya et ils vinrent au-devant de moi, dans la ville de Sapiya. Ils em-brassèrent mes genoux, je leur ai imposé de l'argent, de l'or, des produits de leur pays, des... des pierres *sik*, des pierres... des produits de la mer, des poutres de... des étoffes de laine, des bœufs, des moutons. »

(*W. A. I.*, II, pl. 67, l. 26-28.)

Cependant Mérodach-Baladan fut appelé à succéder à Ylulayos. Il quitta sa province du Bet-Yakin, et il vint à Babylone se mettre à la tête de la résistance que la Chaldée cherchait à opposer à l'Assyrie.

On possède quelques rares monuments de son règne. M. Place a trouvé dix-sept petites olives en briques, percées dans le sens de la largeur et sur lesquelles on lit des noms de femmes. Ces olives sont datées du mois sebat (février) des années 9, 10, 11 de Mérodach-Baladan ; l'une d'elles, conservée à Orléans, porte la date de la 12ᵉ année.

Comment ces monuments se trouvent-ils à Korsabad ? c'est ce qu'il est impossible d'expliquer. Voici ce qu'ils nous font connaître :

« Mannatammat acquise par Bakit-Alsi *arba ta*, le mois Sebat de la 9ᵉ année de Marduk-bal-idin, roi de Bab-Ilu. »

« Fille Ekinu, acquise par Hamkan, au mois sebat de la 10ᵉ année de Marduk-bal-idin, roi de Bab-Ilu. »

« Femme Halalat acquise par Marnarih, au mois sebat de la 11ᵉ année de Marduk-bal-idin, roi de Bab-Ilu. »

Celle-ci est relative à un homme :

« Belhaïl, acquis par Marnari, au mois de sebat, la 10ᵉ année de Mar-duk-bal-idin, roi de Bab-Ilu. »

(Oppert, *Inscription de Dur-Sarkayan*, p. 27.)

Les textes établissent l'existence d'une grande fête au mois sebat, Mais quelle était cette fête ?

On a cru voir dans ces monuments la trace de l'usage des mariages ba-byloniens, ainsi décrits par Hérodote :

« Chaque année, dans les différentes localités, ils procèdent ainsi: toutes les jeunes filles en âge de se marier sont réunies et conduites en un même lieu ; autour d'elles les hommes se rassemblent en troupe. Alors le crieur public se lève et les met aux enchères l'une après l'autre, en commençant par la plus belle ; puis, quand celle-ci a été adjugée pour beaucoup d'or, il passe à celle qui la suit comme agrément. Cette vente tient lieu de mariage. Tous les gens riches qui désirent se marier parmi les Babyloniens cherchent ainsi à se surpasser aux enchères pour avoir les plus belles filles ; mais les gens du peuple qui veulent se marier et ne tiennent pas à la beauté prennent les plus laides et reçoivent, en compensation, de l'argent des premières adjudications. En effet, quand le crieur public a achevé de vendre les jolies filles, il prend la plus laide de la troupe, celle qui a quelque difformité, et la met aux enchères en sens contraire, la donnant à celui qui consent à la prendre avec le moins d'argent. C'est une adjudication au rabais. La vente des plus belles produit ainsi une somme d'argent qui dote les laides et les difformes. Il n'est permis à personne de donner sa fille à un homme de son choix. »

(Her, I, 196.)

Les premières années du règne de Mérodach-Baladan ne paraissent pas avoir été troublées par les rois d'Assyrie. Des complications intérieures, dont les inscriptions ne nous ont révélé ni la nature ni l'étendue, ont dû surgir au moment de son avénement, et faciliter son établissement dans la Babylonie : les rois d'Assyrie poursuivaient leurs conquêtes du côté de la Palestine et de l'Arabie.

La prise de Samarie n'avait pas été un succès suffisant pour assurer la puissance assyrienne de ce côté. Sargon, qui était monté sur le trône d'Assyrie l'année même où Mérodach-Baladan avait pris le pouvoir à Babylone, fut douze ans à s'apercevoir qu'il avait là un rival redoutable et qu'il était temps de songer à s'en délivrer.

Les renseignements, du reste, qui nous sont parvenus sur ces douze premières années se bornent à ceux qui nous ont été transmis par la Bible. Ezéchias, après une maladie qui avait mis ses jours en danger, avait recouvré la santé. Mérodach-Baladan, qui cherchait partout des alliés, comme nous le verrons plus tard, profita de cette circonstance pour lui adresser ses félicitations par des ambassadeurs qu'il envoya à Jérusalem. (Isaïe, xxxix.)

Ezéchias les reçut avec effusion; la Bible nous apprend qu'il leur fit voir le lieu où étaient les aromates, l'or et l'argent, les parfums, les plus excellentes huiles, tout ce qu'il avait de meubles, et tout ce qui était gardé dans son trésor. Il n'y eut rien dans son Palais ni dans tout ce qu'il avait en sa puissance qu'il ne leur montrât. (Isaïe, XXXIV, 2.)

Mérodach-Baladan fut sur le point d'atteindre son but. Ce qu'il voulait au fond, c'était de former une alliance offensive et défensive avec le roi de Jérusalem ; elle était peut-être dans les idées des deux princes, elle était compromettante pour la Judée. Cette ambassade coïncide avec l'époque où le roi d'Assyrie était aux prises avec des ennemis puissants, en Arménie et en Médie. Le moment était opportun pour soulever la Syrie et la Chaldée, cependant le traité n'eut pas lieu, mais il ne fallut rien moins que l'éloquence prophétique d'Isaïe pour éclairer Ezéchias et le détourner d'une alliance qui aurait précipité la ruine de Juda.

« Des jours viendront, s'écrie le prophète, où l'on emportera à Babylone tout ce qui est dans ta maison et tout ce que tes frères ont amassé jusqu'à ce jour. Rien n'en restera, dit Jéhovah, et tes propres descendants seront pris pour être les eunuques du roi de Babylone ». (Isaïe, XXXIX, 6.)

Les sages conseils prévalurent. La prise de Samarie avertissait, du reste, que Jérusalem ne devrait sa tranquillité qu'au prix d'une stricte neutralité.

Si on veut se reporter aux textes, il sera facile de suivre l'accord qui existe, à cette époque, entre les documents assyriens et les documents bibliques, à la condition, toutefois, de faire subir une transposition aux chapitres qui sont consacrés à l'ambassade de Mérodach-Baladan et qui doivent nécessairement précéder les chapitres qui traitent des guerres de Sennachérib contre Jérusalem. Cette transposition est commandée par la chronologie qui résulte des textes sacrés eux-mêmes, et qui se trouvent ainsi en parfait accord avec les textes assyriens.

SAR-KIN.

(709 a. J.-C.)

Mérodach-Baladan cessa de compter parmi les rois de Chaldée dans la douzième année de son règne. Cette date est fixée par le canon de Ptolémée ; elle est confirmée par les inscriptions. Le prince que nous voyons apparaître alors est un conquérant ; c'est le vainqueur de Samarie. Il porte le nom de Sargon dans la Bible ; la transcription grecque en a fait Arkéanos (Αρκεάνος). Depuis douze ans, Sargon avait laissé Mérodach-Baladan établir son pouvoir en Chaldée, mais le moment était venu d'étendre ses conquêtes de ce côté ; c'était, alors, le seul ennemi qu'il eût à redouter. Il avait soumis l'Arménie, la Médie, la Syrie toute entière, et il avait poursuivi le roi d'Egypte jusque sur ses frontières. Babylone seule s'opposait aux conquêtes de l'Assyrie. Sargon nous raconte lui-même les campagnes qui le portèrent sur le trône de Chaldée. Le récit est consigné dans plusieurs exemplaires des inscriptions de ce monarque. Nous détachons celui de l'inscription dite des « Annales. » C'est le plus complet malgré les lacunes du texte qui laissent échapper quelques détails ; le monarque assyrien s'exprime ainsi :

« Dans ma XIIe campagne, Marduk-bal-idin, fils de Iakin, roi du pays de Kaldi, qui avait établi sa demeure au milieu de la Mer du soleil levant, s'était fié à la mer et à la force de ses soldats. Il méconnut le culte des Grands-Dieux, il refusa le tribut. Il avait formé une alliance avec Khumbanigas, roi du pays d'Elam et il avait soulevé contre moi tous les peuples de la Mésopotamie. Il se prépara à la guerre et s'avança vers le pays des Sumirs et des Akkads. Il avait envoyé des ambassadeurs pendant douze ans contre la volonté des Dieux de Bab-Ilu, la ville de Bel, qui juge les Dieux ; mais Marduk, le Grand-Dieu, n'accorda pas sa protection aux actions blâmables du Roi du pays de Kaldu ; il les avait vues, et, avec son secours, il ordonna la perte du sceptre et du trône de sa royauté.

« C'est pourquoi, moi, Sar-kin, le roi pieux, j'ai été choisi parmi les Rois ; il (Marduk) a élevé ma tête dans le pays des Sumirs et des Akkads et il a augmenté mon courage et mes forces pour soumettre les hommes du pays de Kaldi, qui sont impies et rebelles.

« Avec l'aide de Marduk, mon Seigneur, qui soutenait mon courage, j'ai rangé mon armée en bataille, j'ai résolu d'entreprendre une campagne contre ces rebelles. Et lui, Marduk-bal-idin, il apprit l'approche de mon armée, il fortifia ses places fortes, il rassembla les régiments de son armée et les troupes du pays de Gambul, dans la ville de Dur-Alkhar et à l'approche de mon expédition, il augmenta ses garnisons ; 600 cavaliers et 4,000 hommes de troupes formaient l'avant-garde, il releva leur courage. Ils ajoutèrent des ouvrages nouveaux à leurs places fortes. Ils creusèrent un canal à partir du fleuve Surappi . . . . J'ai marché contre lui jusqu'à l'heure du soleil couchant, j'ai fait 18,430 prisonniers avec tout ce qu'ils possédaient, chevaux, ânes, mulets, chameaux, bœufs et moutons, le reste s'enfuit devant mon armée, ils se dirigèrent vers le fleuve Ukni, inabordable. . . . . . Ils apprirent que j'allais attaquer la ville, ils perdirent leur courage et s'envolèrent comme des oiseaux ; j'ai emporté du fleuve Ukni des tributs considérables, des bœufs, des moutons. J'ai rebâti cette ville et je l'ai nommée Dur-Nabu, j'ai mis à la tête de la ville mon lieutenant pour gouverneur et j'ai imposé un tribut annuel de 1 talent, 30 mines d'argent, 2,000 mesures de blé. . . sur 20 bœufs, 1 bœuf. . . sur 10 moutons, 1 mouton. J'ai laissé à ces hommes...

« La ville de Karat-Nanna, la ville de Nabu-usallu. . . les villes . . . de Dur. . . la ville de Makhiru, six villes du pays de Khubuya . . . . la ville de Kar-Rakmïel, la ville de Yakgdi, deux grandes villes. La ville. . . . la ville de Parasa, la ville de Ya . . . 3 villes du pays de Nahar-Iri, le territoire de la ville de Higaya, la ville de. . . . . la ville de Ariël, la forteresse de Vannusyasana, la ville de Rahi. . . . la ville de. . . . 6 villes dépendant du pays de Khilti, la ville de Haza. . . . la ville de Supari, la ville de Hamadani, la ville de. . . . la ville de Yahyanu, 6 villes sous la domination de Sahlani, la ville de. . . . . la ville de Nami, la ville de Zaruti, la ville de Sadani, la ville de . . . la ville de. . . . 7 villes dépendant du territoire de Nagie. La ville de . . . . . La ville d'Aslamir dont les. . . . sont innombrables, les *zik ri* de la ville d'Aisamu, la ville de Paka, une ville de la domination de Dinaya.

« La ville de Samibaya, la ville de Babilie, la ville de. . . . . la ville de d'Andan, la ville de Sikhraï, la ville de Patyael, la ville de Khula, la ville de. . . . . la ville de. . . . . (lacune dans laquelle on lisait la prise de Gambul) et j'ai imposé des tributs, 30 mines d'argent, sur 10 bœufs. . . 1 bœuf, j'ai réglé les contributions de chaque année, j'ai offert les bœufs et les moutons aux Grands Dieux. . . . . . j'ai occupé la ville de Dur-Atharu, je l'ai rebâtie, j'ai effacé son nom et je l'ai appelée la ville de Kar-Nabu, le pays de Khukanu, de Silburiti, de

Tibarsur, de Pasur, de Mahirut, de Khilmu, 6 places fortes dépendant du territoire de Gambul et les pays dépendant de ces places fortes et tout ce qu'elles renfermaient, j'ai tout pris et je l'ai ajouté à la couronne du pays d'Assur.

« Les hommes de Rua, de Kindar, de Iatbur, de Pukud apprirent la prise de Gambul, ils s'enfuirent à la faveur de la nuit et se dirigèrent vers les rives inabordables du fleuve Ukni. J'ai franchi le fleuve Umlias, le fleuve qui les protégeait par des plantations, j'ai élevé deux forts sur l'autre côté du fleuve. Ils emportèrent leurs effets et quittèrent les rives du fleuve Ukni. Ils prirent mes genoux, Yanaku, lieutenant de la ville de Zami, dépendant de Nabu-usallu, gouverneur de la ville d'Aburié, Pasan, Khaukan, préfet de Nakhân, Sahlu, préfet de la ville d'Huliya, les hommes *nasikat* du pays de Pukudu, Aphatu, préfet de Ruha, Humina, Samih, Sapkharu, Rapih, les hommes *nasikat* du pays de Khindar et les guerriers vinrent dans la ville du Dur-Askhari; ils embrassèrent mes genoux, je leur pris des otages et je leur imposai un tribut comme aux habitants du pays d'Assur, je les mis sous la dépendance de mon gouverneur de Gambul et j'ai consacré les bœufs et les moutons au dieu Nabu.

« Le reste des habitants du pays d'Arami (les Araméens), gens perfides et les habitants des places fortes s'étaient tournés vers Marduk-bal-idin et Sutruk-Nakhunti, les hommes d'Arimi s'étaient dirigés vers le fleuve Ukni. J'ai ravagé leurs demeures comme des décombres, j'ai abattu les arbres et les bois, j'ai ravagé leurs plantations et les produits de leur pays, j'ai livré leurs villages à mon armée, j'ai dirigé mes soldats sur les bords du fleuve Ukni, où ils devaient se réunir, ils leur livrèrent le combat et les mirent en fuite. Ils firent des prisonniers, ils s'emparèrent de leurs biens et se répandirent dans les villes de Rami, d'Abure, de Iaptir, de Makis, d'Illipau, de Kaldan, de Pallian, de Khaya-mon, de Gadiyu, d'Amal, de Mukhan, d'Ama, de Khiur, de Sala, 14 places fortes qui, avec les villes de la vallée du fleuve Uhni s'étaient soustraites à mon obéissance. Ces populations vinrent des bords du fleuve Ukhi et s'humilièrent devant moi. Elles embrassèrent mes genoux. J'ai ravagé ces pays comme je les avais ravagés autrefois et je les ai mis sous la dépendance de mon préfet de Gambul. J'ai annexé au pays de Latbur les villes de Samunu et de Bab-Dur, les places fortes de Sutrunakhunti, roi du pays d'Elam. J'ai réduit en captivité Ninu et Simgamsibu, les gouverneurs de ces places fortes, 75,020 hommes du pays d'Elam, qu'ils avaient sous leurs ordres, 12,069 hommes de. . . . . J'ai pris des *issumbi*, des chevaux, des ânes, des moutons, des chameaux et des richesses innombrables. J'ai rebâti la ville de Samunu, j'ai effacé son nom et je l'ai nommée la ville de Bit-Bagar.

« Muzib, Natnu, Aïlun, Daizan, préfet de Lahir, Airimmu, gouverneur de la ville de Sula . . . . et . . . . . les 7 *nasikat* du pays de Tatbur, amenèrent dans mon camp, des chevaux, des ânes, des bœufs et des moutons, et ils embrassèrent mes genoux en signe de soumission. J'ai ajouté au territoire du pays d'Assur la ville de Lakhir, du pays de Iatbir, les villes de Sulan, de. . . . . . de Samunu, de Bab-Dur, les forteresses de Yatbur, les villes d'Aklimmu, de Pellut, dépendant du pays d'Elam, et les villes de la vallée du fleuve Nadit.

« Les villes de Tul-Khumba. . . . . de Bubie, de Khaman, les garnisons des places fortes du pays de Ras s'étaient retirées devant la force de mes armes et s'étaient réfugiées dans la ville de Bet-Imbi. Quant à Sutruk-Nakhunti, leur roi, il se retira avec eux dans les montagnes éloignées pour sauver sa vie.

« Sous la protection d'Assur, de Nabu et de Marduk, j'ai traversé le fleuve Purat avec mes armées et je me suis dirigé vers la ville de Dur-Ladin, au pays de Bet-Dakuri. J'ai rebâti la ville de Dur-Ladin et j'y ai réuni mes soldats, les héros de mes batailles.

« La gloire d'Assur, de Nabu, de Marduk que j'avais répandue dans ces contrées, retentit dans Bab-Ilu ; Marduk-bal-idin l'entendit au milieu de son palais, il eut peur, il sortit de nuit avec ses auxiliaires et ses troupes, il se dirigea vers le pays de Yatbur au pays d'Elam. Il offrit en présent à Sutruk-Nakhunti, roi du pays d'Elam, son *passur* en argent, son trône en argent, son parasol en argent, son . . . . . en argent, son *nirmaktu* en argent, les insignes de sa royauté d'un prix considérable ; il voulait qu'il soutienne son parti. Il prit les troupeaux des hommes d'Elam et évita ma rencontre en poursuivant sa marche, sans faire connaître son chemin. Il apprit la défection du chef des siens. . . . . il réunit ceux qui lui restaient et se prépara au combat. Lui et ses auxiliaires quittèrent le pays de Yatbur et se retirèrent dans la ville de l'Ikbibel, où ils se crurent en sûreté.

« Les habitants de Bab-Ilu et de Barsip, les Grands du palais, les chefs de l'armée, les savants (?) et ceux qui marchent devant les *mahirut* du pays qui leur était confié, apportèrent devant moi les *sihut* de Bel, de Zarpanit, de Nabu et de Tasmit dans la ville de Dur-Ladin. Les habitants de Bab-Ilu m'appelèrent. J'ai répandu l'allégresse dans la ville de Bel et de Marduk, qui juge les Dieux. Alors je suis entré dans la ville et j'ai immolé des victimes pures aux Grands-Dieux.

« J'ai établi ma puissance au milieu du palais de Marduk-bal-idin, et j'ai reçu les tributs des pays d'Arimi, d'Amukani et de Dakkuri.

« Les rois qui m'ont précédé avaient creusé autrefois un canal à Barsip. J'en ai fait un nouveau à la gloire de Nabu, de Marduk jusqu'à la ville de *Su-an-na-ki* (Babylone).

« Les habitants de Hamarana s'étaient soustraits à mes armes puissantes, ils s'étaient retirés dans la ville de Sippara, ils avaient résisté à l'attaque des gens de Bab-Ilu. Dans ma sagesse, je leur ai envoyé mes Pontifes pour gouverneurs, ils s'approchèrent avec confiance et ils ne résistèrent plus.

« Pendant mes loisirs, pendant le temps du repos, le mois sebat (janvier) arriva. C'est le mois où se lève le Maître des Dieux. J'ai pris les mains de Bel, de Marduk, de Nabu, le roi qui régit les légions du Ciel et de la Terre et j'ai parcouru le chemin du Temple des Trésors. J'ai érigé devant (les divinités) deux Taureaux sculptés, égaux, avec des ailes d'oiseaux, avec leur *katri* . . . . . . j'ai accompli des sacrifices. . . . . aux Dieux des Sumiri et des Akkads.

« Dans ma XIIIe campagne, dans le mois aïru (avril), je suis parti de la ville de *Su-an-na-ki* (Babylone), j'ai disposé mes forces. . . . je suis allé vers les villes de. . . . . , Bidaya, Ikbi-bel, Khi. . . . . Marduk-bal-idin avait levé des contributions sur les villes d'Ur, Larsa, Kisik, Nivit-Laguda. Il rassembla son armée à Dur-Yakin, il fortifia ses retranchements, il fit mesurer un *asla* autour de ses remparts, il creusa un fossé de deux plèthres (?) (200 grandes mesures de largeur) et d'un *barsa* de profondeur, jusqu'à ce qu'il arrivât au niveau des eaux; puis il pratiqua une tranchée à partir du fleuve Purat et divisa, en plusieurs conduits, le cours supérieur du fleuve. Il entoura la ville d'une digue, le centre de la rébellion, il remplit d'eau ces fossés et coupa les digues. Lui et ses compagnons donnèrent l'ordre aux soldats d'élever en l'air les in-

signes de sa royauté, il disposa son armée. Par la grâce d'Assur, de Samas, de Marduk, mes guerriers s'avancèrent vers les cours d'eau comme
des. . . . . J'ai marché avec résolution contre lui et ses
gardes royales, je les ai dispersées devant lui comme des *arli*, j'ai porté
le désordre parmi ses soldats et ses cavaliers à mesure qu'ils avançaient,
j'ai percé moi-même les. . . . . dans les *zibit mulmulli* et le roi
comme un *zikhu* gagna avec peine la Grande Porte de la ville.

« J'ai moissonné comme des *asli* le peuple de Pukudu et les gens de
Marsana qui les accompagnaient, j'ai semé la terreur de la mort parmi
les autres soldats. J'ai pris les insignes de sa royauté, le trône de sa
royauté, le sceptre d'or, le *pasar* en or, le parasol en or, les *uduni* en or
et en argent, des armes, des boucliers, des engins de guerre. J'ai fait prisonniers tous les hommes qui habitent le pays et qui s'étaient soustraits à
mes armes dans Dur-Yakin. J'ai pris le *pasir*, les troupeaux de bœufs,
les chameaux, les moutons et les chèvres. Les armées puissantes d'Assur
pillèrent cette ville pendant trois jours et trois nuits et enlevèrent un
riche butin. . . . J'ai pris 80,570 prisonniers, 2,070 chevaux, 700
ânes, 6,054 chameaux. . . . j'ai reçu. . . . et tout ce que
mon armée avait enlevé. J'ai ordonné de ne rien laisser sortir ni entrer
en ville et j'ai tout enfermé dans la ville . . . J'ai détruit les
plantations, j'ai abattu les arbres. . . . j'ai délimité la superficie
de la ville. . . . j'ai. . . . j'ai amoncelé. . . . une
grande quantité de. . . . que j'ai mis dans la forteresse.

« Et Marduk-bal-idin, reconnaissant sa faute, fut frappé de terreur.
La peur immense de mon armée le brisa, il abandonna son sceptre et son
trône et il baisa la terre en présence de mon ambassadeur. Il abandonna
ses forteresses, il s'enfuit et on ne revit plus sa trace. J'ai appelé son
. . . il s'inclina devant moi, je lui ai accordé sa grâce. J'ai pris
l'or, l'argent, les pierreries, les métaux, le *zu am ki*. . . . . les
ninnati, les pierres *ha*, les pierres. . . ., les. . . ., le
cuivre, les métaux qui avaient été accumulés depuis de longues années
par les princes ses prédécesseurs et ses ancêtres, 1,000 chevaux, 800
ânes. . . . 30,000 *giziati* en or, les instruments, . . . les
trônes en or, les. . . . en or . . . les. . . . produits
des fleuves.

« J'ai livré aux flammes la ville de Dur-Yakin, je l'ai ravagée, j'ai livré aux flammes son antique forteresse, j'en ai arraché la pierre de fondation, j'en ai fait un monceau de ruines.

« J'ai permis aux habitants de Sipara, de Nipur, de Bab-Ilu, de Barsip, de continuer à vivre dans leurs villes, sous ma surveillance. Ils se livrèrent à la culture des champs qui appartenaient depuis un temps reculé aux *Suti*, ils se les approprièrent ; j'ai mis sous ma dépendance les *Suti* du désert, j'ai rétabli leurs anciennes frontières.

« J'ai rétabli à Ur, à Uruk, à Ratà, à Larsam, à Zirgurla, à Kisik, à Nivit-Laguda, les Dieux de leurs sanctuaires, je leur ai rendu les Dieux qui leur avaient été enlevés et j'ai rétabli leur culte qui était tombé en désuétude.

« J'ai établi une contribution régulière sur le pays de Bet-Yakin, inférieur et supérieur, jusqu'aux villes de Samuna, de Bab-Dur, de Dur-Telit, de Babu, de Tut-Khumbu, qui dépendent du territoire d'Elam. J'y ai fait demeurer les hommes de la ville de Khummuk au pays de Khatti, que mon bras avait vaincus par la protection des Grands-Dieux, mes maîtres. J'ai établi le siège du gouvernement d'Elam dans la ville de Sakbat. J'ai chargé Nabu-pakid-ilan de percevoir les tributs d'Elam. J'ai pris pour gage la forteresse de ce pays et je l'ai confiée à mon lieutenant, le gouverneur de Bab-Ilu, et à mon lieutenant, le gouverneur de Gambul. »

(Botta, pl. ii, 34 et suivv.)

Les inscriptions ne nous renseignent pas sur les événements ultérieurs qui se sont accomplis en Chaldée. Sargon continue à garder le titre officiel de Roi de Babylone : des contrats d'intérêt privé portent une double date, celle de son règne, comme roi d'Assyrie, et celle de son règne comme roi de Babylone. On lit, en effet, sur une tablette d'intérêt privé du Musée-Britannique, la date d'un contrat, ainsi relatée :

« Dans la ville de Kalakh, au mois de sebat (janvier) du Limmu de Mutakkil-Assur, préfet de Guzan, l'an xv° de Sar-kin (le second), roi du pays d'Assur, et l'an iii du roi de Bab-Ilu. »

Quoi qu'il en soit, il paraît que Sargon délégua son autorité effective d'abord à ses lieutenants, et, dans les derniers temps, à son fils Sennachérib. Mais alors une nouvelle insurrection était imminente en Chaldée, et le pays était déjà très-agité lorsque des faits d'une autre nature appelèrent précipitamment le fils de Sargon en Assyrie.

Iᵉʳ INTERRÈGNE.

'Αβασιλεύτος πρώτος.

(704 a. J.-C.)

Sargon paraissait jouir de ses triomphes, il venait d'inaugurer par des fêtes splendides le palais de la ville à laquelle il avait donné son nom, au pied des montagnes, non loin de Ninive ; il comptait sur la fermeté de son fils pour maintenir la Chaldée lorsqu'il fut assassiné sous le Limmu de Pakar-bel.

A cette date, le canon de Ptolémée enregistre la mention d'un inter-règne qui a duré deux ans et sur lequel les inscriptions ne fournissent aucun renseignement.

Cette lacune est en partie comblée par un passage de Bérose rapporté dans la version arménienne d'Eusèbe. On y apprend que le signal de la révolte fut donné par un certain Hagigès dont le pouvoir éphémère aurait duré trente jours. Il fut tué par Mérodach-Baladan, accouru du pays d'Elam où il s'était réfugié après sa défaite et qui venait se mettre à la tête de la révolte.

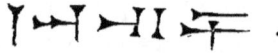

BEL-IBUS.

(702 a. J.-C.)

Sennachérib succéda à son père sur le trône de Ninive, mais il ne paraît pas avoir pris le titre de Roi de Babylone, qu'il fallait reconquérir. Son premier soin, dès qu'il fut au pouvoir, fut de marcher contre la Chaldée. La guerre devait être terrible, implacable. Voici comment il nous raconte lui-même ses campagnes :

« Dans ma première campagne, j'ai vaincu Marduk-bal-idin, roi de Kar-Dunias, et les armées du pays d'Elam, dans les environs de la ville de

Kis. Pendant la mêlée, il (Marduk-bal–idin) s'enfuit en laissant ses bagages dans le pays de Guzummani, sur les bords du Nahar-Agammé ; il
gagna les marais pour sauver sa vie. Je lui ai fait expier sa rébellion.
Ses chars, sa cavalerie, les machines de guerre qui étaient sur le champ
de bataille, se tournèrent contre lui ; je suis entré dans son Palais dans
la ville de Bab-Ilu. J'ai mis la main sur son trésor, j'ai pris son or, son argent, des vases d'or et d'argent, des pierres précieuses, son mobilier, ses
vêtements, des objets de prix, sa femme, les hommes du Palais, les dignitaires, les hommes. .   .   .   . les esclaves mâles et femelles, les domestiques, toute la garnison, je les ai fait sortir du Palais et je les ai
vendus comme des esclaves. J'ai envoyé à sa poursuite mes soldats dans
le pays de Gunzinam jusqu'au canal et dans les marais. Ils le cherchèrent
pendant cinq jours, mais ils ne parvinrent pas à découvrir sa retraite.
Avec l'aide d'Assur, mon seigneur, j'ai assiégé 76 places fortes du pays
de Kaldu et 820 forteresses de la frontière ; je les ai occupées, je m'en suis
emparé. J'ai fait sortir de leurs demeures les tribus d'Urbi, d'Aramu, de
Kaldu, qui se trouvaient dans les villes d'Erech, de Nipur, de Kis, de
Ur et de Cutha, ainsi que les habitants de la ville révoltée, et je les ai
vendus comme des esclaves. J'ai élevé à la royauté Bel-ibus, le fils d'un
Astrologue qui avait été élevé avec mes officiers dans mon palais. »

(Layard, pl. 63–64, l. 6-15.)

Bel-ibus est le Βιλιβος du canon de Ptolémée ; il parvint à se maintenir au pouvoir pendant trois ans malgré les difficultés avec lesquelles
il se trouvait aux prises. Il tomba sans résistance sérieuse, car Sennachérib se tait sur son compte. Un fragment de Bérose nous apprend
que le vainqueur envoya ce Bel-ibus expier sa faute dans les prisons de
l'Assyrie.

ASSUR-NADIN.

(699 a. J.-C.)

Cependant l'insurrection n'était pas réprimée, elle s'était réfugiée dans
le Sud de la Chaldée où la guerre était plus difficile pour les armées assy-

riennes qui ne devaient pas être au courant des ressources que les inondations périodiques du fleuve offraient pour la défense de certains points.
On sait par la Bible et par Hérodote, dont les récits se trouvent confirmés
sur ce point par le silence même des inscriptions, que Sennachérib avait
éprouvé des revers sérieux en Égypte et en Palestine. C'était le moment
de tenter un soulèvement en Chaldée, Mérodach–Baladan en fut l'âme et
l'instigateur. Du fond de sa province du Bet–Yakin, il convia à la révolte toutes les tribus de la Chaldée et le peuple de Babylone. Il trouva
moyen de se créer un puissant auxiliaire dans un chef d'une des tribus
araméennes voisine de Babylone, il fit plus, il pactisa avec le préposé
de Sennachérib. Voici comment s'expriment les inscriptions sur cette
guerre qui amena sur le trône Assur-nadin, l'Ἀπαρανάδιος du canon de
Ptolémée, plus facile à reconnaître, peut-être, dans la forme Assordanos,
de Bérose, qui nous est transmise par Eusèbe.

« Dans ma IVe campagne, j'ai prié Assur, mon Seigneur. J'ai assemblé
mon armée et j'ai résolu de marcher contre le pays de Bet-Yakin. Pendant cette campagne, j'ai vaincu, dans la ville de Bittu, Suzub, gouverneur de Kalkak, sur les rives du Nahar-Agammi. Mais lui, il évita de
croiser le fer avec moi, son courage l'abandonna, il s'enfuit comme un   .
.   .   .   .   . et on n'a jamais revu sa trace.

« Alors je me suis dirigé vers le pays de Bet-Yakin. Ce Marduk–bal-
idin, que j'avais vaincu dans ma première campagne et dont j'avais abattu
l'orgueil, redoutait l'approche de mes forces immenses et l'issue des combats; il prit ses Dieux, comme signe d'une victoire, dans leurs sanctuaires,
il les fit embarquer sur des navires, et il s'enfuit comme un oiseau vers la
ville de Nagit-rakki, située au milieu de la mer. Je fis sortir de la ville de
Bet-Yakin, sur les rives du Nahar-Agammi, au milieu de marais, ses
frères, ceux de sa race qui avaient abandonné les rives de la mer, et les
grandes familles de ce pays. Je les ai emmenés et je les ai vendus comme
des esclaves. J'ai démoli les villes, j'en ai fait un désert. J'ai répandu la
terreur parmi les maîtres des *talimi* et parmi les hommes du pays d'Elam.

« A mon retour, j'ai placé sur le trône de sa royauté Assur-nadin, mon
fils aîné, l'espoir de ma bénédiction, et j'ai mis sous son gouvernement la
direction du vaste pays des Sumirs et des Akkads. »

(W. A. I. pl. 39, c. 3, l. 42.)

Le canon de Ptolémée compte six ans de règne à Assur-nadin. Pendant ce temps, Babylone paraît avoir joui d'une tranquillité relative. Sennachérib avait besoin de réparer les forces de son armée, aussi ses annales ne mentionnent à cette époque qu'une campagne sur les frontières de la Médie et de la Susiane. Il s'occupa de l'organisation intérieure, et il fit élever à Ninive ces belles constructions qui nous racontent aujourd'hui la grandeur de l'Assyrie.

REGÉBELUS.

Ῥηγεβῆλος.

(693 a. J.-C.)

Après la mort d'Assur-nadin, deux vice-rois, vassaux de l'Assyrie, lui succédèrent. D'abord Régébélus, en 693. Son règne fut de courte durée.

MÉSÉSI-MORDACHUS.

Μεσησιμορδάκος.

(692 a. J.-C.)

Régébélus fut remplacé l'année suivante, en 692, par Mésési-Mordachus, qui régna quatre ans.

Nous ne connaissons ces deux princes que par les données du canon de Ptolémée. Sennachérib n'en fait pas mention, il se borne à constater que pendant tout ce temps Babylone resta soumise à son sceptre.

IIe INTERRÈGNE.

Ἀβασιλεύτος δεύτερος.

(687 a. J.-C.)

Une nouvelle révolte se préparait; elle éclata à Babylone même et paraît coïncider avec les huit années d'anarchie qui sont enregistrées dans le canon de Ptolémée. Pendant ce temps-là, les annales de Sennachérib nous font

11

connaître les malheurs qui ont accablé la grande cité, aux prises avec une guerre extérieure et avec une révolte intérieure non moins désastreuse.

« Dans ma VIe campagne, les tribus du pays de Bet-Yakin avaient méprisé ma domination puissante. Ils avaient . . . . . . comme des *burimi*. Ils avaient réuni leurs Dieux, protecteurs de leur pays dans les arches sacrées et ils avaient franchi la Grande Mer du Soleil levant. Ils s'étaient établis dans la ville de Nagiti, au pays d'Elam. J'ai traversé la mer sur des vaisseaux du pays de Khatti (de Syrie). J'ai traversé les villes de Nagiti, de Nagiti-dibbin et le pays de Khilmu, la ville de Nilatan et le pays de Khupapan. J'ai attaqué le pays d'Elam, j'ai emmené en captivité les hommes du pays de Bet-Yakin, leurs Dieux et les troupes du roi du pays d'Elam. J'ai tout ravagé. Je les ai fait embarquer et je les ai transportés sur les rives opposées pour les diriger vers le pays d'Assur. J'ai détruit les villes de ces contrées, je les ai démolies, je les ai réduites en cendres, j'en ai fait un désert et un monceau de ruines. »

(W. A. I. I, pl. 40, c. IV, l. 21-34.)

SUZUB.

(688 a. J.-C.)

L'insurrection n'était pas vaincue ; mais Mérodach-Baladan, après avoir été pendant quarante-trois ans à la tête de l'indépendance babylonienne n'avait plus la vigueur de ses premières années, on sait qu'il fut abandonné par les siens.

L'inscription des annales de Sennachérib passe dédaigneusement sous silence la fin malheureuse de Mérodach-Baladan et continue ainsi :

« A mon retour, Suzub, un enfant de Bab-Ilu que le peuple rebelle avait porté au pouvoir dans le pays des Sumirs et des Akkads, s'avança pour me livrer bataille. Je l'ai vaincu. Il tomba vivant dans mes mains. Je lui ai laissé la vie en signe d'alliance avec le dieu Adar, et je l'ai fait conduire au pays d'Assur. Le roi du pays d'Elam . . . . . . vint à son secours. Je l'ai mis en fuite et j'ai chassé les habitants de son pays. J'ai brisé son orgueil. »

(W. A. I. I, pl. 40, c. iv, l. 35.)

L'inscription de Nabi-Yunus, plus explicite, nous donne les détails suivants :

« Les habitants du pays de Bet-Yakin s'étaient soustraits à ma domination, ils avaient pris les Dieux de leur pays et ils les avaient emportés avec eux à travers la Mer. J'ai traversé la Mer sur des navires du pays de Khatti que j'avais fait construire à Ninua et à Tul–Barsip. J'ai attaqué les villes situées dans ces contrées et je les ai livrées aux flammes. J'ai pris les habitants de Bet-Yakin avec leurs Dieux et les sujets du roi d'E-lam, je les ai transportés au pays d'Assur. Après cela, les principaux habitants de Bab-Ilu, qui étaient auprès de Marduk-bal-idin, s'enfuirent en se cachant; ils appelèrent à leur secours le roi d'Elam, qui mit sur le trône Suzub, fils de Gatul. J'ai augmenté les hommes de guerre, les chars, les chevaux, la force de ma royauté pour combattre le roi d'Elam, ils lui tuèrent beaucoup de soldats, ils le laissèrent seul et ils revinrent à Ninua.

« Mes guerriers s'emparèrent (des images) de Samas d'Orchoé, de Mi-litta, de Rat-isi, de Militta d'Uruk, de Nanna, de la déesse Usur-Alatsa, de la déesse Istar, des dieux Bidin et Bisit, de Nirgal, des Dieux qui habitent Uruk, avec leurs trésors et leurs propriétés sans nombre.

« Après une grande bataille, Suzub, roi de Bab-Ilu, tomba vivant entre leurs mains, ils le mirent en prison et l'amenèrent en ma présence devant un des portiques de Ninua. »

(W. A. I. I, pl. 43, l. 21-32.)

Sennachérib consacra l'année suivante à une guerre contre Elam, dont l'issue ne paraît pas avoir été heureuse, car il revint à Ninive sans avoir atteint son but. Puis il porta de nouveau la guerre en Chaldée; l'insurrection avait pris des proportions considérables.

« Dans ma viiie campagne, le règne de Suzub prit fin ainsi. Les hommes de Bab-Ilu, qui voulaient se révolter, fermèrent les grandes portes de la ville. Leur esprit s'endurcit, ils en vinrent aux hostilités. Suzub, de la tribu de Kalban, *khum dun* et perfide, s'était soustrait à la domination du préfet de Lakhir. Un homme de la ville d'Aruzika, un transfuge coupable de sang versé, devint son complice. Il habitait sur les rives du fleuve

Nahar-Agammi, il méconnaissait les lois. Je voulais l'atteindre pour avoir son sang et sa vie, mais il s'enfuit vers les rebelles du pays d'Elam. A l'aide de ruses et de perfidies, il revint du pays d'Elam et s'avança au milieu de Bab-Ilu.

« Les gens de Bab-Ilu le mirent sur le trône, parce qu'il n'était pas soumis à Elam. Ils lui conférèrent la royauté sur le pays des Sumirs et des Akkads. Il ouvrit le trésor du Bit-Saggatu; il s'empara de l'or et de l'argent consacrés à Bel, il pilla les temples pour en donner le produit à Umman-Minanu, roi d'Elam, ce qui n'a pas d'égal. Il lui envoya des ordres ainsi : « Dispose de ton armée, prépare tes forces, marche vers Bab-Ilu et fortifie nos mains. . . . ô toi, homme ! . . . . ». Cet homme d'Elam, dont j'avais, dans une expédition antérieure, attaqué et pris les villes, se soumit à ces projets. Il imposa les villes, il disposa ses armées et ses forces, il augmenta sa puissance avec des chars, des instruments de guerre, des chevaux et des bêtes de somme. Les tribus de Parsuas, de Anzan, de Pasir, d'Illipi, de Yas-il, de Lakapri, de Karzan, les villes de Dummuku, de Bulaï, de Samut, du fils de Marduk–bal-adan, les pays de Bit-Adin, de Bit-Amukan, de Bit–Sala. . . . . la ville de Lakhir, les tribus de Pukud, de Gambul, de Khalat, de Rua, d'Ubul, de Malakh, de Rapik, de Kindar et de Damum, firent alliance avec lui et se portèrent vers le pays des Akkads.

« Ils arrivèrent à Bab–Ilu, vers Suzub, de la tribu de Kalban. Ils le déclarèrent, dans leurs proclamations, roi de Bab-Ilu ; ils augmentèrent son orgueil. Ils s'avancèrent pour leurs desseins comme des sauterelles (?) qui arrivent en bande pour le pillage. La poussière de leur marche s'éleva sur la terre et monta vers les cieux comme un nuage d'hiver. Ils s'établirent en ligne de bataille dans la ville de Khaludi, sur les bords du fleuve Diglat. Ils inspectèrent leurs soldats en ma présence. Pour moi, je me confiai à Assur, à Bin, à Samas, à Bel et Nabu, à Nirgal, à Istar de Ninua et à Istar d'Arbaïl, les Dieux mes protecteurs. J'ai demandé leur secours contre l'ennemi qui s'avançait vers moi. Les Dieux entendirent ma prière et ils m'accordèrent leur protection. Alors je me suis mis en garde. . . . .

« Je suis monté sur mon char élevé pour balayer mes ennemis, j'ai pris dans mes mains l'arc puissant qu'Assur m'a confié. J'ai réuni autour de moi les armes qui donnent la mort et je me suis précipité comme un feu errible sur les armées rebelles . . . . Avec l'appui d'Assur, mon Seigneur, je me suis avancé comme une tempête pour les détruire, et j'ai répandu la terreur dans les rangs des ennemis. Avec l'appui d'Assur et le choc de la bataille, j'ai attaqué leurs forces, j'ai ébranlé leurs bataillons. L'armée rebelle se replia devant mes coups terribles et leurs chefs, réduits au désespoir, délibérèrent entre eux. Khumba-Adasa, le *Nagir* du roi du pays d'Elam . . . ., celui qui surveillait l'armée et commandait en chef, accepta des bracelets splendides en or et des anneaux en or, il accepta des monceaux d'or brillant pour le prix de sa trahison; il les livra sans défense . . . . . . je les ai vaincus. J'ai détruit leur plan de bataille et je les ai mis à mort; ils jonchaient la terre comme des. . . . . ., les harnais, les armes, les trophées de ma victoire nageaient dans le sang des ennemis comme dans une rivière. Mes chars de bataille qui écrasent les hommes et les animaux, avaient dans leur course broyé leurs corps. J'ai élevé, comme un trophée, des monceaux de cadavres et j'en ai coupé les extrémités des membres. J'ai mutilé ceux qui sont tombés vivants en mon pouvoir, je leur ai coupé les mains, je me suis emparé de leurs bracelets, j'ai pris des monceaux d'or, tous les objets qu'ils possédaient. J'ai repris les cadeaux en or et en argent qu'ils s'étaient partagés.

« Les Grands et Nabu-labar-iskun, fils de Marduk-bal-idin, qui avaient réuni leurs forces contre moi, tombèrent vivants dans mes mains. J'ai pris leurs chars, leurs chevaux, j'ai laissé ceux qui avaient été traînés dans la bataille. J'ai emmené comme prisonniers les chefs, et deux *kasbu* (deux jours) après, j'ai résolu leur mort. Umman-Minanu, roi d'Elam, le roi de Bab-Ilu, le roi des Nasikkan, du pays de Kaldi et ceux qui marchaient sous ses ordres, abandonnèrent leurs armes et leurs tentes, ils s'enfuirent du champ de bataille comme des. . . . . . pour sauver leur vie, en passant dans leur fuite sur les cadavres de leur armée. Ils brûlèrent dans leurs chars les *sinal* et abandonnèrent leurs. . . . . ., j'ai accordé la vie à ceux qui se rendirent et acceptèrent ma domination.»

(*W. A. I.* I, pl. 40, 41, c. v, l. 5, 24, c., vi, l. 24.)

Mais il fallait en finir avec la grande cité et frapper un coup décisif. Sennachérib était maître de Babylone; il prit froidement une résolution terrible, il essaya de l'anéantir. Il la livra d'abord au pillage de ses soldats; puis il ordonna de détruire par le fer et par le feu tout ce qui pouvait subsister de sa grandeur. Les inscriptions de Bavian nous racontent ainsi les détails de cette dévastation calculée :

« Pour la seconde fois, je me suis avancé vers Bab-Ilu. Je suis parti en toute hâte, j'ai passé comme un ouragan dévastateur, j'ai soufflé comme un vent brûlant, j'ai pris la ville, je l'ai livrée aux flammes . . . . je n'ai épargné ni les hommes, ni les enfants, ni les esclaves. J'ai rempli de leurs cadavres les environs de la ville. J'ai transporté, dans mon Pays, Suzub, roi de Bab-Ilu, lui, sa famille et tout ce qui était tombé vivant dans mes mains. J'ai pillé le trésor de la ville, j'ai livré aux mains de mes soldats l'or, les pierres précieuses, les richesses de son trésor, et je l'ai enlevé à son armée. J'ai pris. . . . . les Dieux de son cœur par la main de mes soldats. . . . .

« Bin, Sala, les Dieux de la ville d'Ekali, que Marduk-idin-akhi, roi du pays d'Akkad, avait enlevés à Tuklat-pal-Asar, roi du pays d'Assur, avaient été transportés à Bab-Ilu depuis 418 années environ, je les ai enlevés de Bab-Ilu et je les ai remis à leur place dans la ville d'Ekali.

« J'ai détruit la ville et ses palais, depuis les fondations jusqu'au faîte, je les ai livrées aux flammes, j'ai ravagé les remparts, les autels, les temples, les Zigurrat et tous les ouvrages en briques. . . . . »

(W. A. I. III, pl. 43, l. 40-54.)

Cependant Babylone, ainsi ruinée et saccagée, n'était pas encore anéantie; elle devait se relever un jour plus puissante que Ninive.

ASSUR–AKHI-IDIN.

(680 a. J.-C.)

Sennachérib, maître de Babylone, sans y avoir jamais régné, appela son quatrième fils, Assarhaddon, à la vice-royauté de Babylone. C'est ce prince que nous voyons figurer dans le canon de Ptolémée, après les huit ans d'anarchie que la Chaldée avait traversée, sous le nom peu déguisé de 'Ασαρίδινος et qu'on reconnaît moins facilement dans la forme Ardumuzanes, donnée par Eusèbe, d'après Bérose; c'est le אסר־הדן de la Bible.

A la mort de son père, lorsqu'il monta sur le trône de Ninive, Assar-haddhon comprit que, si la force n'avait pu réduire la grande cité, on pourrait peut-être l'assimiler à l'Assyrie par des moyens moins violents ; il résolut d'y habiter et de relever ses ruines.

Nous trouvons d'abord dans ses inscriptions un protocole qui nous fait connaître ainsi ses titres :

« Assur-akhi-idin, roi grand, roi puissant, roi des Légions, roi du pays d'Assur, Sakkanaku des Dieux à Bab-Ilu, roi des Sumirs et des Akkads, roi de Musuri (l'Egypte), de Miluhi (Méroé) et de Kus (l'Ethiopie), etc.»

Puis on voit qu'une de ses premières préoccupations fut de rétablir la paix dans la Chaldée. Un fils de Mérodach-Baladan, Nabu-zir-napsati-Assur, qui continua à régner dans le Bet-Yakin avec l'appui des Elamites, resta pendant trois ans en paix dans ses Etats ; il fut alors inquiété par Assarhaddon qui avait gagné à sa cause un propre fils de Mérodach–Ba-ladan. Aussi, nous lisons :

« J'ai renversé Nabu-zir-napsati-Assur, fils de Marduk-bal-idin qui avait eu confiance dans Elam, mais il ne parvint pas à sauver ses jours. Naid-Marduk, son frère, reconnut ma souveraineté pendant qu'il s'était réfugié en Elam; mais lui, il vint à Ninua, ma capitale, il s'inclina devant moi et je lui ai confié la souveraineté sur les pays situés au bord de la mer qui avaient été sous la dépendance de son frère. »

(*W. A. I.* I, pl. 45, l. 32.)

La paix étant ainsi assurée, Assarhaddhon s'occupa à relever les ruines que la révolution et la guerre avaient amassées. Nous trouvons d'abord sur une brique de Tel–Amran, une inscription ainsi conçue :

« Au dieu Marduk, son Seigneur, Assur–akhi–idin, roi du pays d'Assur, roi de Bab–Ilu, a relevé et a construit les autels du Bit–Saggatu, le temple des bases de la terre. »

(*W. A. I.* I, pl. 48, n° 9.)

Mais ce n'est pas tout ; l'inscription qui recouvre le monument connu sous le nom de « pierre d'Aberdeen, » énumère les nombreuses cons-tructions de Babylone que Assarhaddhon a restaurées.

« Quant aux édifices de Bab–Ilu, j'ai fixé pour la construction du Bit-Saggatu, par un décret, l'année et le jour, en présence du Dieu

. . . Je me suis prosterné, j'ai réuni toutes mes troupes et toutes les tribus des habitants de Tirat–Dunias. J'ai allumé des bois d'aloës, j'ai rendu la liberté aux captifs que j'avais pris de mes mains. . . . . J'ai disposé les matériaux que j'avais apportés des hautes montagnes ; puis je me suis mis la couronne sur la tête et j'ai ordonné aux Grands de se prosterner devant moi. Je me suis réservé une place dans le palais couvert de *ka-arari,* construit avec du bois d'ébène, de santal et de lentisque. J'ai fait mouler des briques pour le Bit–Saggatu, le temple des Grands–Dieux et pour ses merveilles.

« Bab–Ilu est la ville des lois, Imgur-Bel est son rempart, Niviti-Bel est son enceinte. J'ai élevé ces constructions depuis les fondations jusqu'au sommet ; je les ai fait construire, je les ai fait fortifier. J'ai fait faire l'image des Dieux, je les ai fait honorer, j'ai restauré leurs demeures (?) éternelles qui étaient endommagées . . . . . . j'ai . . . . . suivant leurs désirs, j'ai orné le . . . . . j'ai soumis les hommes de Bab–Ilu aux lois que j'ai fondées et que j'ai faites. »

(W. A. I. I, pl. 50.)

SAMAS-IBNI.

(Vers 676 a. J.-C.)

Les inscriptions nous font connaître un certain Samas-ibni, un instant révolté contre Assar–Haddhon, mais qui rentra bientôt dans le devoir. Aussi le canon de Ptolémée n'en fait pas mention. Le texte assyrien du prince que nous avons déjà cité, s'exprime ainsi :

« J'ai rétabli la paix dans le pays de Bit-Dakkuri, situé au pays de Kaldi, près de Bab–Ilu où s'était établi Samas-ibni, le roi impie qui n'adorait pas le Seigneur des Seigneurs, il avait enlevé les tablettes des hommes de Bab–Ilu et de Barsippa ; mais moi, soumis au Maître souverain et à Nabu, j'ai restitué ces tables et je les ai rendues aux hommes de Bab–Ilu et de Barsippa , j'ai placé sur le trône (de Bet–Dakuri) Nabu-sallim, fils de Balazu que j'ai chargé de faire observer mes lois.»

(W. A. I. I, pl. 48, c. II, l. 42.)

𒁹𒌝𒂂𒈾𒄑𒈾𒉌 .

SALUMMU-KIN.

(667 a. J.-C.)

Cependant Assarhaddhon, atteint d'une maladie qui devait le conduire au tombeau, sentit un jour qu'il n'était plus en état de supporter le poids de ses conquêtes. Le 12 aïru du Limmu de Mar-là-arme (12 avril 667), il se démit du trône d'Assyrie en faveur de son fils aîné, Assur-bani-pal, et se réserva le commandement de la Babylonie.

A sa mort, qui eut lieu l'année suivante, l'empire de Chaldée fut réuni de droit à l'empire d'Assyrie dans les mains d'Assur-bani-pal; mais ce prince comprit aussitôt que, si il lui était indispensable de garder sa souveraineté, il lui était peut-être avantageux de déléguer son titre. il appela donc au trône de Chaldée son jeune frère, Salummu-kin, dont il n'est pas facile de reconnaître le nom dans celui de Saosdoucin, le Σαοσδουχίνος du canon de Ptolémée, pas plus que dans celui de Sammughès, le prince qui, d'après Bérose, au rapport d'Eusèbe, aurait régné vingt-un ans à Babylone.

Assur-bani-pal tenait beaucoup à avoir la haute main sur les affaires de Babylone. Une tablette assez fruste du Musée-Britannique nous montre avec quelle complaisance il fait revivre dans ses titres ceux des anciens monarques du premier empire, et en même temps avec quel empressement il cherche à se concilier l'esprit du peuple en faisant de riches présents aux Dieux de la Chaldée (W. A. I. II, pl. 38, 2). Il est certain d'un autre côté qu'il y avait à la cour de Babylone un vieux parti national qui voulait s'affranchir du joug de l'Assyrie. Ce parti poussa Salummu-kin à la révolte, la guerre éclata entre les deux frères, après quatre ans de tranquillité.

Voici comment Assur-bani-pal raconte les péripéties de cette guerre fratricide.

« Salummu-kin, mon plus jeune frère, auquel j'avais. . . . .
. . . . et que j'avais appelé au trône de Bab-Ilu. Je lui ai donné . .

. . . . . , des chariots et. . . . . . . des villes, des champs et des bois. J'ai établi des tributs et des impôts plus considérables que ceux que mon père avait établis. Il refusa ces arrangements et trama des complots perfides. Il voulut s'affranchir le joug de ma domination .
. . . . . . que j'avais établie sur le pays d'Assur. Il feignit de réclamer mon alliance. . . . . . des ennemis sur des navires, et, pour obtenir mon appui, il les envoya devant moi à Ninua.

« Moi, Assur–bani–pal, roi du pays d'Assur, à qui les Grands-Dieux ont confié le pouvoir, leur . . . . . . J'ai reçu les enfants de Bab-Ilu, je les ai mis sur des trônes, je leur ai donné des vêtements superbes, j'ai orné leurs pieds avec des anneaux d'or et les enfants de Bab-Ilu furent reçus au pays d'Assur et honorés suivant mes ordres. Mais lui, Salummukin, mon jeune frère, ne tint pas compte de ma suprématie, il souleva le peuple des Akkads, de Kaldu et d'Aram et les peuples de la côte depuis la ville d'Akaba jusqu'à Bab–Salimi, qui étaient sous ma dépendance et les insurgea contre mon pouvoir. Et Umanigas, le fugitif, qui avait accepté l'appui de mon royaume et que j'avais élevé à la royauté d'Elam, et les rois du pays de Guti, du pays de Martu (la Syrie), du pays de Miluhi (l'Ethiopie) qui, par l'ordre d'Assur et de Beltis, s'étaient confiés à mes mains, se révoltèrent contre moi et firent cause commune avec lui. Les peuples de Sippara, de Bab–Ilu, de Barsip, de Chuta, rompirent les rapports de confraternité et soulevèrent les garnisons qui occupaient leurs forteresses. Il me déclara la guerre. . . . . il se détourna de la face de Bel, fils de Bel, la lumière des Dieux, de Samas, du guerrier Adar, ... le don de mes mains. . . . . , il s'empara des villes que j'avais prises, des demeures des Dieux dont j'avais restauré les temples, que j'avais ornées avec de l'or et de l'argent et dont j'avais rétabli les images, il trama des complots perfides.

« Dans ce temps-là, j'ai eu une apparition au milieu de la nuit; j'ai fait ce rêve : « Voilà ce que prépare Sin à ceux qui complotent contre Assurbani-pal, roi du pays d'Assur; un combat se prépare, une mort honteuse les attend. Adar détruira leur vie par l'épée, par le feu, par la famine. » J'ai entendu ces paroles et je me suis préparé à accomplir la volonté de Sin, mon Seigneur.

« Dans ma VI⁰ campagne, j'ai réuni mon armée et j'ai résolu de marcher contre Sallumu-kin. J'ai assiégé ses garnisons dans les villes de Sip-

para, de Bab-Ilu, de Barsip, de Cutha, je les ai prises dans les villes et
en rase campagne, je les ai mises en déroute; le surplus, d'après l'ordre
de Adar, périt par la famine. Ummanigas, roi d'Elam, fut pris par mes
mains, lui qui avait reçu des subsides et qui était venu à son aide. Tamarritu se révolta contre lui, il le fit périr par l'épée, lui et une partie de sa
famille. Ensuite Tamarritu qui, après Ummanigas, s'était assis sur le
trône d'Elam, ne rechercha pas l'alliance de ma royauté. Pour aider Salummu-kin, mon frère rebelle, il s'avança pour combattre mon armée, il
prépara ses armes. J'ai adressé ma prière à Assur et à Istar, ils accueil-
lirent mes supplications et ils entendirent les paroles de mes lèvres. Indabigas, son serviteur, se tourna contre lui et le mit en déroute sur le
champ de bataille. Tammaritu, roi d'Elam, en présence de la tête décapitée de Tiummanu adressa des paroles mensongères ; il l'avait décapitée
en présence de mon armée, et il parla ainsi: « Je n'ai point tranché la tête
du roi d'Elam . . . . . en présence de son armée. » Et il ajouta :
« Ummanigas a seulement embrassé la terre en présence d'Assur-bani-pal,
roi du pays d'Assur. » Pour ces faits, qu'il avait dénaturés, Assur et Istar
s'éloignèrent de lui, et Tamarritu, ses frères, ses . . . .
les descendants de la maison de son frère avec 85 princes qui l'avaient
précédé avant Umbanigas s'enfuirent, et avec les . . . .
dans le cœur ils arrivèrent à Ninua. Tammaritu embrassa mon pied royal
et se couvrit la tête de poussière devant l'escabeau de mes pieds. Et lui,
pour prévenir mon ordre, il le fit de lui-même pour accomplir sa sentence et pour mon service. D'après l'ordre de Assur et de Istar, il se soumit à ma volonté, il se tint devant moi et glorifia le pouvoir suprême des
Dieux qui étaient venus à mon secours.

« Moi, Assur-bani-pal, au cœur généreux, je l'ai relevé de sa trahison. . . . . . . , j'ai pardonné à Tammaritu et je l'ai reçu, lui et
les rejetons de la famille de son père dans mon palais.

« Dans ce temps-là, le peuple des Akkads qui s'était lié avec Sallummu-
kin et qui méditait la défection, fut accablé par la famine. Ils en furent
réduits à prendre pour se nourrir la chair de leurs fils et de leurs filles.
. . . . Assur, Sin, Samas, Bin, Bel, Nabu, Istar de
Ninua, la Reine des *kit mu ri*, Istar d'Arba-Ilu, Adar, Nirgal et Nusku,
qui marchent devant moi pour détruire les ennemis, jetèrent Salummu-kin,

mon frère rebelle, qui avait combattu contre moi, dans un feu dévorant et détruisirent sa vie.

« Et le peuple qui avait suivi Salummu-kin, mon frère rebelle, devait le suivre parce qu'il avait accompli des choses mauvaises, il avait mérité la mort, il ne trouva pas de grâce. Ce qui ne fut pas brûlé avec Salummu-kin, son maître, s'enfuit devant le tranchant du fer, l'horreur de la famine, et les flammes dévorantes pour trouver un refuge. La colère des Grands-Dieux, mes Seigneurs, qui n'était pas éloignée, s'appesantit sur eux, pas un ne s'échappa, pas un ne fut épargné, ils tombèrent tous dans mes mains avec leurs chariots de guerre, leurs harnais, leurs femmes.

« Les trésors de leurs palais furent apportés devant moi. Ces hommes, dont la bouche avait tramé des complots perfides contre moi et contre Assur, mon Seigneur, j'ai arraché leur langue et j'ai résolu leur perte. Le reste du peuple fut exposé vivant devant les grands Taureaux de pierre que Sin-akhi-érib, le père de mon père avait élevés, et moi je les ai jetés dans le fossé ; j'ai dispersé leurs membres, je les ai fait manger par des chiens, des bêtes fauves, des oiseaux de proie, des animaux du ciel et de la mer. En accomplissant ces choses, j'ai réjouit le cœur des Grands-Dieux, mes Seigneurs.

« Les cadavres des hommes que Adar avaient détruits et qui avaient péri par la famine furent jetés aux chiens et aux animaux sauvages.

« J'ai réduit à l'esclavage leurs lieutenants à Bab-Ilu, à Cutha, à Sippara ; j'ai. . . . . . . les splendeurs de leurs sanctuaires, j'ai relevé leurs tours glorieuses. J'ai rétabli dans la pourpre et dans le. . . . . leurs Dieux déshonorés et leurs Déesses outragées, j'ai rétabli les institutions qu'ils avaient perdues comme aux jours anciens. Le reste des enfants de Bab-Ilu, de Cutha, de Sippara, qui avait résisté aux souffrances et aux privations, reçut son pardon ; j'ai ordonné d'épargner leur vie et je les ai fait rester à Bab-Ilu.

« Les peuples d'Akkad, ceux de Kaldu, d'Aramu et des bords de la mer qui s'étaient réunis à Salummu-kin, ... retournèrent dans leurs provinces. Ils se révoltèrent contre moi. D'après l'ordre d'Assur et de Beltis, les Grands-Dieux, mes protecteurs, j'ai marché contre eux et les ai soumis à la domination d'Assur. Je leur ai imposé les lois d'Assur et de Beltis, les Dieux du pays d'Assur et les tributs et les redevances des provinces soumises à ma domination. »

(*W. A. I.* III, pl. 20, c. iv, l. 6. — pl. 21, c. v. l. 43.)

NABU-BEL-SUM.

(Vers 660 a. J.-C.)

Cependant la puissance de Babylone ne paraissait pas devoir être renversée tant qu'il resterait un descendant de la race de Mérodach-Baladan. Son petit-fils, Nabu-bel-sum, que nous voyons un instant aspirer au pouvoir, s'était uni à la grande révolte de Salummu-kin ; il l'avait peut-être inspirée, à en juger par les moyens qu'on employa pour l'atteindre. On lit, en effet, dans les annales d'Assur-bani-pal :

« Nabu-bel-sum, le petit-fils de Marduk-bal-idin, qui s'était révolté contre mon pouvoir, qui avait rejeté le joug de ma puissance, qui s'était réuni au roi d'Elam pour se fortifier, s'était fié à Ummanigas, à Tamaritu, à Indabigas, à Ummanaldas, les rois qui avaient occupé le trône d'Elam. J'ai envoyé un messager à Ummanaldas avec des pouvoirs pour traiter de la reddition de Nabu-bel-sum. Nabu-bel-sum, petit-fils de Marduk-bal-idin, apprit l'arrivée de mon messager en Elam et son cœur fut saisi de crainte. Il se livra au désespoir, il ne voulut pas tomber vivant en mon pouvoir, il désira la mort, il parla ainsi à son écuyer: « Frappe-moi avec mon épée, » et son écuyer le transperça avec son épée d'acier ; puis il se transperça lui-même. Ummanaldas eut peur et il remit à mon messàger le corps de Nabu-bel-sum qui avait refusé de se rendre. . . . . . ainsi que la tête de son écuyer qui s'était détruit par le fer, et il l'envoya en ma présence. . . , . Je lui coupai la tête et j'ai fait mettre sur un pal Nabuyunti-zabat, le mumakir de Salummu-kin, mon frère rebelle, qui s'était enfui avec lui pour passer en Elam. »

(W. A. I. III, pl. 23, c. vii, l. 43-69.)

Un bas-relief du palais d'Assur-bani-pal représente en effet la tête du dernier descendant de Mérodach-Baladan suspendue devant le roi d'Assyrie au milieu d'un banquet.

Assur-bani-pal est peut-être le prince que les compilateurs de Bérose désignent sous le nom de Sardanapal. Ce n'est pas, dans tous les cas, le Sardanapal qui a péri au milieu des flammes de son palais. Il n'est pas facile de déterminer à quelle époque ce prince a pu exercer son autorité personnelle sur la Chaldée, et cependant nous devons le compter parmi les rois de Babylone puisqu'il en a pris le titre.

ASSUR-BANI-PAL.

(Vers 647 a. J.-C.)

Babylone était regardée comme la clef de voûte de la résistance des états du Sud contre la puissance assyrienne. Lorsqu'elle fut définitivement renversée, Elam implora la paix, les Arabes furent soumis, et la puissance assyrienne s'étendit en Afrique jusqu'aux sources du Nil.

Assur-bani-pal continua à régner sur la Chaldée et il ne paraît plus avoir délégué son pouvoir. La durée du règne de Salummu-kin ne permet pas de l'identifier avec Saosdousin, c'est pourquoi on a cherché à rapprocher ce nom de celui d'Assur-bani-pal lui-même. Mais il faut avouer que les renseignements sont bien insuffisants à ce sujet; ils manquent complètement sur les dernières années de son règne.

ASSUR–EDIL–ILI.

(Vers 625 a. J.-C.)

Après le règne d'Assur–bani–pal, nous trouvons encore dans l'histoire d'Assyrie, un nom, Assur-edil-ili, qu'il n'est pas impossible d'assimiler au Kiniladan du canon de Ptolémée, mais les documents nous font défaut et rien ne vient nous renseigner sur les faits qui se sont passés à cette époque.

Si nous prêtons l'oreille à la voix des prophètes, nous entendons de toute part appeler les malédictions du monde entier contre Ninive, la ville superbe.

Que s'est-il passé à cette époque? Quand nous pourrons reprendre l'histoire de Babylone, après un intervalle de vingt-deux ans à peine, Ninive aura disparu du monde et les paroles des prophètes seront accomplies.

CINQUIÈME PÉRIODE.

GRAND EMPIRE DE CHALDEE.

𒀭 𒌷 𒄫 𒌓 .

L'EUPHRATE.

On a pendant longtemps cherché à établir, par l'étymologie des noms du Tigre et de l'Euphrate, le caractère ethnographique du peuple qui, le premier, les avait nommés. Les découvertes modernes, en faisant connaître la forme primitive ou du moins la forme la plus antique du nom de ces fleuves, paraissaient devoir faire résoudre la question ; il n'en a rien été. Les signes qui le composent ne répondent à aucune des transcriptions qui nous ont été transmises, soit par les Juifs, soit par les Grecs, soit même par les Assyriens. Il nous reste, pour le nom de ces deux fleuves, un idéogramme qui échappe à toute tentative d'une lecture phonétique sérieuse. Le complexe qui désigne l'Euphrate semble signifier « le Fleuve du pays de la région du jour. » Il y a loin de là aux renseignements qu'on prétendait tirer de la transcription assyrienne *Purat*, elle est bien voisine de celle qu'on trouve dans la Bible (פרת), et qui n'a rien de sémitique ; elle rappelle également l'Εὐφράτης des Grecs, calqué sur l'*Ufrâtauvâ* des Achéménides, qui n'a aucun caractère arien. Ces mots ne peuvent donc nous renseigner sur l'origine du nom du plus grand fleuve de l'Asie occidentale. Il faut nous en tenir encore, sur ce point, à cet inconnu que nous cherchons à pénétrer et sur lequel la lumière se fait de plus en plus.

Les renseignements qui nous parviennent sur cet âge nous permettent seulement d'affirmer que la forme la plus antique des noms de mers, de villes, de fleuves et de pays que nous pouvons découvrir dans ces contrées n'est ni arienne, ni sémitique, et qu'il faut en chercher ailleurs l'explication.

L'Euphrate appartient à Babylone comme le Tigre appartient à Ninive. La position de ces deux villes a fait leur grandeur. Il y a, en effet, des points dont l'importance est fixée par la nature même des choses et qu'il n'est pas donné à la volonté de l'homme de modifier. Babylone était le centre nécessaire de la civilisation qui devait s'étendre alors des rives de l'Indus aux bords de la Méditerranée. Les autres capitales, dont quelques-unes pouvaient rivaliser d'antiquité avec elle, ont successivement disparu, et dans la Basse-Chaldée, et dans l'Assyrie: Babylone a survécu. Sa position sur l'Euphrate lui assurait cette supériorité inévitable.

L'Euphrate, en effet, a un développement immense. Au-dessus de Babylone, il touche à la Syrie, il pénètre dans l'Asie-Mineure par l'une de ses branches, il exploite toute l'Arménie par les autres et reçoit les produits des pays montueux qui bordent le Pont-Euxin. Au-dessous de Babylone, il communique avec l'Océan par un cours tranquille, accessible à la navigation du Golfe Persique, le centre le plus actif du commerce de cette grande phase de la civilisation. Aussi, lorsque le moment fut venu où l'empire assyro-chaldéen dut atteindre son plus grand développement, ce ne fut point Ninive qui devint la reine du monde, mais Babylone qui, vaincue et saccagée, resta cependant la capitale du grand empire de Chaldée.

Babylone devint pour ainsi dire, à cette époque, une ville nouvelle. A part quelques traces des restaurations d'Assarhaddon, on ne rencontre rien qui rappelle la ville antique, et Nabuchodonosor paraît en être le véritable fondateur.

Aujourd'hui, cette immense cité n'est plus connue que par ses ruines. Nous essaierons d'abord d'en donner une idée en suivant la relation de l'expédition française en Mésopotamie, qui les a fait connaître avec une admirable précision.

N° 1

BABIL

N° 2.

EL HOMEIRA

Restes d'une enceinte intérieure

Nabonid
(aujourd'hui dans le Fleuve)

Palmiers

Lion en basalte noir
Mudjeleh
El Kasr

Village de
Kowaï resh

Palmiers

Palmiers

Enceinte

ABOU GHOZEILAT

Enceinte

Petit Palais
ou
demeurait Alexandre

Île aux Concombres

Ancien lit de l'Euphrate

Ruines des Jardins Suspendus

TELL AMRAN

IBN ALI

CITÉ ROYALE

DE BABYLONE

(d'après M. Jules Oppert)

Palmiers

Palmiers

Village de Djumdjumah

HILLAH.

La ville moderne qui s'élève aujourd'hui sur les ruines de Babylone, Hillah, fut fondée par Seifeddaulet, vers l'an 1100 après J.-C.

Hillah, selon M. Oppert, était un quartier de Babylone, probablement celui qui était habité par la population ouvrière, en dehors de l'enceinte des palais royaux. De nombreuses traces d'habitations antiques accusent cette origine de la ville moderne. Il n'y a pas à Hillah une maison qui ne soit bâtie avec des briques babyloniennes. Les débris de la grande cité ont, du reste, été considérées de tout temps comme des carrières, et maintenant encore il y a autour des ruines des chercheurs de briques (des *sakkhar*) dont le métier consiste à extraire les matériaux des anciens édifices pour en construire de nouveaux.

Yakout, au XII⁰ siècle, parle de Hillah comme d'un point d'une grande importance, cependant les remparts tombaient déjà en ruines. Aujourd'hui la ville est entourée par un mur assez mal entretenu, qui enveloppe une superficie de cinq kilomètres carrés environ.

Hillah est une sous–division du pachalik de Bagdad, qui contenait, avant la peste de 1831, environ 30,000 âmes. Depuis, la population a été réduite de moitié.

Les ruines de Babylone se trouvent sur la rive orientale de l'Euphrate. Elles sont renfermées dans un triangle irrégulier, d'une surface d'environ huit milles au plus, formé par deux lignes de remparts et le fleuve. Cet espace contient les restes de trois grandes constructions principales :

1° Une grande masse de briques crues appelée par Rich *Mujelibeh* et connue par les Arabes sous le nom de *Babil ;*

2° La construction connue sous le nom de *El Kasr* ou « le palais; »

3° Un monticule sur lequel se dresse la tombe moderne de *Amran-ibn-Ali,* qui lui a donné son nom ;

Quelques ruines éparses indiquant encore la place des différentes enceintes qui environnaient la ville et ses palais ; d'autres, les quais qui bordaient le fleuve et, enfin, des tumulus plus indécis, la place des différents monuments dont il nous reste à peine les noms.

Sur la rive occidentale de l'Euphrate, les traces de ruines sont moins nombreuses ; le Birs-Nimroud mérite seul, une description particulière.

BABIL.

La première ruine que l'on rencontre en venant de Mohawil à Hillah, c'est *Babil*. C'est la plus imposante par ses dimensions, par sa position et par l'effet qu'elle produit.

C'est une masse énorme de 180 mètres de longueur et de 40 mètres de hauteur, formée par les débris des matériaux accumulés par la main des hommes pour construire un édifice immense sur un terrain parfaitement plat et dont l'aspect, aujourd'hui désert, fait ressortir encore davantage la grandeur.

Babil est le seul nom qui rappelle celui de Babylone dans ces contrées. Les Arabes l'appellent quelquefois *Makloubeh*, c'est-à-dire « la Ruine, » et non pas *Mudjelibeh ;* ce dernier nom semble s'appliquer à toutes les ruines en général.

En fouillant les décombres de Babil, on y trouve des briques estampées au nom de Nabuchodonosor; aucun document d'une époque antérieure ne vient nous renseigner sur cette construction.

Beaucoup d'hypothèses se sont élevées pour expliquer la destination de cet immense bâtiment. Est-ce la tour de Bélus dont parle Hérodote, comme Raynel, Sir H. Rawlinson, Quatremère et d'autres l'ont pensé ? Est-ce le sépulcre de Bélus, comme cherche à l'établir M. Oppert? La question n'est peut-être pas encore tranchée. Mais s'il y a incertitude sur le nom, si la destination antique peut être controversée, il y a un point sur lequel il n'est plus possible d'avoir de doute. Les inscriptions l'indiquent d'une manière formelle et viennent même nous en faire connaître l'usage. Ce monument est désigné dans les textes antiques par le nom de *Bit–Saggatu.*

C'était un temple consacré à Marduk et qui renfermait, outre la coupole des Oracles où reposait le Dieu, un sanctuaire particulier consacré à son épouse, à Mylitta-Zarpanit, la Délephat des Grecs.

Ce temple avait une grande célébrité. Les rois d'Assyrie en parlent souvent dans leurs inscriptions. Assarhaddon et surtout Nabuchodonosor, puis après lui Nériglissor ont orné et enrichi ce sanctuaire. Il fut détruit par Xerxès. Plus tard, Alexandre fit d'inutiles efforts pour le restaurer.

Sa position avancée engagea le Macédonien à en changer la destination. C'était un temple, il en fit une forteresse qui subsistait encore dans cet état du temps des Arsacides. Il fut abandonné et peu à peu détruit. Ses matériaux semblent avoir servi pour construire Séleucis et Ctésiphon. C'est par lui que la destruction de Babylone devait commencer.

Quant à la forme que ce bâtiment affectait, c'était une pyramide plus élancée peut-être que les pyramides égyptiennes, car elle devait avoir au moins 550 pieds d'élévation.

Ce temple renfermait d'immenses richesses, si on en juge par les précautions qu'on prenait pour les garder et que les inscriptions énumèrent longuement. Si ce temple est le sépulcre de Bélus, l'importance de ces richesses nous est attestée par Diodore, qui semble avoir puisé ses renseignements à une source babylonienne.

C'était d'abord une statue de Jupiter (c'est un auteur grec qui parle) évaluée 1,000 talents, puis la statue de Rhéa, 1,000 talents ; la statue de Junon, 800 talents ; une table d'or, 500 talents ; deux coupes, 30 talents ; deux autels, 600 talents ; trois cratères, 2,400 talents ; ce qui donne un total de plus de 6,330 talents, c'est-à-dire une somme de plus de 38 millions de francs, représentée par 12,000 kilogrammes d'or.

Rien ne nous autorise, sans doute, à accepter ces chiffres d'une manière absolue. Cependant, quand on songe que Nabuchodonosor, qui a porté si loin ses conquêtes et qui avait pris un si grand soin d'orner et d'embellir ce temple, a dû y apporter non-seulement les richesses provenant du sac de Tyr et de Jérusalem, mais encore les dépouilles du monde entier, on ne trouve rien d'exagéré dans l'importance de ces trésors qui devaient tenter bientôt les rois ariens et exposer Babylone aux représailles que Xerxès et ses successeurs allaient exercer contre elle.

EL KASR.

La seconde ruine sur laquelle nous devons porter maintenant nos regards, en suivant le cours du fleuve, est celle que les Arabes nomment *El Kasr* « le Château. »

Cette ruine cache, suivant Bérose, d'accord en cela avec les inscriptions, les restes du palais que Nabuchodonosor fit élever en dehors de celui de ses pères. Un rapprochement suffit pour qu'il n'y ait aucune incertitude à cet égard. L'historien chaldéen nous dit que la construction de ce monument fut terminée en quinze jours; or, nous verrons que cette donnée se trouve précisément reproduite dans un passage de la grande inscription de Nabuchodonosor, que nous citerons bientôt; il ne peut donc y avoir aucune équivoque sur le monument ainsi désigné.

Les briques que l'on extrait de cette ruine sont, comme les autres, couvertes d'inscriptions au nom de Nabuchodonosor. Quelques-unes ont été vernissées et proviennent du revêtement de l'édifice. Elles étaient disposées de manière à représenter des sujets. En réunissant un certain nombre de fragments on a pu reconnaître des montagnes, des forêts, de l'eau, des murailles et même des images d'hommes et d'animaux; il est permis d'y voir l'image de quelques-unes des merveilles décrites par Ctésias. Enfin, quelques débris présentent des restes d'inscriptions; mais ces fragments sont trop peu nombreux pour qu'il ait été possible de les réunir. Ils sont suffisants pour qu'on puisse comprendre que les palais de Babylone ne différaient des palais de Ninive que par la nature des matériaux employés à leur construction. Le marbre des palais de Ninive a résisté à la destruction, aussi on a pu exhumer les nombreux bas-reliefs, les nombreuses inscriptions qui les décoraient.

L'ornementation des palais de Babylone a disparu. Les briques peintes se sont d'abord détachées des gros murs, puis elles ont été broyées pendant qu'on exploitait les gros murs pour construire des villes nouvelles qui ont été détruites à leur tour.

La position du palais dont nous nous occupons, était admirablement choisie, elle domine toute la terre de Sennaar; c'est là, peut-être, que Nabuchodonosor, en promenant ses regards sur les monuments marqués de son empreinte, a pu prononcer ces paroles que la Bible nous a transmises :

« N'est-ce pas là cette grande Babylone dont j'ai fait le siége de mon royaume, que j'ai bâtie dans la grandeur de ma puissance et dans l'éclat de ma gloire? »

Sur le sommet de cette ruine on trouve aujourd'hui le seul arbre de la contrée; c'est un tamarix assez vieux déjà, mais auquel les légendes populaires prêtent plusieurs origines qu'il est intéressant de rappeler ici.

Suivant les fervents disciples de Mahomet, qui visitent ces lieux, Ali aurait fait croître cet arbre pour s'abriter du soleil lors de la bataille de Hillah, en enfonçant son bâton dans la terre. Suivant les visiteurs qui ne trouvent pas cette histoire assez merveilleuse, cet arbre serait un débris des fameux jardins suspendus bâtis ou plantés par Sémiramis. Ces deux légendes ont sans doute leur charme, mais il est inutile d'ajouter qu'elles ne peuvent se justifier.

C'est encore dans cette ruine qu'on a remarqué depuis longtemps le seul débris de la sculpture babylonienne qui soit parvenu jusqu'à nous, un lion gigantesque en basalte noire d'un assez mauvais travail.

Il se trouve balotté au milieu d'une mer de décombres suivant les ondulations que les chercheurs de briques font faire au terrain ; tantôt caché, tantôt découvert, il a pu ainsi parvenir jusqu'à nous. Il se perpétuera dans ces ruines par la grossièreté du travail qu'il accuse et par la paresse des sakkars, qui ne cherchent pas à le briser pour en utiliser les fragments.

TELL-AMRAM-IBN-ALI.

Lorsqu'on quitte El Kasr, on rencontre, en suivant toujours le cours de l'Euphrate, une autre ruine. C'est la plus méridionale de toutes celles qu'on remarque dans ce groupe de collines qui compose les débris de la cité royale ; elle porte le nom de Tell-Amran-ibn-Ali. C'est là qu'Amran, un des fils d'Ali a été tué avec sept de ses compagnons ; son tombeau a été construit au pied de la ruine. C'est un lieu de pélerinage pour les mahométans qui demandent l'accomplissement d'un désir : ils vont attacher un ruban à la balustrade de l'intérieur de la coupole, et ils l'y laissent flotter jusqu'à ce que leur but soit atteint. La ruine présente un aspect fort irrégulier ; élevée d'environ 30 mètres du côté du fleuve, elle s'étend en s'affaissant dans la plaine, sur une base de plus de 500 mètres. Cette colline recèle un grand nombre de tombeaux qui ont été fouillés à différentes époques, et parmi lesquels on en trouve encore une certaine quantité d'intacts ; ils renferment des bagues, des anneaux, des colliers. Ces tombeaux antérieurs à l'époque des Parthes, sont peut-être ceux des compagnons d'Alexandre ; cependant, en fouillant plus avant, on s'aperçoit bientôt qu'ils sont d'une époque plus récente que le monument dans lequel ils reposent. Les briques qui forment, en effet, la masse de l'édifice sont encore, comme partout, estampées au nom de Nabuchodonosor. M. Oppert pense que cette ruine est formée des débris des fameux Jardins suspendus, dont Strabon et Diodore de Sicile nous ont donné la description, et il puise ses preuves dans la comparaison des passages anciens où il est question de cette merveille et dans les connaissances topographiques qui résultent de l'inspection des lieux, à laquelle il s'est livré.

D'après Bérose, la construction de cet édifice semble être une des dernières de Nabuchodonosor; aussi la plus récente des inscriptions de ce roi qui soit à notre connaissance n'en fait pas mention.

LES QUAIS.

Entre le Kasr et Babil il y a un endroit où depuis longtemps on exploite des carrières de briques; en 1853, M. Oppert examina ces restes, un peu au Nord du village de Kowairesch. L'Euphrate avait baissé alors d'une manière considérable et permettait de voir au-dessous de l'eau des constructions qui se prolongeaient jusqu'à une distance où la profondeur du fleuve ne permettait plus de distinguer les briques. Ce mur portait tous les caractères d'une construction hydraulique. Les briques étaient plus dures, très-rouges et complètement enduites de bitume. Celles du côté de la rive avaient une teinte grise jaunâtre; la direction du mur était de 15° O. vers N. 15° E., et atteignait dans le prolongement le côté droit de Babil.

Ces briques portent le nom de Nabonid et confirment la donnée de Bérose, où il est dit, en effet, que Nabonid fit construire les quais de Babylone.

L'Euphrate antique suivait à peu près la direction qu'il a aujourd'hui. Le quai bâti par Nabonid et commencé peut-être par Nériglissor, s'étendait par toute la ville dans une longueur de 160 stades, ce qui équivaut presque à la diagonale d'un carré ayant 120 stades de côté.

M. Oppert a retrouvé des traces de ce quai, un peu plus bas, à la hauteur d'Amran-ibn-Ali, et une inscription de Nériglissor indique la part que ce roi a prise à la construction de ces quais.

Cette partie du quai occidental existe dans toute sa hauteur vis-à-vis d'Amram et peut-être que le monticule recèle les restes mêmes du palais.

Dans cet endroit, les explorateurs de l'expédition française, découvrirent des urnes cinéraires et des sarcophages en terre vernissée, qui ne paraissent pas, du reste, antérieurs à l'époque des Arsacides. Alors l'Euphrate coulait encore entre Tell-Amran et la montée opposée; mais l'ancien palais était déjà enseveli sous les ruines.

La direction de la partie Sud du quai est indiquée par la même vallée; elle court en ligne droite du Nord au Sud, avec une légère déviation de l'Ouest vers l'Est. Nous n'avons pas de traces du quai au Nord, mais il est à présumer, par l'examen du terrain, que le cours de l'Euphrate coïncidait anciennement avec le lit actuel.

LES RESTES DE LA CITÉ ROYALE.

Dans l'enceinte de la cité royale qui renferme les édifices dont nous venons d'indiquer les ruines, il y a sur différents points des restes de constructions plus ou moins considérables qu'il suffit d'indiquer.

Le groupe le plus important se nomme El-Homeira « la Petite-Rouge » et doit son nom à son aspect.

Il est situé à 700 mètres à l'Est de Kasr et se compose de quatre tumulus distincts qui s'étendent en demi-cercle sur une superficie de 300 mètres environ.

Les fouilles de M. Oppert à la Homeira n'ont ramené que des débris de potteries et de quelques figurines en terre cuite ou en pierre. Il est assez difficile de reconstruire cet édifice même par la pensée; il devait être fort élevé par rapport à sa base, relativement restreinte.

Au nord de la Homeira se trouvent encore d'autres tumulus dont il est impossible de déterminer la nature.

Au midi, près d'Amran-ibn-Ali, se trouve un tumulus qui, suivant M. Oppert, cache les ruines du tombeau qu'Alexandre fit élever à Héphestion.

LES MURS DE LA CITÉ ROYALE.

Les historiens Grecs qui nous ont parlé de l'étendue de Babylone, sont d'accord pour nous dire qu'elle était limitée par une enceinte, mais quand ils en indiquent l'étendue, c'est là que commence la divergence.

Hérodote ne parle que d'une seule enceinte, qu'il nomme « forte et grande ». Bérose, d'accord avec les inscriptions, semble également ne considérer qu'une enceinte ; mais Diodore, au rapport de Ctésias, parle de plusieurs auxquelles il donne des dimensions différentes. Il est peut-être possible de retrouver sur les ruines la trace de toutes ces enceintes.

Diodore, qui rapporte toutes les constructions de Babylone à Sémiramis, s'exprime ainsi :

« Autour du Château, dont la façade regardait l'ouest, elle fit (Sémiramis) une première enceinte de 60 stades, fortifiée par des murs élevés et confectionnés avec un grand art. En deçà de celui-ci, elle en bâtit un autre tout autour, sur les briques duquel on avait représenté, avant la cuisson, des animaux de tous genres, qui imitaient la réalité par l'habileté avec laquelle on avait disposé les couleurs. Cette enceinte avait 40 stades de longueur ; sa largeur était de 300 briques ; la hauteur, selon Ctésias, de 50 brasses. Les tours s'élevaient à une hauteur de 70 brasses. Tout à l'intérieur des tours, elle fit une troisième enceinte qui entourait le château, dont le périmètre était de 20 stades ; mais la longueur et la largeur de la construction dépassaient de beaucoup celle du mur intérieur. Sur les tours et les murs étaient représentés des animaux de tous genres, exécutés selon les règles de l'art quant aux couleurs et à l'exacte imitation des figures. Le tout représentait un parc de chasse rempli d'animaux différents, dont la grandeur était de plus de 4 coudées. Au milieu d'eux se trouvait aussi Sémiramis, montée à cheval, frappant de son dard une panthère ; tout auprès d'elle était son mari, Ninus, qui, de sa main propre, traversait un lion d'un coup de lance.

« Cette résidence était de beaucoup supérieure à celle qui est située de l'autre côté du fleuve, au point de vue de la grandeur et de l'apparat. Celle-ci avait une enceinte de 30 stades faite en briques cuites. Au lieu de la représentation des animaux, il y avait des statues en bronze de Ninus et de Sémiramis, ainsi que des grands dignitaires, puis celle de Jupiter, que les Babyloniens nomment Belus, etc. »

Une grande partie du mur de 60 stades, dont parle Diodore, est encore debout et on peut en poursuivre les traces sur plusieurs kilomètres. Cette enceinte était bâtie comme les autres murs babyloniens, de terre, revêtue d'un ouvrage en briques cuites. On arracha les briques et le noyau resta un simple monceau de terre.

Telle qu'elle est, cette enceinte se compose de deux bras qui se rencontrent dans un angle de 78°, à 2,200 mètres presque à l'Est de la pointe S.-E. du Kasr; le bras méridional qui va à peu près N. 55° S. vers S. 55° N.-O. va rencontrer les dernières collines qui touchent Amram après une ligne peu interrompue de 1,700 mètres. L'autre bras part du coin (Zawiyeh) et va de là presque juste dans la direction de Babel, pendant près de 3 kilomètres et se termine soudain par le Nahr-en-Nil, qui s'interpose entre lui et Babil.

La hauteur de cette enceinte est très-différente; elle s'élève dans certaines places à plus de 10 mètres.

Le terrain entouré de ces murs était la partie la plus ancienne de la ville. Le château royal était du côté Ouest et la partie orientale limitée au Nord par la Pyramide et entourée de ce mur antique et irrégulier, était la véritable ville ancienne de Babylone.

Donc cette enceinte, la seule dont on puisse actuellement suivre le cours est en même temps la plus ancienne; elle renferme l'Acropole, le véritable centre autour duquel se sont plus tard groupées les autres parties de Babylone.

Il n'est pas difficile, en suivant le plan de M. Oppert, de reconstruire le reste du mur de l'Acropole. Nous avons déjà dit que le bras qui va S.-S.-E., vers le N.-N.-E. atteint à peu près juste la Pyramide. Le Quai de Nabonid a presque la même direction; celui de la rive gauche va frapper le coin S.-E. de Babil, dont le Quai, situé sur la rive droite devait atteindre l'angle S.-O. quand on en prolongeait la direction.

Le tronçon du mur intérieur qu'on aperçoit sur la carte de M. Oppert, près de Homeira atteint au même point, et la circonstance que les différentes enceintes considèrent Babil comme leur *kiblah* ou point de direction, ne peut être fortuite. M. Oppert a donc mis la partie complémentaire qui s'attache à l'Euphrate entre Babil et le fleuve, dans la direction du quai de la rive droite qui alors atteint l'angle S.-O. de la Pyramide.

Dans cette supposition, l'Euphrate entre en direction oblique dans l'Acropole pour rendre plus difficile une attaque des ennemis.

De l'autre côté, l'enceinte se continuait à la hauteur des Bains, à peu près où commence celle de la cité royale ancienne et dont le coin N.-O. est encore visible sous le nom de Abou-Ghozailat. Arrivée à la hauteur du prolongement du bras Sud de l'enceinte orientale à travers le fleuve, l'enceinte occidentale se confondait avec celle-ci en une seule ligne de défense.

En résumé, il existait autour de la ville royale trois enceintes, dont on trouve des traces plus ou moins considérables. La première est formée par le mur d'enceinte de 60 stades, qui se confond avec celui de 30 stades, dont M. Oppert a à peu près fixé le cours. La seconde est formée par le mur de 40 stades et paraît indiquée par une suite de tumulus qui se trouvent entre le Kasr et Babil. La troisième est indiquée par une construction solide, dont on trouve les restes à l'Est d'Amran et du Kasr.

La même incertitude règne à l'égard de la hauteur des murs, qui n'a pas été la même pour toutes les enceintes. Mais il est possible que les comparaisons des différentes hauteurs dont parlent les autres historiens, nous mette sur la voie de la vérité. Il peut se faire que chaque auteur ait eu en vue une enceinte différente. M. Oppert attribue une très-grande hauteur à la circonvallation qui entoure l'acropole, tandis que les murs extérieurs peuvent n'avoir pas les mêmes dimensions.

Dans tous les cas, cette triple enceinte ne saurait convenir à la ville proprement dite.

Après la chute de Ninive, les rois de Babylone agrandirent leur cité, en comprenant dans une vaste enceinte l'ancienne Babylone, la ville sacrée de Borsippa et Cutha. La ville antique devint la ville royale et c'est là que Nabuchodonosor bâtit son palais en transportant les habitants de la ville en dehors des murs anciens du côté de Hillah, emplacement qui, à partir de là, devint la véritable ville.

Pl. VII.

RUINES

DE BORSIPPA

(d'après M. Jules Oppert)

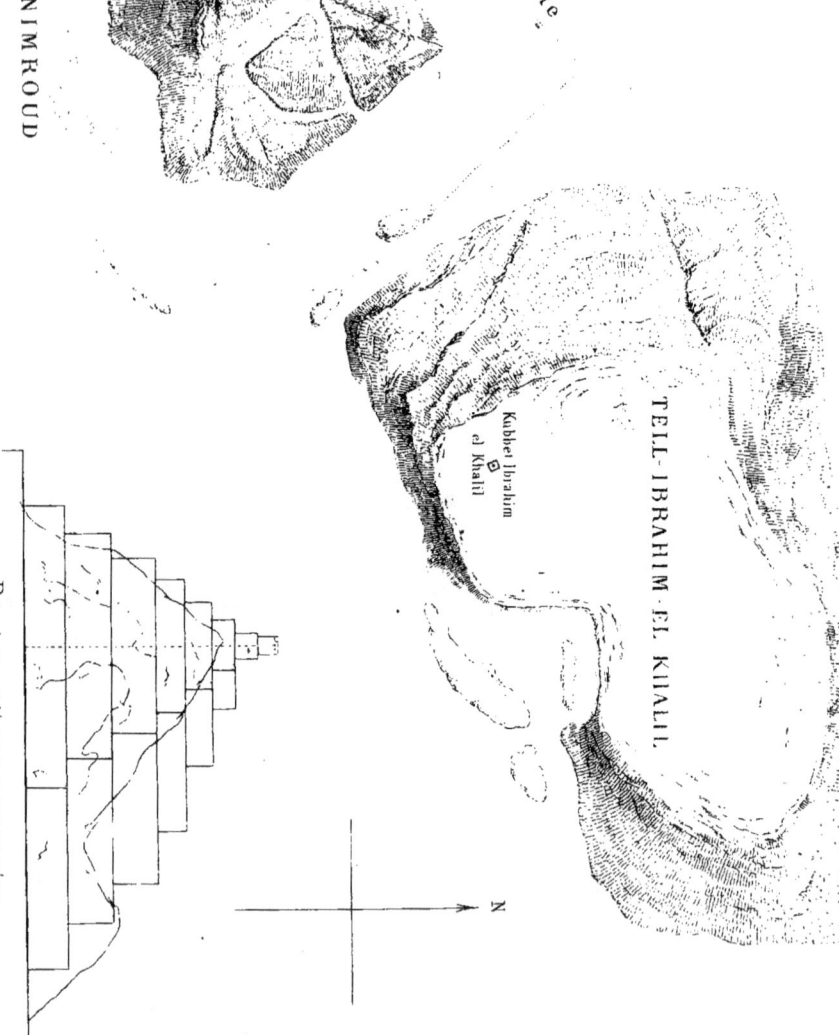

Restes d'une Enceinte

BIRS NIMROUD

Kubbet Ibrahim
el Khalil

TELL-IBRAHIM-EL-KHALIL.

Restaurations proposées

N

𒁲 .

BARSIPPA.

En traversant le fleuve, on retrouve les mêmes mouvements de terrain et sous chacune de ces vagues solides les débris d'un palais chaldéen. Mais la ruine qui frappe le plus par son étendue et par sa masse, est située à 12 kilomètres au Sud de Hillah. On l'appelle Birs-Nimroud. C'est un des nombreux monuments qui perpétuent dans ces parages le nom de l'Ethiopien révolté. Cependant, il faut bien le reconnaître, les briques que l'on extrait de ce monticule ressemblent encore à celles que l'on trouve au Kasr, à Babil, à Tel-Amran. Ce sont partout les mêmes ; elles portent également le nom de Nabuchodonosor.

Le sommet de cette ruine s'élève à la hauteur de 46 mètres et forme une masse énorme qui s'élargit en pain de sucre, sur une base de plus de 700 mètres de pourtour. On gravit d'abord un ravin qui conduit à une vaste plate-forme, puis le sentier devient plus facile, et on atteint bientôt le sommet de la colline qui domine toute la plaine de Babylone. On se croirait sur une éminence naturelle, si ce n'est qu'en effleurant le sol on retrouve les briques que nous connaissons déjà.

Des blocs énormes de maçonnerie sont entièrement vitrifiés et n'ont pu arriver à cet état que par suite d'un violent incendie. C'est là, cependant, que se dresse un pilier de dix mètres de hauteur, tellement entamé de tous côtés qu'on ne peut plus en reconnaître la forme primitive.

Si l'on n'avait que les données de la science ordinaire, il serait aussi difficile de reconstruire l'édifice dont nous nous occupons que ceux dont nous avons parlé. Mais, pour ce dernier, nous n'avons plus à nous lancer dans les conjectures. Sir H. Rawlinson, éclairé par les explorations de M. Taylor à Mughéïr (*Sup.*, p. 72), a fait diriger des fouilles aux quatre angles de l'édifice et ses fouilles ont été couronnées de succès ; il a trouvé quatre cylindres en terre cuite chargés de 60 lignes d'écriture qui racontent l'histoire de la fondation ou de la restauration de ce monument.

Le monument se composait d'une série de tours superposées les unes sur les autres et qui s'élevaient à plus de 250 pieds en formant sept étages de différente hauteur. Chacun de ces étages était diversement colorié suivant la divinité à laquelle il était consacré, et on peut, d'après la couleur des briques qui restent encore dans la ruine, retrouver l'ordre de cette distribution qui paraît avoir disposé les couleurs de la manière suivante, en partant de la base au sommet : noir, blanc, orange, bleu, rouge, argent et or.

On prétend que cet édifice a été construit sur l'emplacement que la tradition affecte à la tour de Babel. Rien dans les inscriptions n'est venu le justifier, et le passage qu'on pouvait invoquer à l'appui, ne comportait pas cette indication. Ce monument est, suivant l'expression assyrienne, une *Zigurrat ;* il portait le nom de *Bit-Zida*.

Les Zigurrat sont des constructions spéciales dont nous trouvons plusieurs exemples dans les monuments assyro-chaldéens. Elles paraissent avoir pris naissance en Chaldée. C'était une pyramide à étages, composée d'une série de hautes terrasses carrées ou en parallélogrammes superposées en retraite les unes sur les autres et sur toutes les faces, de sorte que celle d'en bas occupe une grande étendue, tandis que l'édifice en s'élevant ainsi d'étage en étage se termine par une chambre naturellement fort étroite en raison de son élévation. Un bas-relief du palais de Koyoundjik en donne la forme traditionnelle et permet d'en tenter la restauration.

Les angles de l'édifice sont toujours orientés vers les points cardinaux, mais le nombre des étages n'est pas de rigueur. Il y en avait trois au grand temple de Ur, dont nous avons décrit les ruines (*Sup.*, p. 71). Le bas-relief de Koyoundjik en indique cinq et le monument de Borsippa en comportait sept.

Le sanctuaire qui domine l'étage supérieur était richement orné, ainsi que l'indiquent les débris trouvés dans les ruines du Mugéïhr et surtout dans celle d'Abu-scharein qui cache une Zigurrat dont on ignore le nombre d'étages.

Le nom de Zigurrat n'apparaît que dans les inscriptions du x\ siècle. C'est à cette époque que le type du monument chaldéen semble avoir passé en Assyrie. On a trouvé des ruines de Zigurrat à Kalah-Shergat, à Nimroud et à Khorsabad ; il y en avait une à Ninive même.

La Zigurrat de Borsippa portait, comme celles de Kalach et de Ninive, le nom de Bit-zida, c'est-à-dire littéralement « le temple de la main droite. » C'était un temple consacré à Marduk ainsi que l'indique l'inscription qui nous fera connaître sa destination.

Hérodote a vu le monument dans toute sa splendeur; il n'avait encore rien perdu de la restauration de Nabuchodonosor; il le décrit ainsi:

« C'est un carré régulier qui a deux stades en tous sens. On voit au milieu une tour massive qui a un stade tant en longueur qu'en largeur. Sur cette tour s'en élève une autre et sur cette seconde encore une autre et ainsi de suite, de sorte qu'on en compte jusqu'à huit. »

Ces dimensions ne paraissent justifiées ni par les fouilles de Sir H. Rawlinson, ni par celles de M. Oppert, ni par les indications mêmes des inscriptions de Nabuchodonosor, de telle sorte que si on peut en restituer l'aspect général, il reste une grande incertitude sur les détails.

Le Birs est tout ce qui reste de l'ancienne ville de Borsippa, mentionnée dans les inscriptions des rois assyriens du x⁰ siècle, et placée sur la même ligne que Babylone. Les juifs prétendent que c'est à Borsippa que les langues ont été confondues. Un passage du Talmud change Borsip en Bolsif, en le faisant dériver de *batal*, confondre et *seph* langue. Suivant une tradition talmudique, l'air de Borsippa rendait oublieux.

Benjamin de Tudèle, qui visita ce monument dans le xiiᵉ siècle, déclare que, à cette époque, on rattachait à Borsippa la tradition de la Tour des langues. Parmi les voyageurs modernes, Niebuhr est le premier qui ait signalé l'importance de ces ruines.

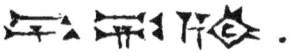

CUTHA.

Au Nord-Est de Hillah, à 14 kilomètres de distance, se trouve un groupe de ruines répandues sur 3 kilomètres d'étendue, restes d'une ville jadis florissante.

Le centre de tout le groupe qui se dessine de loin forme une colline connue sous le nom d'Al-Hymar ou plutôt Oheymir.

Le tumulus principal, El-Khazneh (le Trésor), est formé d'un amas de pierres (briques) dont quelques-unes portent des inscriptions. Il en est de même des autres tumulus. M. Oppert y a découvert une pierre en basalte portant une inscription en caractères archaïques d'un beau travail. Tout près de l'Oheymir se trouve un pavage en briques du temps de Nabuchodonosor.

L'aspect de l'Oheymir est triste ; il y a peu de végétation du côté des marécages et tous les environs sont remplis de ruines.

A 1,700 mètres se trouve le Tell-el-Bender ; tumulus formé de deux longs remparts de 6 mètres de haut, dans une direction parallèle, séparés par une vallée de 20 mètres, dans la direction Nord-Ouest et Sud-Est, dont on peut suivre les traces pendant 100 mètres, et réunis au Nord par un autre rempart qui les coupe à angle droit.

Ces ruines proviennent probablement de l'une des deux Cutha (la lecture de l'idéogramme semble indiquer un duel).

Les Cuthéens, d'après la Bible, adoraient Nergal. Les inscriptions nous apprennent, en effet, que ce Dieu avait un temple à Cutha, dont la ruine de l'Ohéymir cache les débris.

La Bible désigne Cutha comme un des endroits où Sargon transporta les Israélites après la prise de Samarie.

Du temps de Salmanasar, Babylone, Barsippa et Cutha étaient nommées séparément comme des villes distinctes, depuis elles ont été comprises par Nabuchodonosor dans l'enceinte de la ville.

LES MURS DE BABYLONE.

En dehors de la cité royale enfermée dans sa triple enceinte, dont nous avons donné les dimensions, la ville de Babylone, la ville immense s'étendait depuis Cutha, situé à l'angle N.-O., jusqu'à Borsippa, situé à l'angle S.-E. Les recherches topographiques de M. Oppert ont établi, d'après les ruines, la direction de l'enceinte qui enfermait ainsi les deux points extrêmes de la grande cité. Nous allons essayer de les résumer ici.

Quand on se place, dit-il, sur les différentes ruines de l'Oheymir, on aperçoit une suite de tumulus qui s'étendent jusqu'au nord de Babil. Ce sont d'abord les Abou-Bezzoun « les collines aux chats » ; puis on parcourt pendant deux heures un chemin tracé au pied d'une longue rangée de collines très-basses jusqu'à ce qu'on parvienne à un groupe nommé Taloul-Soufar « les tumulus jaunes ». Plus loin, on arrive à un point entouré de différentes collines, débris d'une ruine babylonienne, qui s'appelle Souleiman-ibn-Daoud, et qui est consacré à la mémoire de Salomon. Pendent deux lieues à l'Ouest on poursuit la trace de ces ruines, qui sont presque parallèles, à quelques kilomètres de distance, au cours actuel du Nahr-en-Nil, dont la prise d'eau est un peu au-dessous de Bernoun, et qui suit la direction du Sud 80° Est.

Or, la direction des collines Abou-Bezzoun, Taloul-Soufar et d'autres qui n'ont pas de nom, est la même en partant du groupe d'Oheymir, Nord 80° Ouest. A cette première observation, M. Oppert en ajoute une seconde. En partant de Hillah, on arrive au Tell-Ghazaïl après une heure et demie de marche, ce qui représente huit kilomètres. Autour du Tell, on trouve un *dehliz* ou pavage, et les Arabes connaissent cet endroit comme une carrière féconde de briques. Du Tell-Hillah est à S. 70° E.; la coupole d'Ibrahim sur Amram, N. 56° 37' E. Babel, N. 34° 30'-36° 7' E. et sur l'autre rive, le Birs-Nimroud, S. 60° 40' O. Cheik-Abid, un sanctuaire, N. 31° 15' O. les Palmiers de Chérifeh, Sud 21° 36° O. le village de Tahmasca S. 12° E. jusqu'au plein S. En s'assurant de la position de Chetitheh, on trouve au N. 9° 25' E., et dans la même direction, plus loin encore, une autre colline nommée Tell Zawiyeh.

Ces directions donnent, à une minute près, les angles que forment les lignes tirées de deux points différents à celui de l'observation.

Ce relevé démontre que les collines qui s'étendaient à plus d'un myriamètre de distance, à travers la plaine visible du Tell-Zawiyeh, étaient en direction droite l'une de l'autre. On s'aperçoit ainsi que la ligne venant de l'Oheymir est perpendiculaire à celle qui part de Ghazaleh, Chelilah et Zawiyeh, continue jusqu'au-delà du fleuve ; elle devait atteindre la ligne occidentale du Tell-Zawiyeh « le Tumulus du Coin ». Si on établit sur ces données la double enceinte qui devait enfermer la grande ville, on trouve précisément les dimensions qui sont indiquées par Hérodote, c'est-à-dire un carré de 120 stades, formant 22,680 mètres. Hérodote nous donne ensuite des détails sur la construction de cette enceinte, qui comprend un fossé et un mur. Voici comment il s'exprime à ce sujet :

« L'Assyrie contient plusieurs grandes villes, mais Babylone est la plus célèbre et la plus forte. C'était là que les rois du pays faisaient leur résidence depuis la destruction de Ninive. Cette ville, située dans une grande plaine, est de forme carrée ; chacun de ses côtés a 120 stades de long, ce qui fait, pour l'enceinte de la place, 480 stades. Elle est si magnifique, que nous n'en connaissons pas une qu'on puisse lui comparer.

« D'abord, un fossé profond et large rempli d'eau l'entoure, après cela elle est renfermée dans un mur qui a 50 coudées royales de largeur et 200 de hauteur. La coudée royale est de 3 doigts plus grand que la coudée ordinaire.

« Il faut raconter ensuite comment la terre du fossé fut employée et de quelle manière on construisit le mur. En creusant le fossé on moula en même temps des briques de la terre extraite. Quand on avait acquis un nombre suffisant de briques, on les cuisait dans les fournaises, puis on se servit pour ciment d'asphalte chaud et après avoir mis de trente à trente-cinq couches de tuiles, une couche de roseaux, on construisit d'abord la maçonnerie des bords du fossé, en second lieu on bâtit le mur de la même façon.

« En haut du mur on bâtit sur chaque bord des maisonnettes d'un étage, dont les issues étaient tournées les unes vers les autres. Au milieu de ces constructions, on laissa assez de place pour qu'un quadrige pût tourner autour du mur ; il y a cent portes, toutes de bronze et les linteaux et les traverses sont du même métal. . . .

« La cité est divisée en deux portions par la rivière qui la sépare.

« Babylone fut ainsi entourée d'un mur extérieur qui est la cuirasse de la ville. A l'intérieur, il y a un autré mur qui court tout autour; il n'est pas beaucoup moins fort, mais plus étroit. »

(Her. 1.1, § CLXXVIII.)

Les indications de Philostrate sont conformes à ces données.

« Babylone, dit-il, est entouré d'un mur qui a un pourtour de 480 stades. Cette enceinte a trois demi-plèthres de hauteur et moins d'un plèthre de largeur. La ville est coupée par l'Euphrate en deux parties qui se ressemblent dans la forme. »

Les écrivains qui ont suivi Ctésias avaient attribué aux murs une longueur de 360 stades et une hauteur de 50 toises. Mais il est possible que les données de Ctésias doivent s'appliquer au mur intérieur; la première enceinte ayant été détruite avant l'arrivée d'Alexandre.

Il est évident que l'espace compris dans l'enceinte de Babylone n'était pas entièrement habité. Quinturce semble n'indiquer qu'un pourtour de 90 stades couvert de maisons; le reste était cultivé et pouvait, pendant longtemps, subvenir à la nourriture des habitants. Hérodote dit que les rues étaient droites et alignées et que les maisons avaient trois ou quatre étages.

Si maintenant nous résumons ces données, nous nous trouvons en présence d'une triple enceinte intérieure et d'une double enceinte extérieure, ainsi que l'indique Abydène et Bérose. Cette dernière enceinte, d'un développement de 480 stades, renfermait un espace de 513 kilomètres carrés; c'est-à-dire que Babylone était grande comme le département de la Seine, sept fois plus grande que Paris dans son état actuel.

RUINES DÉTACHÉES.

A côté des grandes constructions dont les débris forment les grands tumulus que nous avons indiqués, il existe, sur l'emplacement de la ville immense et aux environs, d'autres tumulus moins importants qui abritent des ruines de l'époque assyro-chaldéenne.

13

A Hillah, les mosquées d'Elkaim, d'Abou–Fodhaïl sont certainement bâties sur l'emplacement de temples chaldéens.

A vingt minutes au nord de Hillah se trouve une ruine qui porte le nom de El Kolaiah (la petite forteresse) et qui est évidemment d'origine antique. L'aspect du tumulus présente un rectangle dont les angles sont orientés vers les points cardinaux. Les grands côtés ont 125 mètres, les autres 95. Sur le côté nord on trouve une entrée.

C'était peut-être le temple consacré à Zarpanit, dans lequel les Babyloniennes allaient, au dire d'Hérodote, se prostituer à des étrangers.

M. Oppert a découvert dans cette ruine une inscription dont il a donné la première traduction et sur laquelle nous aurons occasion de revenir.

Nous devons citer encore le Mechhed-ech-Chems, qui renferme probablement les restes d'un temple consacré à Samas.

A une heure et demie de Hillah se trouve la mosquée d'Ali-ibn-Hassan, elle est entourée de palmiers et construite sur un temple babylonien.

On trouve, à l'est, le tumulus de *Tell el Maut* (la colline de la mort), qui n'a rien d'antique et qui a été ainsi nommé après la peste de 1831.

Enfin, nous devons nous contenter de citer *Tell–Sahneh* (la colline du plat), et un peu plus au nord le sanctuaire de Suleiman-ibn-Daoud.

Nous avons essayé de résumer aussi succinctement que possible les renseignements qui nous sont fournis sur les ruines de Babylone par l'Expédition française en Mésopotamie ; cet exposé nous met à même de comparer l'état actuel avec les renseignements qui nous seront fournis par les inscriptions.

$\vdash\vdash\vdash\vdash\vdash\vdash\vdash\vdash$.

NABU-PAL-USSUR.

(625 av. J.-C.)

Nabopalassar peut être considéré comme le véritable fondateur du grand empire de Chaldée. Il paraît qu'il fut établi sur le trône par le dernier souverain de l'Assyrie; mais comment parvint-il à rester au pouvoir après la chute de son suzerain? Il y a là des faits qui échappent à un contrôle direct et précis comme celui que nous voudrions saisir dans des monuments contemporains.

NITOCRIS.

Nabopalassar avait épousé une Egyptienne, la reine que Hérodote nomme Nitocris, et à laquelle l'historien d'Halicarnasse accorde une grande part dans les ouvrages que vingt ans de paix intérieure permirent au monarque chaldéen d'entreprendre dans sa capitale.

Voici quels sont ces travaux :

« Parmi plusieurs ouvrages dignes de mémoire, dit Hérodote, Nitocris fit celui-ci : Ayant remarqué que les Mèdes, devenus puissants, ne pouvaient rester en repos et qu'ils s'étaient rendus maîtres de plusieurs villes, elle se fortifia contre eux autant qu'elle le put. Premièrement, elle fit creuser des canaux au-dessus de Babylone ; par ce moyen, l'Euphrate, qui traverse la ville par le milieu, de droit qu'il était auparavant, devint oblique et tortueux, au point qu'il passe trois fois par Ardérina, bourgade de l'Assyrie, et encore maintenant ceux qui se transportent de la Méditerranée à Babylone rencontrent, en descendant l'Euphrate, ce bourg trois fois en un jour.

« Elle fit faire ensuite de chaque côté une levée digne d'admiration, tant pour sa largeur que pour sa hauteur. Bien loin au-dessus de Babylone et à une petite distance du fleuve, elle fit creuser un lac destiné à recevoir ses eaux quand il vient à déborder. Il avait 420 stades de tour ; quant à la profondeur, on le creusa jusqu'à ce qu'on trouvât l'eau. La terre qu'on en tira servit à relever les bords de la rivière. Le lac achevé, on en revêtit les bords de pierre. Ces deux ouvrages, à savoir l'Euphrate rendu tortueux et le lac, avaient pour but de ralentir le cours du fleuve en brisant son impétuosité par un grand nombre de sinuosités, et d'obliger ceux qui se rendaient par eau à Babylone d'y aller en faisant plusieurs détours et de les forcer, au sortir de ces détours, à entrer dans un lac immense. Elle fit faire des travaux dans la partie de ses Etats la plus exposée à l'irruption des Mèdes et du côté où ils avaient le moins de chemin à faire pour entrer dans ses terres.

« Ce fut ainsi que cette princesse fortifia son pays. Quand ces ouvrages furent achevés, voici ceux qu'elle y ajouta : Babylone est divisée en deux parties et l'Euphrate la traverse par le milieu. Sous les rois précédents, quand on voulait aller d'un côté de la ville à l'autre, il fallait nécessairement passer le fleuve en bateau, ce qui était, à mon avis, fort incommode. Nitocris y pourvut. Le lac qu'elle creusa pour obvier aux débordements du fleuve lui permit d'ajouter à ce travail un autre ouvrage qui a éternisé sa mémoire.

« Elle fit tailler de grandes pierres, et, lorsqu'elles furent prêtes à être mises en œuvre et que le lac eut été creusé, elle détourna les eaux de l'Euphrate dans le lac. Pendant qu'il se remplissait, l'ancien lit du fleuve demeura à sec. Ce fut alors qu'on en revêtit les bords en briques cuites en dedans de la ville, ainsi que les descentes des petites portes à la rivière. La rive de l'Euphrate, de l'un et l'autre côté, était bordée d'une muraille d'enceinte qui enfermait ainsi les deux quartiers de la ville. On bâtit aussi, au milieu de Babylone, un pont avec les pierres qu'on avait tirées des carrières, et on les lia ensemble avec du fer et du plomb. Pendant le jour, on y passait sur des pièces de bois carrées qu'on retirait le soir, de crainte que les habitants n'allassent de l'un à l'autre côté du fleuve pendant la nuit, afin de se voler réciproquement. Le pont achevé, on fit rentrer l'Euphrate dans son lit, et ce fut alors que les Babyloniens s'aperçurent de l'utilité du lac et qu'ils reconnurent la commodité du pont. »

(Her. 1, CLXXXV.)

Malgré toutes ces indications si précises, les inscriptions ne nous ont pas encore fait connaître le nom de Nitocris, et les monuments épigraphiques attribuent à Nabuchodonosor seul l'initiative des grands travaux dont nous connaissons les ruines ; quant au nom de Nabopalassar, il ne nous est parvenu que dans les inscriptions de son fils.

NABU-KUDUR-USUR.

(604 a. J.-C.)

Nabuchodonosor est un des princes assyro-chaldéens dont le nom nous est parvenu sous la forme la moins altérée. Il est facile de le reconnaître dans la transcription נבוכדנצר ou נבוכדריצר qui nous est donnée par la Bible, c'est le Ναϐουχοδονόσορ des Septante, que nous retrouvons également dans la forme Ναϐοκολασσάρος que les Grecs nous ont conservée et qui figure dans le canon de Ptolémée. Le souvenir de ses conquêtes, qui ont fait de la Chaldée le plus grand empire du monde, la longue captivité des Juifs qui se rattache à ses premiers exploits et les travestissements même de l'histoire de ses dernières années, ont popularisé son nom pour ainsi dire à toutes les époques. Malgré cela, les monuments de son règne, que les découvertes modernes nous ont fait connaître, ne suffisent pas pour nous donner encore une idée complète de cette grande personnalité.

C'est à Bérose que nous devons quelques détails sur les premières années du règne de Nabuchodonosor. Josèphe, qui nous les a transmis, les avait empruntés textuellement sans doute au troisième livre de son histoire de la Chaldée.

Nabuchodonosor paraît avoir épousé, jeune encore, la fille d'un roi de Médie, et avoir affermi, par cette alliance, la résistance de son père contre la puissance assyrienne. Quelques temps après, Nabopalassar ayant appris la défection du Satrape préposé au commandement de l'Egypte, de la Célésyrie et de la Phénicie, et ne se trouvant plus capable de

soutenir les fatigues de la guerre, confia à son fils Nabuchodonosor une partie de son armée et l'envoya pour poursuivre la guerre.
Nabuchodonosor en vint aux mains avec le chef de la révolte, il le vain-
quit, et par là, réunit sa province à son empire. Sur ces entrefaites, il
arriva que Nabopalassar fut atteint par la maladie et rendit le dernier
soupir à Babylone, après un règne de 21 ans.

Nabuchodonosor, après la mort de son père, s'empressa de mettre de
l'ordre dans les affaires d'Egypte et confia à ses généraux les captifs des
Juifs, des Phéniciens, des Syriens et des Egyptiens pour les ramener sous
bonne escorte à Babylone; il prit lui-même, avec un petit nombre des
siens, le chemin du désert et se rendit directement dans sa capitale.

Il s'empara aussitôt de l'administration de la Chaldée, et s'étant
consolidé sur le trône, jouissant de toutes les conquêtes de son père, il
ordonna d'assigner dans la Babylonie les lieux les plus convenables pour
recevoir les colonies de captifs; puis, après avoir amplement orné
·le temple de Bel et de quelques autres Dieux des dépouilles de l'ennemi,
après avoir réparé la ville qui déjà existait et y avoir ajouté une ville neuve,
pour qu'on ne puisse, en cas de siége, l'attaquer par le fleuve, il fit entourer d'une triple enceinte l'intérieur de la ville ainsi que l'extérieur, en
partie avec des briques cuites et du bitume, et en partie avec des briques
seules. Enfin, lorsqu'il eut ainsi fortifié la ville et qu'il l'eut ornée de
portes splendides, il éleva un autre palais auprès du palais de son père;
on dit qu'il le surpassa même en grandeur et en beauté. Il serait trop
long de le décrire. Cependant, quoique grand et splendide, il fut bâti en
quinze jours. Or, dans ce palais, il fit construire, avec la pierre, des émi-
nences auxquelles il donna l'apparence de montagnes et il les disposa de
telle manière qu'elles fussent recouvertes d'arbres de toutes sortes. Il fit
également un jardin suspendu, que son épouse, Mède de naissance, avait
désiré pour lui rappeler sa patrie.

Voilà, en résumé, ce que les historiens grecs nous font connaître sur
les différents travaux qui ont été entrepris par Nabuchodonosor. Voici
maintenant les renseignements qui nous sont fournis par les inscriptions:

Il n'y a pas une brique sur l'emplacement de Babylone, qui ne porte
une inscription. On en distingue plusieurs espèces suivant leur aspect
extérieur. Les unes sont jaunes pâles, ce sont les plus belles; d'autres

sont rouges comme nos briques ordinaires, ce sont les plus communes ; d'autres enfin sont brunes, ce sont les plus dures. — Les unes sont cuites au feu, elles servaient à faire le revêtement des édifices ; les autres sont simplement séchées à l'ardeur du soleil, elles servaient à la construction intérieure des murs.

En général, la dimension de ces briques est constante, elles ont toutes environ un pied en carré et 3 pouces d'épaisseur. Ces dimensions paraissent avoir été prises pour une unité de mesure, car Ctésias nous apprend que les murs de Babylone avaient une largeur de 300 briques. Cependant, quelques-unes sont moitié moins larges ; et, d'un autre côté, les briques crues sont beaucoup plus grandes.

Toutes ces briques sont chargées d'inscriptions en caractères cunéiformes. La légende est imprimée à l'aide d'un timbre en bois qu'on appliquait sur l'argile fraîche avant la cuisson. C'est une sorte d'impression qui répétait le même texte des milliers de fois. Il est certain qu'on a pris des précautions dans la construction de la maçonnerie pour ne pas altérer l'écriture. Le bitume qui sert de ciment n'adhère pas sur les caractères et l'inscription est toujours tournée en dessous.

La variété des légendes n'est pas en rapport avec la quantité de briques que l'on extrait des ruines, elles portent pour la plus grande partie le nom de Nabuchodonosor ; celles de Neriglissor et de Nabonid sont très-rares.

Le nombre des lignes d'écriture n'est pas toujours le même. Il est possible d'en distinguer ainsi plusieurs variétés ; quelques inscriptions ont sept lignes, les autres six, d'autres quatre, enfin d'autres trois. Dans tous les cas les légendes sont identiques et ne diffèrent que par les variétés graphiques inhérentes à l'écriture en caractères cunéiformes ; elles sont toutes du type désigné sous le nom d'archaïque, ce qui ne préjuge rien, du reste, sur l'époque de la rédaction du document.

Cette légende est ainsi conçue :

« Je suis Nabu-kudur-usur, roi de Bab-Ilu, reconstructeur du Bit-Saggatu et du Bit-Zida, fils aîné de Nabu-pal-usur. Moi ! »

(M. Inscript. des briques de Babylone, pl. 1.)

La plus considérable des inscriptions de Nabuchodonosor est gravée sur un bloc de basalte noire, carré, d'un mètre de hauteur et de dix centimètres d'épaisseur. La surface de la pierre est divisée en dix colonnes qui comprennent 619 lignes d'écriture, en caractères archaïques, d'une exécution remarquable. Le monument a été découvert à Babylone, à la fin du dernier siècle ; il a été conservé pendant longtemps au Musée de la Compagnie des Indes qui est actuellement réuni au Musée Britannique.

Ce texte est l'original ou la copie d'une inscription identique gravée sur un cylindre en terre cuite dont Ker–Porter a découvert des fragments. L'écriture de la grande inscription sur pierre est en caractères du style archaïque, celle du cylindre était en caractères cursifs. C'est en rapprochant les fragments de cylindre de Ker–Porter du passage correspondant de l'inscription du Musée de la Compagnie des Indes, que le docteur Hincks a constaté l'identité du système graphique des deux monuments, malgré la différence que les signes pouvaient présenter.

L'inscription a été publiée d'abord avec une remarquable exactitude par Sir Hartfort John. Les exemplaires sont devenus très-rares ; mais Sir H. Rawlinson en a publié une nouvelle copie avec une transcription en caractères modernes dans le 1er volume du recueil des *Inscriptions du Musée Britannique*. Ce remarquable document a été de tout temps un objet d'étude des plus intéressants pour l'histoire de la paléographie assyro-chaldéenne et des plus difficiles à interpréter, à cause des détails architectoniques qu'il renferme. M. Oppert en a donné, le premier, une traduction complète, qu'il a lue devant l'Académie impériale de Reims, dans la séance publique du 3 août 1865.

Voici la traduction de cette inscription :

GRANDE INSCRIPTION DE NABUCHODONOSOR.

(C. I, l. 1.) — « Je suis Nabu-kudur-usur, roi de Bab-Ilu, grand, majestueux, soumis au dieu Marduk, Patesi suprême, adorateur du dieu Nabu. Celui qui exécute les oracles mystérieux, suivant le culte de cette divinité, et le respect de leur grandeur, Sakkanaku sans injustice, celui qui a pensé nuit et jour à la restauration du Bit-Saggatu et du Bit-Zida et qui a agrandi la gloire de Bab–Ilu et de Barsippa, le ministre des Dieux, le sage qui se confie à leur pouvoir, le réédificateur du Bit-Saggatu et du Bit-Zida, le fils aîné de Nabu-pal-usur, roi de Bab-Ilu, Moi !

(C. I, l. 23.) — « Le dieu Bel, lui-même, m'a créé, le dieu Marduk qui m'a engendré, a déposé lui-même le germe de ma vie dans le sein de ma mère.

(C. I. l. 26.) — « Je dis ceci : Je suis né pour gouverner. J'ai restauré les sanctuaires du Dieu suprême (Ilu). J'ai propagé le culte du dieu Marduk, le Grand-Dieu qui m'a créé et j'ai glorifié ses œuvres. Le dieu Nabu, qui naît de lui-même, soutient ma royauté, car j'ai toujours exalté le culte de sa divinité suprême. J'ai étendu l'adoration de ces divinités dans le sein de ma famille et j'ai moi-même pratiqué le culte de ces divinités.

(C. I. l. 40.) — « Nous disons : Marduk, le Grand Dieu a élevé ma tête à la royauté, il m'a confié l'empire sur les légions des hommes. Le dieu Nabu, le gardien des Légions du Ciel et de la Terre, a chargé ma main du sceptre de la Justice pour gouverner les hommes. C'est pourquoi je ne lui ai pas été contraire, j'ai respecté sa divinité, j'ai fait pratiquer son culte pour perpétuer le souvenir des noms augustes des Dieux. . . . .

(C. I, l. 51.) — « Je me suis confié au dieu Marduk. J'ai pris le bord de son vêtement, et il a scruté les désirs secrets de mon cœur. . . . . Sois propice au roi que tu as élevé, dont tu as glorifié le nom et auquel tu as confié la justice.

(C. I, l. 61.) — « Moi, Seigneur, je te bénis, moi, la créature de tes mains. Tu m'as créé, tu m'as confié la royauté sur les Légions des hommes, suivant ta volonté, Seigneur, qui a soumis leurs tribus. Rehausse ton empire suprême, propage l'adoration de ta divinité, excite-la dans mon cœur suivant ton désir et que ma vie te soit ainsi consacrée.

(C. II, l. 2.) — « Lui, le premier-né, le Dieu Suprême, il a entendu ma prière, il l'a écoutée, il a souscrit à ma demande. Il a inspiré dans mon cœur la crainte et le respect de sa divinité. Il a dirigé mon attention dans l'observation de ses préceptes et j'ai propagé le culte de sa souveraineté.

(C. II, l. 12.) — « J'ai maintenu dans son respect les pays lointains, les montagnes élevées, depuis la Mer-Supérieure jusqu'à la Mer-Inférieure ; ils n'ont pas abandonné le chemin de l'obéissance, le sentier de la soumission, ils n'ont pas méconnu les conditions de la défaite ni l'obligation de payer les tributs.

(C. II, l. 25.) — « J'ai changé les sentiers inaccessibles en chemins praticables pour les chars attelés.

(C. II, l. 27.) — « J'ai puni les hommes pervers. J'ai pénétré le plan des ennemis du pays et je me suis emparé d'un grand nombre de captifs. J'ai partagé entre mes soldats des meubles et des troupeaux. J'ai amassé dans Bab-Ilu de l'argent, de l'or, des métaux précieux, de l'émail, du lentisque, des bois de toute espèce et de toute valeur, des pierres, des montagnes, des pierres de la mer, un trésor considérable et digne d'envie.

(C. II, l. 40) — « J'ai restauré dans le Bit-Saggatu, le grand temple de la souveraineté, le sanctuaire des oracles où repose Marduk, le maître des Dieux. J'ai élevé sa coupole comme une fleur, je l'ai revêtue d'or travaillé, pour qu'elle resplendisse comme le jour et j'ai couvert le haut du temple avec des pierres, du cuivre et du plomb.

(C. II, l. 51.) — « J'ai fait faire selon les *namriri* de Samas les portes *Hisilul*, les portes *Kusbu*, du Bit-Zida et du Bit-Saggatu.

(C. II, l. 55.) — « L'autel des Destinées se trouvait à la Haute-Colline, où se prononçaient les oracles, en dehors de la ville, je l'ai transporté dans les *Zakmu Ku*. Au commencement de l'année, le 8ᵉ jour et le 11ᵉ jour du mois consacré au Dieu qui veille sur le Ciel et la Terre, le Dieu Suprême, et je l'ai consacré au dieu Ilu, la gloire du Ciel et de la Terre. Je lui ai consacré des. . . . et il a fixé la destinée de mes jours, il a prolongé la destinée de ma vie.

(C. III, l. 1.) — « Cet autel, l'autel de la souveraineté du Maître des Dieux, du sublime Marduk, avait été construit en or et en argent resplendissant, par un roi antérieur, je l'ai fait recouvrir en or pur d'un poids considérable. J'ai fait ciseler les vases sacrés en or du Bit-Saggatu, j'ai fait incruster du verre et des pierres précieuses dans le sanctuaire de Marduk et je l'ai fait briller comme les étoiles du ciel.

(C. III, l. 13.) — « J'ai reconstruit, j'ai restauré la merveille de Bab-Ilu, le temple des bases du Ciel et de la Terre. J'en ai élevé le faîte en brique et en cuivre. Le Dieu lui-même a dirigé ma pensés sur la reconstruction du Bit-Saggatu. J'ai courbé la tête devant cette injonction. J'ai disposé le sanctuaire des oracles, le lieu du repos de sa divinité. J'ai fait venir les plus grands arbres des sommets du Liban. J'ai recouvert avec de l'or brillant les énormes poutres de cyprès qui forment la charpente du sanctuaire des Oracles, les poutres inférieures ont été incrustées avec de l'or, de l'argent, des pierres précieuses et des métaux. J'ai pu achever le Bit-Saggatu et j'ai imploré, pour atteindre ce résultat, le Roi des Dieux, le Seigneur des Seigneurs.

(C. III, l. 36.) — « Barsippa est la ville où l'on adore ce Dieu, je l'ai ornée. J'y ai fait construire le Bit-Zida, sa demeure éternelle. J'en ai achevé la magnificence avec de l'or, de l'argent, des métaux, des pierres, des briques vernissées, des bois de lentisque et du cèdre. J'ai recouvert avec de l'or la charpente du sanctuaire où repose le dieu Nabù. J'ai recouvert les portes du sanctuaire des Oracles, avec de l'argent brillant. J'ai incrusté avec de l'ivoire la colonnade de la porte du sanctuaire du repos, le seuil, les linteaux, les. . . . . . J'ai recouvert avec de l'argent les montants de la porte des Vierges. J'ai splendidement orné l'entrée du sanctuaire du repos et le pourtour du temple avec des briques de différentes couleurs. J'ai orné, avec de l'argent travaillé, le pied des autels et j'ai construit les portiques et les montants des portes avec des grandes pierres. J'ai construit solidement le temple et pour l'admiration des hommes, j'ai refait et renouvelé la merveille de Barsippa, le temple des Sept-Sphères du Ciel et de la Terre, j'en ai élevé le faîte avec des briques et je l'ai recouvert en cuivre. J'ai disposé du marbre et d'autres pierres autour du sanctuaire du dieu Nabu : le char de la royauté, le sanctuaire glorieux des *Rakmuku*, aux fêtes de Bab-ilu (*Su an nu ki*), les *iskari*, et les réduits sacrés qui s'y trouvent.

(C. IV, l. 5.) — « J'ai fait élever, comme une montagne, avec du bitume et des briques, aux extrémités de Babylone, le temple des sacrifices des victimes pures, du grand maître des Dieux, de Marduk, qui préside depuis les premiers jusqu'aux derniers aux *an nun na ki*.

(C. IV, l. 15.) — « J'ai fait construire à Bab-Ilu, en l'honneur de Mylitta, la souveraine sublime, la mère qui m'a enfanté, le temple de la déesse des hauteurs et des profondeurs au milieu de Bab-Ilu.

(C. IV, l. 18.) — « J'ai fait construire dans Babylone, conformément aux règles de l'art, au dieu Nabu, le directeur suprême, qui donne le sceptre de la justice pour administrer les Légions des hommes, le temple du Dieu qui confère le sceptre, son temple.

(C. IV, l. 22.) — « J'ai fait élever dans Bab-Ilu, au dieu Sin, qui dirige mon jugement, le temple de la grande lumière, son temple.

(C. IV, l. 29.) — « J'ai fait élever dans Bab-Ilu, au dieu Samas, qui inspire le sentiment de la justice, le temple du Juge du monde, son temple.

(C. IV, l. 32.) — « J'ai fait élever, en forme de pyramide, en bitume et en briques, à Bab-Ilu, au dieu Bin, qui verse l'abondance dans mon pays, le temple du dispensateur des orages, son temple.

(C. IV, l. 37.) — « J'ai fait élever à Bab-Ilu, en bitume et en briques, semblable à une tour, en l'honneur de la Grande-Déesse, Nana, qui réjouit et qui soutient mon âme, le temple des hauteurs et des profondeurs, son temple.

(C. IV, l. 47.) — « J'ai construit dans le mur de Bab-Ilu, en forme de pyramide, à la souveraine du Bit-ana, la Reine qui a pitié de moi, le Bit-*Ki-ku-pa-nu*, son temple.

(C. IV, l. 51.) — « J'ai construit à Barsippa, un temple au dieu Adar Samdan qui brise l'arme de mes ennemis.

(C. IV, l. 52.) — « J'ai construit à Barsippa, à la Grande déesse Nana, qui réjouit ma chair, le Grand Temple, le temple de la Vie, le temple de l'Ame, ses trois merveilles.

(C. IV, l. 56.) — « J'ai construit à Barsippa, comme une tour, le temple du dieu Bin, qui fait éclater dans mon pays la foudre des oracles.

(C. IV, l. 57.) — « J'ai fait construire à Barsippa, dans le soubassement du Bit-zida, en l'honneur du dieu Sin, qui soutient mon autorité, le temple d'Ana, son temple en forme de. . . . .

(C. IV, l. 66). — « Imgur-Bel et Nivit-Bel sont les deux grandes enceintes de Bab-Ilu. Nabu-pal-usur, roi de Bab-Ilu, le père qui m'a engendré, les avait commencées, mais il n'en avait pas achevé la magnificence. Il en creusa le fossé extérieur large de deux grands *kari*, il en a construit les rebords en briques et en bitume. Il a fait les *kari* du fleuve Arakhti et il a entouré les rives du fleuve Purat d'un quai en briques, mais il n'a pas achevé tous ces travaux. A partir de la Haute-Colline (Tul-illu), où l'on prédit l'avenir sur l'autel des destinées jusqu'aux eaux de *Boursabou*, près de Bab-Ilu, près de la porte supérieure, j'ai construit les conduits en pierre *turmina turda* à la gloire du Grand Seigneur, Marduk. C'est pourquoi, moi, son fils aîné, qui glorifie son cœur, j'ai terminé Imgur-Bel et Nivit-Bel les grandes enceintes de Bab-Ilu.

(C. V, l. 27.) — « Outre son fossé, j'ai construit deux murs puissants, en bitume et en briques, je les ai reliés au fossé que mon père avait tracé et j'ai réuni, dans la ville, toutes les parties qui en étaient séparées, j'ai fait construire un autre fossé en briques qui forme le *Balar* du soleil couchant de l'enceinte de Bab-Ilu.

(C. V, l. 37.) — « J'ai fait entourer les eaux de *Bursabu*, pour les habitants de Bab-Ilu, d'un contrefort en maçonnerie et j'ai fait continuer les eaux de Bursabu depuis la porte supérieure jusqu'à *Istar-Sakipat-tebi su*, à la gloire de sa divinité, et je l'ai réuni avec ce qui avait été fait par mon père, j'ai bâti ensuite les conduits de Istar-sakipat-tebisu jusqu'à Imgur-Bel et Nivit-Bel.

(C. V, l. 46.) — J'ai ouvert de grandes portes dans les contreforts au dessous de Bab-Ilu, j'ai percé des portes dans l'intervalle, j'en ai jeté les fondements au-dessous des eaux en bitume et en briques. J'ai fait disposer avec art au-dessus des briques, des couvertures en cuivre au haut des *rims* et des grilles (?) construites à l'intérieur. J'ai établi de grandes poutres pour la charpente et j'ai disposé autour des portes une charpente avec des garnitures en airain. Je les ai ornés avec des inscriptions et des peintures, j'ai ménagé dans les montants des *rims*, des escaliers tournants (?) et des portes, j'ai achevé ces portes pour la sécurité des habitants de la plaine. C'est ainsi que j'ai disposé la construction d'Imgur-Bel, l'enceinte de Bab-Ilu, l'indestructible, qu'aucun des rois mes pères n'avait faite avant moi.

(C. VI, l. 25.) — « Quatre mille grandes mesures forment la surface de Bab-Ilu, l'œuvre indestructible, j'ai fait maçonner la puissante enceinte, le *Balar* du soleil levant de Bab-Ilu. J'ai fait creuser les fossés et j'en ai garni les bords par un ouvrage en bitume et en briques. J'ai construit dans l'intérieur, la puissante enceinte qui s'élève comme une montagne. J'y ai percé des portes *sallati*, je les ai disposées avec des charpentes et des poutres garnies d'airain pour que l'ennemi ne puisse jamais montrer son visage dans Bab-Ilu, l'impérissable, je l'ai fait entourer par les eaux, comme les vagues de la mer. Ses bords étaient comme les rives de la mer *Gallat* et du *Nahar-maratti*. Les tranchées dans les fossés étaient bordées par des talus en terre, j'ai fait construire les fossés en maçonnerie de briques.

(C. VI, l. 55.) — C'est ainsi que j'ai fortifié la. . . . . . et que j'ai protégé le pays de Bab-Ilu.

(C. VI, l 57.) — « J'ai fondé également le *Tabi-subur-su*, l'enceinte de Barsippa, j'en ai creusé le fossé, j'en ai limité les bords par un ouvrage en briques.

(C. VI, l. 63.) — « Je suis Nabu-kudur-usur, roi de Bab-Ilu, celui que Marduk le Grand Seigneur a désigné pour la gloire de sa ville de Bab-Ilu. Moi !

(C. VII, l. 5.) — « J'ai fait resplendir comme un rayon de soleil le Bit-Saggatu et le Bit-Zida. J'ai fait resplendir comme la lumière du jour les merveilles du Grand-Dieu. Avant moi, depuis les temps anciens jusqu'aux jours glorieux de Nabu-pal-usur, le père qui m'a engendré, il y a eu beaucoup de rois, mes prédécesseurs, dont le Dieu a prononcé le nom pour les appeler à la royauté, ils ont choisi d'autres endroits parmi les villes, ils les ont soignées comme la pupille de leurs yeux, ils y ont fait construire des palais et ils y ont établi leur demeure, ils y ont accumulé leurs butins, ils y ont entassé leurs richesses. Pendant la fête *Zakenuku labe* du Maître des Dieux, Marduk, ils sont entrés dans la ville de *Su an na ki* (Babylone).

(C. VII, l. 26.) — « C'est pourquoi le dieu Marduk m'a créé pour régner, le dieu Nabu, qui naît de lui-même, m'a confié son autorité comme une âme aimée; j'ai élevé leurs demeures dans *Din-tir-ki* (Babylone) et dans Barsippa et j'ai embelli Bab-Ilu, la ville de mes yeux; j'ai restauré ses palais pour l'admiration des hommes au centre du pays; j'ai élevé l'habitation de la royauté dans la terre de Bab-Ilu qui est au centre du pays de Bab-Ilu qui s'étend depuis Imgur-Bel jusqu'au *Libil-ubul*, le Canal du Soleil-Levant, depuis le fleuve Purat jusqu'aux eaux de Bursabu.

(C. VII. l. 48.) — « Nabu-pal-usar, roi de *Din-tir-ki* (Babylone), le père qui m'a engendré, avait commencé à bâtir un palais en briques; il avait élevé un autel au milieu, il avait creusé profondément les fondations au-dessous de l'eau, il avait pratiqué des portes dans les contreforts, au-dessous de Bab-Ilu qui entoure ce palais. J'ai fait les fondations en briques, j'y ai déposé la pierre de fondation, je suis arrivé jusqu'au niveau des eaux et j'y ai établi solidement les fondations du palais, je l'ai construit en bitume et en briques comme des *hursan*. J'ai employé pour la charpente de grosses poutres et des bois de cèdre garnis de fer, j'ai orné les portes avec des briques vernissées et des inscriptions et des peintures. J'y ai entassé de l'or, de l'argent, des métaux, des pierres de toute espèce et de toute valeur, j'y ai réuni un ensemble d'objets de prix, des trésors immenses. J'y ai attaché une vaillante légion, la défense de ma royauté.

(C. VIII, l. 19. — « Je n'ai pas érigé le trône de ma royauté dans une autre ville, dans le pays de Chaldée. Je n'ai pas choisi ailleurs le siège de ma souveraineté et je n'ai pas construit des. . . . . au milieu de ces contrées.Mais dans Bab-Ilu seulement, j'ai élevé le Palais de ma demeure, qui contient les trésors de ma royauté impérissable. Dans le respect du dieu Marduk, mon Seigneur, j'ai humilié mon cœur dans Bab-Ilu, la ville qu'il protége, et pour mettre à l'abri le siége de ma royauté, je n'ai pas dérangé son sanctuaire ni déplacé son autel, ni obstrué son canal.

(C. VIII, l. 40.) — « J'ai fait construire selon les règles de l'art six enceintes.

(C. VIII, l. 42.) — « Pour rendre difficile l'attaque des ennemis contre Imgur-Bel, le mur indestructible de Bab-Ilu, long de 480 stades qui se trouve autour de Nivit-Bel, le boulevard de Bab-Ilu, j'ai fait en dedans deux fossés garnis en bitume et en briques et un mur haut comme une montagne ; j'ai construit, dans les profondeurs, un ouvrage en briques, et au sommet, j'ai fait élever, en forme de flèche, en bitume et en briques une tour pour la demeure de ma majesté ; je l'ai agrandie en même temps que le palais de mes pères.

(C.VIII, l.59.) — « Dans un mois heureux, un jour propice, j'en ai posé les fondations, profondément dans la terre, et j'en ai élevé le faîte comme un *hurran*. En quinze jours, j'en ai achevé la magnificence et j'ai embelli le siége de ma royauté ; j'ai disposé dans la charpente de grandes poutres provenant des cèdres des hautes montagnes.

(C. IX, l. 1.) — « J'ai élevé des colonnes de lentisque, de cèdre et de cyprès, j'ai ajouté des *usa*, des peaux de veau marin, du *ihis*, de l'argent, de l'or et des garnitures en fer, des frises et des bas-reliefs exécutés en briques vernissées au-dessous des portes, j'en ai entouré le faîte avec des *kilil* en cuivre.

(C. IX, l. 23.) — « J'ai construit le mur puissant en maçonnerie, en bitume et en briques, je l'ai élevé comme une montagne ; en dedans de ce mur en briques, j'ai fait une enceinte en pierres énormes provenant des carrières des grandes montagnes et j'en ai élevé le sommet comme une montagne.

(C. IX, l. 29.) — J'ai fait construire ce palais pour l'admiration des hommes et je l'ai rempli de monde pour l'administration des Légions des hommes. Le respect que la force et la crainte de ma royauté inspire l'environne. Il n'y a pas de place pour l'injustice, que jamais l'ennemi n'y présente sa face, entouré par le mur de Bab-Ilu qui le garantit de toute attaque, il peut résister à toute épreuve.

(C. IX, l. 42.) — C'est ainsi que j'ai fortifié le pays de Bab-Ilu, comme des *Hursan*.

(C. IX, l. 45.) — « Je me confie au dieu Marduk, mon Seigneur, et je tends la main vers lui.

(C. IX, l. 47.) — « Marduk, chef sublime, maître formidable, toi qui m'as créé, toi qui m'as confié la royauté comme une âme chérie, j'ai élevé les faîtes des tentes sacrées au-dessus de la ville de Bab-Ilu, dans le pays de Chaldée. C'est pourquoi j'ai embelli la contrée, j'ai rehaussé l'adoration de ta divinité, j'ai propagé son culte ; bénis l'œuvre de ma main, exauce ma prière, car je suis le roi Constructeur, celui qui réjouis ton cœur, le Sakkanaku vigilant qui a restauré tous les sanctuaires.

(C. X, l. 1.) — C'est avec ton aide, Marduk, dieu sublime, que j'ai fait cette demeure. Que le plus grand bonheur puisse y entrer, que je puisse l'habiter sans douleur, y trouver le repos et y voir septupler ma race. Puissé-je y recueillir les tributs immenses des rois des contrées du monde entier depuis l'étoile de l'occident jusqu'à l'étoile de Nabu qui est au soleil levant. Que les révoltés ne triomphent jamais, que je ne fasse point de quartier à l'impiété et que les hommes de Bab-Ilu y règnent à cause de moi jusqu'aux jours les plus reculés. »

(W. A. I. I., pl. 56-64.)

INSCRIPTION DU CYLINDRE DE SIR T. PHILLIPPS.

Après l'inscription dont nous venons de donner la traduction, le monument le plus étendu du règne de Nabuchodonosor était écrit sur un cylindre en terre cuite, trouvé à Babylone, et aujourd'hui en la possession de Sir Thomas Phillipps. L'inscription qui le recouvre a été publiée pour la première fois par Grotefend, en 1848. Sir H. Rawlinson en a édité une nouvelle copie dans le 1er volume du *Recueil du Musée-Britannique.* Elle se compose de 170 lignes d'écriture en caractères cursifs, formant trois colonnes. M. Oppert en a donné une traduction dans son Expédition en Mésopotamie.

Voici ce que cette inscription nous fait connaître :

(C. I, l. 1). — « Je suis Nabu-kudur-ussur, Roi de la justice, Pasteur des peuples, guide des hommes ; celui qui dirige le culte des dieux Bel, Dagan, Samas et Marduk, celui qui exécute leurs décrets profonds, le maître de la destinée, le monarque auguste et sans reproche, le reconstructeur du Bit-Saggatu et du Bit-Zida, fils de Nabu-pal-usur, roi de Bab-Ilu. Moi !

(C. I, l. 8.) — « Je dis ceci : Marduk, le Grand Seigneur, m'a élevé à la souveraineté sur les nations ; il m'a donné ces vastes plaines pour les gouverner ; je me soumets humblement à Marduk, le Dieu qui m'a créé. Il a appelé mon attention sur l'observation de ses préceptes, il a manifesté devant moi le sens de ses oracles impénétrables, ses décrets suprêmes.

(C. I, l. 16). — «Au premier jour de la fête sublime *umaru*, la fête de la Main-Suprême, le jour de l'éclair de la nouvelle pluie (?) J'ai fait exposer les délices des Dieux du Bit-Saggatu et des Dieux de Bab-Ilu dans le sanctuaire de Marduk et de Zirbanit, mes deux Maîtres ; le poisson, l'oiseau, le *usummu*, le tribut, le trésor étranger, le *disip*, le *khimit*, le *sizib*, le *dumuk*, le *saman* (l'huile (?), le *kurannu*, le *dasap*, le *sikar* (le vin (?), le *satu*, le don suprême, ainsi que les dons des pays Izabu, Tuimmu, Lemmin, Kilbua, Aranabau, Sukham, Bel-Kubul, Bitat, comparables aux eaux des fleuves qui ne sont plus à leurs sources.

(C. I, l. 28.) — « Le lieu du repos, la demeure de sa puissance, je l'ai faite en forme de pyramide, en or brillant ; j'ai revêtu d'or la porte *kilisat*. J'ai construit, en l'émaillant et en lui donnant la forme d'une coupole, le temple de Zarpanit, ma Souveraine.

(C. I, l. 34.) — « Le Bit-Zida est la demeure du Roi du troisième mois (Nebo). Cependant il y a un sanctuaire de Nabu dans le Bit-Saggatu et j'en ai fait revêtir d'or le. . . . . . , le. . . . . . J'ai fait briller ce temple comme le jour. Le temple des assises de la Terre, la Zigurrat à laquelle se rattache le souvenir antique de Bab-Ilu, je l'ai construit dans ses premières et dans ses dernières parties.

(C. I, l. 41.) — « Bab-Ilu est le sanctuaire du dieu Marduk. J'ai achevé Imgur-Bel, sa grande enceinte. J'ai mis de grandes portes, j'en ai ajusté les battants avec de l'airain, j'y ai disposé des rampes et des grilles très-fortes. J'ai creusé des fossés, j'ai atteint le fond des eaux, j'ai construit les bords de la tranchée en bitume et en briques. J'ai construit de petites

14

tours sur le sommet du mur, je les ai élevées comme un rocher qu'on ne peut attaquer, en bitume et en briques.

(C. II, l. 1.) — « Pour préserver plus efficacement le Bit-Saggatu et le défendre contre l'ennemi et contre les attaques qui peuvent être dirigées contre Bab-Ilu (*Ba-bi-lav*), l'impérissable, j'ait fait construire en maçonnerie dans les extrémités de Bab-Ilu (*Ba-bi-lav*) une seconde enceinte, le boulevard du Soleil-Levant, qu'aucun roi n'avait construit avant moi. J'ai fait creuser les fossés et j'ai tracé sur des barils le souvenir de cette construction, j'ai fait couler tout autour de l'eau dans cette digue immense de terre. A travers ces grandes eaux, comparables aux abîmes de la mer, j'ai fait faire un conduit. J'ai fait murer ces grands fossés avec des briques, j'ai fait construire ce mur pour garantir les produits de la plaine de Bab-Ilu, j'en ai fait un refuge pour le pays des Sumirs et des Akkads.

(C. II, l. 18.) — « J'ai fondé, j'ai achevé le Bit-Zida, la maison éternelle, dans Barsippa. J'ai revêtu d'or les colonnes du sanctuaire du dieu Nabu, j'ai recouvert le lieu sacré en or, en argent, en autres métaux, en briques vernissées, en lentisque et en cèdre. C'est là que trônent Nabu et Nana. J'y ai fait construire dans ses premières et dernières parties la demeure qui réjouit leur cœur.

(C. II, l. 26.) — Au premier jour de la fête élevée, sublime, la fête de la Main-suprême, j'ai fait établir devant eux les 16 images sculptées, resplendissantes, les délices des Dieux de Barsippa, le *isih*, le poisson, l'oiseau, le *usummu*, le tribut, le trésor étranger, le *dasap*, le *sirur,* le *kurunu*, le *sikar satur*, le don suprême, le *disip,* le *khimil*, le *sizib*, le *yu'ul*, le *saman*, dans le sanctuaire de Nabu et de Nana, mes Seigneurs.

(C. II. l. 36.) — « Au viii* jour du *lulu*, j'ai mis le *gé-ni-e* du dieu Nirgal et du dieu Nikhaz, les Dieux du temple *Bit-pel-lam-au*, à Cutha. J'ai accompli l'oracle des Grands-Dieux, j'ai ajouté au *gé-ni-e* antérieur un nouveau. . . . .

(C. II, l. 40.) — « J'ai fondé, j'ai construit le temple du jour à Sippara, en l'honneur du dieu Samas et du dieu Sin, mes Seigneurs.

(C. II, l. 42.) — « J'ai fondé, j'ai construit le temple du jour à Larsam, en l'honneur du dieu Samas et du dieu Sin, mes Seigneurs.

(C. II, l. 44.) — « J'ai fondé, j'ai construit le temple *az-nuik* à Ur (Mughéïr) en l'honneur, du dieu Sin, le maître qui exalte ma royauté.

(C. II, l. 46.)—« J'ai fondé, j'ai construit le temple de *Ikul-A-nu* à Nipur, en l'honneur du dieu Anu, mon Maître.

(C. II, l. 48.)—« J'ai fondé, j'ai construit dans la ville de Mas le temple de l'adoration éternelle, en l'honneur du seigneur *Bel–Zarbi* mon Seigneur.

(C. II, l. 50.)—« Les magnifiques trésors, les antiques reliques d'Istar, d'Uruk, la souveraine suprême d'Uruk, je les ai remis à leur place dans la ville d'Uruk.

(C. II, l. 52.) — « J'ai porté l'attention de ma puissance dans le temple d'Anu. J'ai déblayé, j'ai mis à nu le timin antique du temple d'Anu; sur ce timin antique j'ai posé les bases nouvelles.

(Lacune de deux lignes.)

(C. II, l. 60.) — « Je suis Nabu–kudur–usur, le chef suprême, restaurateur du lieu de repos du plus grand des Dieux. Moi !

(C. III, l. 3.) — « J'ai agi comme un homme pieux envers le Bit-Saggatu et le Bit-Zida. J'ai propagé avec piété la splendeur du dieu Marduk et du dieu Nabu, mes Seigneurs. Dans leurs puissants *isinat*, leurs grands *akit*, j'ai fait reporter les butins que je leur devais. Dans les deux fêtes sublimes, *Pakal*, les fêtes de la Main-suprême, qui donne la pluie. . . . J'ai présenté le *usummu*, le tribut, le poisson, l'oiseau, le trésor étranger, le *libik*, le *sirar*, la *nibi manis*, le tribut que j'ai recueilli sur les impôts des citernes et des canaux.

(C. III, l. 18.) — « Les vastes plaines dont le dieu Marduk, mon Seigneur, a rempli mes mains, je les ai rendues tributaires de Bab-Ilu. J'ai imposé au pays des constructions en *bi-sit* des rochers, en pierres à fard des vallées ; j'ai réparti l'ensemble de ces pays d'une manière sage, sous la tutelle de mes préfets. Je leur ai fait verser de grands. . . . . intarissables.

(C. III, l. 27.) — « Nous disons ceci : J'ai fixé le trésor de ma royauté, le centre des vastes plaines, la demeure des premiers et des derniers, le siége du pouvoir. Je l'ai fondé, je l'ai construit dans Bab-Ilu. J'en ai posé profondément le timin dans les derniers bas–fonds, à l'intérieur de la vaste terre en bitume et en briques. J'ai apporté des grands cèdres des plus hauts sommets du Liban, pour en construire les colonnes.

(C. III, l. 37.) — « J'ai fait murer une grande enceinte, j'ai embelli au milieu d'elle la couche de ma royauté, la table de ma souveraineté.

(C. III, l. 42.)—«J'élève ma main, je me prosterne devant le Maître des Maîtres jusqu'au dieu Marduck, le Sublime, parvient ma voix.

(C. III, l. 44.) — « Seigneur de ces contrées, dieu Marduk, écoute ma prière. J'ai construit une maison indestructible ; qu'elle subsiste dans Bab-Ilu, qu'elle soit sa demeure, qu'elle voie septupler le nombre des naissances, qu'elle y recueille les tributs des rois des régions de toute l'humanité, et que ma race puisse, à cause de moi, régner sur les nations jusqu'aux jours les plus reculés.

(W. A. I. I, pl. 65-66.)

INSCRIPTION DU CYLINDRE DU MUSÉE-BRITANNIQUE

TROUVÉ A BABYLONE.

(C. I, l. 1.) — « Je suis Nabu-kudur-usur, Roi de Bab-Ilu, le prince glorieux, celui qui adore avec constance Marduk, le Pasteur des Peüples, celui qui protège les sanctuaires de Nabu, qui réjouit le cœur de ces divinités, le *Sakkanaku* suprême qui, chaque jour de sa vie, a songé à la restauration du *Bit–Saggatu* et du *Bit-Zida* pour propager la gloire de Bab-Ilu et de Barsippa, le prince religieux, le protecteur (des temples), le restaurateur du *Bit-Saggatu* et du *Bit-Zida*, fils de Nabu-pal–usur, Roi de Bab-ilu, Moi !

(C. I, l. 15). — « Nous disons ceci : Marduk, le Grand-Seigneur, le Dieu qui m'a engendré, m'a appelé (à l'empire), il m'a recommandé particulièrement les merveilles de Bab-Ilu. Moi !

(C. I, l. 19.) — « J'ai agi envers Marduk, mon Seigneur, comme son ministre. Je n'ai pas été indifférent ; que cela me soit propice. J'ai agi d'après moi seul, dans la volonté de mon cœur.

(C. I, l. 23.) — «J'ai restauré le *Bit-Saggatu*, je l'ai embelli avec du marbre, de l'argent, de l'or, des métaux, des pierres précieuses, des briques vernissées, du lentisque et du bois de toutes les espèces rares et parfumées, en quantité considérable.

(C. II, l. 1.) — « J'ai terminé le *Bit-Zida* suivant les décrets célestes de Marduk.

(C. II, l. 3.) — « J'ai bâti, suivant leur alignement, Imgur–Bel et Nivitti-Bel, les grands murs d'enceinte de Bab–Ilu.

(C. II, l. 5.) — « J'ai construit avec empressement les fossés revêtus en brique et en bitume; j'ai aligné les rues; j'ai fait ajuster, dans les grands portiques, des portes en airain, des .   .   . . et des grilles (?). J'ai élargi les rues de Bab–Ilu.

(C. II, l. 10.) — « Je me suis appliqué à protéger Bab-Ilu et le Bit-Saggatu.

(C. II, l. 13.) — « J'ai bâti de grands *asit* en bitume et en briques dans les terrains les plus élevés situés à la grande porte d'Istar depuis les bords du fleuve Purat jusqu'à la Grande-Porte inférieure, dans tout le parcours des rues. J'ai creusé leurs fondations au-dessous du niveau des eaux et des puits, et j'ai .   .   .   .   . . leur sommet. J'ai fortifié tous ces ouvrages et j'ai protégé (l'entrée) des rues.

(C. II, l. 22.) — « Marduk, seigneur puissant, fortifie pour la gloire les œuvres de mes mains ; avec ton aide, mes œuvres glorieuses resteront devant ta face sans être désavouées ; augmente le cours de mes jours et ma progéniture pour la gloire suprême Seigneur des Seigneurs. »

(*W. A. I.* I, pl. 52, n° 3.)

INSCRIPTION DU CYLINDRE DE RICH.

Ce monument a été découvert par Rich qui en a publié pour la première fois l'inscription dans les mémoires de son voyage. Il figure aujourd'hui dans la collection du Bristich–Museum et une seconde édition de l'inscription a été publiée par Sir H. Rawlinson. M. Oppert a découvert dans les ruines de Babylone les fragments d'un cylindre identique.

C. I, l. 1. — Je suis Nabu-kudur-usur, Roi de Bab-Ilu, celui qui punit l'injustice, adorateur du plus grand des Dieux, Pateti suprême, restaurateur du Bit–Saggatu et du Bit-Zida, fils de Nabu–pal–usur, roi de Bab–Ilu, Moi !

« Le cours des eaux du *libit kan ik*, le Canal situé à l'orient de Bab-Ilu, avait été négligé pendant les jours de l'inondation. Les digues de terre étaient écroulées, les conduits étaient obstrués ; j'ai rectifié son cours depuis le fleuve Purat (l'Euphrate), jusqu'aux eaux de *Bursabuv*. J'ai refait ses berges en bitume et en briques. J'ai creusé un canal à la gloire de Marduk, mon puissant seigneur, pour (l'écoulement) des eaux de Bursabuv, aux environs de Bab-Ilu, et j'en ai dirigé le cours.

« Marduk, seigneur puissant, dans ma soumission, sois-moi favorable, prolonge ma vie jusqu'aux jours les plus reculés ; accorde-moi une nombreuse (sextuple) progéniture, et, pour l'éternité ; la stabilité du trône et la victoire de mon glaive. »

(Rich., pl. ix, n° 4. *W. A. I.* I, pl. 64.)

INSCRIPTION DE HILLAH EN CARACTÈRES CURSIFS.

Cette inscription avait été découverte par M. Oppert dans une maison de Hillah. Elle se composait de six lignes d'écriture, gravée sur le côté droit d'une brique babylonienne, malheureusement elle a été perdue dans le Tigre.

« Je suis Nabu-kudur–usur, roi de Bab–Ilu, restaurateur du Bit-Saggatu et du Bit–Zida, fils de Nabu-pal-usur, roi de Bab–Ilu, Moi !

« Je dis ceci : Nabu–pal-usur, le père qui m'a engendré, a construit Imgur-Bel, la grande enceinte de Bab–Ilu. C'est pourquoi Bel . . . le plus grand des Dieux. Il a fait creuser les fossés, il a fait revêtir solidement les bords des fossés en bitume et en briques.

« Marduk, seigneur puissant, favorise les œuvres de ma main ; sois-moi propice et reçois mon adoration. »

(Op., *E. M.*, ii, pl. 257-276.)

INSCRIPTION SUR MARBRE.

Sur un marbre de la porte d'un des palais de Babylone, on lit :
« Palais de Nabu-kudur-usur, roi de Bab-Ilu, restaurateur du Bit-

Saggatu et du Bit-Zida, qui marche avec constance (*du du*) dans l'adoration de Nabu, et de Marduk, fils de Nabu-pal-usur, roi de Babilu. »

W. A. I., I, pl. 52, n° 7.)

INSCRIPTION DE BABYLONE EN CARACTÈRES CURSIFS.

Sur la tranche d'une brique analogue à celle que M. Oppert avait trouvée à Hillah.

« Je suis Nabu-kudur-usur, Roi de Bab-Ilu, reconstructeur du Bit-Saggatu et du Bit-Zidu, fils de Nabu-pal-usur, roi de Bab-Ilu. Moi.

« J'ai construit un palais pour la demeure de ma royauté, dans cette ville de Bab-Ilu qui est située dans la terre de Bab-Ilu. J'ai creusé ses fondations, à une grande profondeur, au-dessous des eaux du fleuve, et j'en ai écrit le souvenir sur des cylindres recouverts en bitume et en brique.

« Avec ton assistance, Marduk, Dieu des Dieux, j'ai construit ce palais au milieu de. Bab-Ilu. Viens y demeurer, augmente (septuple) le nombre des naissances, et que par moi le peuple de Bab-Ilu soit vainqueur jusqu'aux jours les plus reculés. »

(W. A. I., I, pl. 52, n° 6.)

INSCRIPTION DU TEMPLE DE MYLITTA.

Cettte inscription est répétée en entier sur quatre barils complets ; deux sont au Musée de Berlin, les deux autres à Paris à la Bibliothèque Nationale ; l'un provient de la collection de M. Raoul Rochette, l'autre de celle de M. le duc de Luynes. M. Oppert a découvert des fragments d'un monument analogue dans les ruines de El Kolaiah où il suppose que devait se trouver le fameux temple de Mylitta-Zarpanit.

« Je suis Nabu-kudur-usur, roi de Bab-Ilu, fils de Nabu-pal-usur, roi de Bab-Ilu. Moi !

« J'ai fondé, j'ai élevé le temple auguste, le temple de Zarpanit, au milieu de Bab-Ilu, en l'honneur de Zarpanit, la souveraine auguste, dans l'enceinte de Bab-Ilu.

« J'ai fait construire, en bitume et en briques, un sanctuaire carré. J'ai creusé les voûtes de ses niches dans la masse de la terre.

« Souveraine des Dieux, Mère auguste, sois-moi propice, que mes œuvres s'accomplissent avec ton concours.

« Féconde les familles, veille sur les mères jusqu'à leur délivrance, toi qui présides aux naissances. »

(Op. *E. M.*, II, p. 295-303.)

INSCRIPTION DE BORSIPPA.

Nous avons dit (*supra* p. 187), comment cette inscription avait été découverte par Sir H. Rawlinson dans les ruines du Bin–Nimroud; les quatre cylindres sont aujourd'hui déposés au Musée-Britannique et présentent une inscription identique, sauf une légère variante, l'un des cylindres après la quinzième ligne de la onzième colonne, contient quatre lignes qui ne se trouvent pas sur les autres.

« Je suis Nabu-kudur-usur, roi de Bab-Ilu, serviteur fidèle, gage de l'affection immuable de Marduk, l'Issakku suprême, qui exalte la gloire de Nabu, le sauveur, le sage qui prête une oreille attentive aux ordres du Dieu suprême, le Sakkanaku sans péché, le reconstructeur du Bit-Saggatu et du Bit-Zida, fils aîné de Nabu–pal-usur, roi de Bab-Ilu. Moi !

(C. I, l. 10). — « Nous disons, Marduk, le Dieu suprême, m'a engendré lui-même; il m'a ordonné de reconstruire ses sanctuaires. Nabu, qui surveille les légions du Ciel et de la Terre, a chargé ma main du sceptre de la justice.

(C. I, l. 15). — « Le Bit-Saggatu est le temple du Ciel et de la Terre, la demeure du Maître des Dieux, de Marduk. J'ai fait recouvrir en or pur le sanctuaire où repose sa souveraineté.

(C. I, l. 19). — « Le Bit–Zida est la maison éternelle; je l'ai rebâtie depuis ses fondements; j'en ai achevé la magnificence avec de l'argent, de l'or, des métaux, des pierres précieuses, des briques vernisées, des bois de lentisque et de cèdre.

(C. I, l. 23). — « J'ai refait le temple des Bases de la Terre, la Zigurrat de Bab-Ilu, et je l'ai achevé en briques et en cuivre; j'en ai élevé le faîte.

(C. I, 1. 27). — Je dis ceci : Le temple des Sept Lumières de la Terre, la Zigurrat de Barsippa fut bâti par un roi ancien. Il couvrait 40 mesures de terre, mais il n'en éleva pas le faîte ; les hommes l'avaient abandonné depuis le jour de l'inondation, dont ils n'avaient pas dirigé le cours. La pluie et les orages avaient dispersé les ouvrages d'argile et les revêtements de ses murs. L'argile s'était effondrée avec la terre et formait un monceau de ruines. Le Grand-Dieu Marduk a excité mon cœur à le rebâtir. Je n'ai pas changé l'emplacement. Je n'ai pas touché à son *timin*. Dans le mois de la Paix, dans un jour propice, j'ai. . . . la brique crue des massifs et la brique des revêtements. J'ai inscrit la gloire de mon nom dans les. . .

(C. II, 1. 15). — « J'ai mis la main à cette reconstruction ; j'ai élevé le faîte (de cet édifice), je l'ai fondé, je l'ai reconstruit comme il était jadis comme il était dans les temps anciens et j'en ai élevé le faîte.

(C. II, 1. 15). — « Nabu, fils de toi-même, intelligence suprême, qui exalte la gloire de Marduk, sois favorable à mes œuvres glorieuses. Accorde-moi pour toujours la perpétuation de ma race, pour des temps à venir une fécondité prospère, la solidité du trône, la victoire du glaive, la pacification des rebelles et la conquête des pays ennemis. Consigne le cours heureux de mes jours dans les colonnes de la table éternelle qui fixe les destinées du Ciel et de la Terre et inscris-y la fécondité.

(C. II, 1. 25). — « Imite, ô Marduk, roi du Ciel et de la Terre, le père qui l'a engendré, bénis mes œuvres, protége ma domination.

(C. II, 1. 27). — « Que Nabu-kudur-usur, le roi qui relève les ruines, trouve grâce devant ta face. »

(*W. A. I.*, I, pl. 51, n° 1.)

C'est dans cette inscription qu'on avait cru découvrir (C. I, 1. 27 et suiv.) une mention expresse du Déluge et de la construction de la Tour de Babel, mais cette lecture ne s'est pas vérifiée.

INSCRIPTION DU CYLINDRE DE SENKEREH.

(C. I, 1. 1.) — « Je suis Nabu-kudur-usur, roi de Bab–Ilu, chef des sanctuaires, adorateur du souverain des Dieux, reconstructeur du Bit–Saggatu et du Bit–Zida, fils aîné de Nabu-pal-usur. Moi !

C. I, l. 7. — « Nous disons ceci : Marduk le seigneur puissant, le plus élevé des Dieux m'a confié les pays et les hommes pour les gouverner. Dans ce temple il existait un Temple du Jour (*Bit-Parra*), le Temple de Samas, à Larsam. Depuis les temps reculés, il était devenu un monceau de ruines ; les murs s'étaient écroulés à l'intérieur et les *usurat* étaient détruits. Pendant ma campagne (*Palieya*), le Grand-Dieu, Marduk, sévit contre le Temple du Jour, le Dieu protecteur s'enfuit et l'abandonna, il…..

(C. I. l. 23). — « C'est pourquoi, Nabu-kudur-usur, roi de Bab-Ilu, le chef de ceux qui adorent ce Dieu, j'ai été encouragé à reconstruire le Temple du Jour. J'ai déblayé, j'ai retrouvé son Timin antique, et sur (ce Timin), j'ai amoncelé de la terre jusqu'à une grande hauteur et j'y ai posé des briques. J'ai construit le Temple du Jour, la Maison éternelle, la demeure de Samas, mon Seigneur, en l'honneur de Samas, qui habite le Temple du Jour à Larsam, pour la gloire du Grand Seigneur, mon Maître.

(C. II, l. 12). — « Samas, grand Seigneur, bénis à ton coucher, dans ses premières et dans ses dernières parties le Temple du Jour, la merveille glorieuse de mes mains ; qu'avec ton aide, j'obtienne une vie heureuse jusqu'aux jours les plus éloignés, la stabilité du trône et la victoire de mon glaive ; que ces seuils, les linteaux, les portiques, les colonnes du temple du Jour, mes œuvres glorieuses me rappellent devant toi.

(*W. A. I.*, I, pl. 51, n° 1.)

INSCRIPTION DES BRIQUES DE SEN KEREH.

« Nabu-kudur-usur, roi de Bab-Ilu, reconstructeur du Bit–Saggatu et du Bit-Zida, fils aîné de Nabu-pal-usur, Moi. J'ai rétabli pour. . . . le temple *Seb ra*, le temple de Samas, comme il était autrefois.

(*W. A. I.*, I, pl. 52, n° 5.)

INSCRIPTION DES BRIQUES DE MUGHÉIR.

« . . . . Nabu-kudur-usur, roi de Bab-Ilu, restaurateur du Bit-Saggatu et du Bit–Zida, fils aîné de Nabu-pal-usur, roi de Bab-Ilu, a (construit) le temple *nir na ik* (le temple de la Grande Déesse), le temple de Sin qui est situé dans Ur, en l'honneur du dieu Sin, mon seigneur.

(*W. A. I.*, I, pl. 8, n° 4.)

𒌋𒌝𒊩𒉿 𒐏𒌋𒉿 𒊩𒌋 𒐕𒍝 𒉿𒌋

JÉRUSALEM.

Les inscriptions de Nabuchodonosor ne nous font connaître, jusqu'ici du moins, que les travaux de construction qu'il avait entrepris. En attendant que des documents historiques, analogues à ceux des rois d'Assyrie, nous racontent ses campagnes, nous sommes obligés d'avoir recours aux documents qui nous sont fournis par les juifs et par les grecs.

Nabuchodonosor est peut-être, sous ce rapport, le prince le plus connu de l'empire de Chaldée. Un fait d'une grande importance s'est accompli sous son règne et l'influence que cet événement a dû exercer sur l'état de la civilisation du monde entier, ne nous permet pas de le passer sous silence. Je veux parler du siége de Jérusalem et de la captivité des Juifs, qui a suivi la destruction de la ville de David.

Il n'est pas sans intérêt de jeter un coup d'œil sur l'état de Jérusalem à cette époque, ne serait-ce que pour rapprocher les données qui nous sont transmises par la Bible, de celles qui nous sont conservées dans les inscriptions.

La ville de Jérusalem est située au point le plus élevé des montagnes de la Judée, sur les anciennes limites des tribus de Benjamin et de Juda. La montagne qui sert d'assiette à la ville descend en pente vers le Nord ; elle est entourée à l'Est, au Midi et à l'Ouest, de ravins profonds, au-delà desquels se trouvent de hautes montagnes. On y distinguait trois collines, l'une au S.-O., c'est le mont Sion, le plus étendu et le plus élevé où se trouvait le fort des anciens Jébuséens qui ne fut conquis que sous le règne de David. En face de Sion, au N.-E. se trouvait une colline moins élevée, en forme de croissant, dont les Hébreux avaient pris possession dès les premiers temps de la conquête et sur laquelle la ville s'est agrandie de plus en plus du temps de David. Cette colline qui ne porte pas de nom spécial dans la Bible fut désignée par la suite sous celui d'Acra, à cause de la citadelle élevée par Antiochus Epiphane. Sion fut encore appelée la Haute-Ville, et Acra la Basse-Ville; ces deux points étaient séparés par un vallon qui, courant du N.-O. au S.-E., vers la fontaine de Siloé aboutissait dans la vallée de Kidron et s'appelait « le Vallon des Fromagers. » Au S.-E. d'Acra il y avait une troisième colline appelée Moria, sur laquelle était assis le Temple. Elle était d'abord séparée de la colline d'Acra par une large vallée, mais Simon Machabée, qui rasa la citadelle d'Antiochus, fit aplanir l'Acra et combler la vallée, de sorte que les deux hauteurs de Moria et d'Acra n'en formèrent plus qu'une seule. A l'Ouest du Temple, il y avait sur la vallée de Tyropeon un pont qui conduisait à l'angle N.-E. de Sion, où se trouvait une plate-forme appelée Xystus.

Les trois collines que nous venons de nommer formèrent, depuis David et Salomon, l'emplacement de la ville de Jérusalem. Quant au mont Moria, il n'avait été d'abord qu'une colline irrégulière, dont la surface n'aurait pas suffi pour toutes les constructions dépendantes du Temple. Salomon fit élever un mur du fond de la vallée de l'Est et remplir de terre tout l'espace intérieur pour augmenter ainsi l'aire de la colline. Dans la suite des temps, des constructions immenses furent encore entreprises pour l'agrandir et en soutenir les côtés. La surface ainsi encadrée formait un carré d'un stade en long et en large.

Au nord du Moria, il y avait une colline qui, sous Agrippa Iᵉʳ, fut jointe à la ville par un agrandissement de son enceinte et qui s'appelait Betzetha, « ville neuve (?) ». La ville, de ce côté, était beaucoup moins fortifiée par la nature, aussi, de tout temps les troupes qui ont assiégé Jérusalem y ont pénétré du côté du Nord. Des trois autres côtés des ravins profonds la rendaient inexpugnable. A l'Est, on trouvait la vallée du Kidron ainsi nommée à cause du torrent qui la parcourt. On l'appelait aussi la vallée de Josaphat; elle a environ 2,000 pas de longueur et sépare Jérusalem de la montagne des Oliviers qui est à l'Est. Le ravin du Midi s'appelait la Vallée de Hinnom, ou gué de Ben-Hinnom. A l'issue de ces extrémités se trouve la source de Siloé ou de Guihon, au pied du Moria et au S.-E. du Sion. Le ravin moins profond de l'Ouest s'appelle la vallée de Guihon.

Les différents quartiers de Jérusalem furent, à différentes époques, entourées de murailles. Josèphe en distingue trois; la description qu'il en donne a été bien des fois reproduite et commentée ; sans entrer dans les discussions auxquelles elle a donné lieu, nous la rappellerons ici.

Des trois murailles, la plus ancienne, dit-il, était inexpugnable, tant à cause des vallées et de la hauteur de la colline qui la dominait et sur laquelle elle était construite, qu'en raison des fortifications que David, Salomon et les Rois leurs successeurs avaient, avec grand soin et à l'aide de dépenses énormes, ajoutées à la force naturelle du terrain. Commençant du côté du Nord à la tour Hippicus et s'étendant vers le Xystus en rejoignant ensuite la Curie, elle venait aboutir au portique occidental du Temple, et elle séparait ainsi la Haute-Ville de la Basse. A l'Ouest, partant de la tour Hippicus, la muraille passait par un endroit appelé Bethso jusqu'à la porte dite des Esséniens ; puis, elle tournait au S.-E. et environnait tout le midi de Sion jusque vers la source de Siloam et de là déclinant ou reculant de nouveau en faisant face à l'Orient et se dirigeant au-dessus de l'étang de Salomon, elle traversait le terrain jusqu'à la place appelée Ophla ; enfin, elle venait aboutir au portique oriental du Temple, de sorte qu'elle enfermait outre le Sion tout le côté méridional du Moria.

La deuxième muraille, partait de la porte qui s'appelait Porte Gennath (Porte des Jardins), laquelle appartenait à la première muraille et entourant seulement le terrain placé au Nord, elle allait rejoindre la tour Antonia.

La troisième enceinte commençait à la tour Hippicus, à partir de laquelle se dirigeait du côté du Nord jusqu'à la tour Psephine et passant ensuite devant les monuments d'Hélène, puis s'étendant à travers les cavernes royales, elle se courbait à la tour Angulaire dans le voisinage du Moulin du Foulon et, rejoignant l'antique péribole, elle se terminait contre la vallée nommée la vallée du Kidron.

Cette troisième muraille ne fut commencée que sous le règne d'Agrippa Ier ; elle comprenait le terrain où jadis les assyro-chaldéens avaient campé lors du siége de Jérusalem.

Les murailles étaient construites en zig-zag et couronnées par un parapet crénelé. Leur hauteur reste indéterminée, les chiffres de Josèphe ne peuvent être pris en considération ; il est certain que Josèphe a eu en vue plusieurs unités de mesures et qu'il a établi ainsi une confusion inextricable dans les résultats auxquels on arriverait en les prenant pour base.

Quant aux rues de Jérusalem, la Bible n'en nomme qu'une seule, la

rue des Boulangers (Jérém. 37, 21). Il y avait devant chaque porte de
grandes places qui servaient aux assemblées populaires.

Le principal édifice de l'ancienne Jérusalem était le Temple, fondé
par Salomon sur le mont Moria, détruit par Nabuchodonosor, rebâti sous
Zorobabel et restauré par Hérode.

Il est impossible d'en donner une description exacte, celle qui se trouve
dans le premier livre des Rois (ch. vi et vii) et dans le deuxième livre des
Chroniques sont fort incomplètes et souvent difficiles à concilier ; les nombreux termes d'architecture ne sont guère plus faciles à comprendre dans
la Bible que dans les inscriptions. Josèphe, auquel on est obligé d'avoir
recours pour s'éclairer, ne paraît pas avoir suivi, dans la description, les
deux sources auxquelles il faut cependant bien se reporter.

L'édifice était construit sur le modèle du temple portatif de Moïse, dont
les proportions avaient été agrandies ; il se composait de deux parties, le
Temple proprement dit et le Parvis.

Le Temple, bâti en pierres, avait 60 coudées de long de l'Est à l'Ouest,
20 coudées de large et 30 de hauteur. Devant l'entrée du Temple à l'Est,
se trouvait un portique ($\pi\rho\rho\nu\alpha\rho\varsigma$) appelé Oulam dont la longueur qui était
de 20 coudées, couvrait toute la largeur de l'édifice. Il paraît résulter
d'un passage du livre des Rois (t. R. 7. 12) que le mur se composait de
trois rangées de pierre de taille, surmontée d'une espèce de balustrade
en bois de cèdre. Devant le portique, on plaça deux colonnes d'airain,
creusées en dedans, de 18 coudées de hauteur et de 12 de circonférence.
Ces mesures varient du reste dans le livre des Rois et dans le livre des
Chroniques, ainsi que dans les indications qui se trouvent dans le livre de
Jérémie. La description des chapiteaux est assez obscure. Il paraît que
la surface était couverte de fleurs de lys en relief (1. R. 171. 1922). Sept
chaînes, qui entouraient cette surface, y formaient une espèce de treillage
(ibid. v. 07). A chacun des deux bords des chapiteaux, il y avait, sur une
chaîne, cent grenades.

Le texte ne dit pas clairement de quelle manière les deux colonnes étaient
placées ; on sait qu'il y en avait une au Midi et l'autre au Nord ; celle du
Midi se nommait Yachin et celle du Nord, Boaz. Ces deux colonnes avaient
été exécutées par un artiste phénicien nommé Hirom, et que Salomon avait
fait venir de Tyr.

Le portique et les deux colonnes formaient la façade du Temple. Sur les deux côtés et sur le derrière, c'est-à-dire au Nord, au Midi et à l'Ouest, on adossa au mur trois étages composés de chambres qui communiquaient entre elles par des portes et qui étaient destinées à recevoir les trésors du Temple.

L'entrée des étages était sur le côté droit, au Midi du Temple, à la chambre du milieu du rez-de-chaussée. Un escalier tournant conduisait de là aux étages supérieurs.

Au-dessus des étages, il y avait dans les murs du Temple des fenêtres fermées par un treillage. Enfin le Temple était couvert en bois de cèdre.

A l'intérieur, le Temple, de même que le Tabernacle de Moïse, était divisé en deux parties ; le devant, le lieu Saint, appelé *Hekal* « le Palais » et le derrière appelé *Débir* « le Saint des Saints », il s'étendait dans toute la longueur de l'édifice. Il y avait sur les murs un lambris de bois de cèdre sculpté de chérubins (*kirub*), de branches de palmier, de coloquintes et de fleurs épanouies. Le plafond était en bois de cèdre et le parquet en cyprès, recouvert d'une forte dorure.

L'entrée du Débir était fermée par une porte en bois d'olivier sauvage, à deux battants, sculptée et dorée comme les lambris. Une porte pareille fermait le Hékal, mais les poteaux seulement étaient en bois d'olivier et les battants en bois de cyprès et tournaient sur des gonds en or.

Le Temple était entouré d'un double Parvis (II Rois, 21 5, 23, 12). Le livre des Rois ne décrit que le Parvis intérieur qui était environné d'un mur formé de trois rangées de pierres de taille surmontées d'une balustrade en bois de cèdre. L'entrée des deux Parvis était fermée par des portes recouvertes en airain.

Parmi les objets sacrés qui étaient renfermés dans le Temple, on trouvait au milieu du Parvis le grand autel d'airain. Puis, le bassin d'airain, immense hémisphère dont le bord, travaillé en forme de calices de fleurs de lys au-dessous desquelles couraient deux rangées de coloquintes, était soutenu par douze bœufs en airain, disposés trois par trois, suivant les quatre points cardinaux. Outre le grand bassin, il y en avait encore dix autres, cinq au Nord, cinq au Midi, de moindre dimension, placés sur des piédestaux en airain, ornés de figures de lions, de bœufs et de chérubins.

Dans le Hékal, devant l'entrée du Saint des Saints, se trouvait l'Autel des parfums, en bois de cèdre couvert de lames d'or, le Chandelier à sept branches et la Table des pains de proposition.

Dans le Debir, le Saint des Saints, il n'y avait que l'Arche Sainte, aux deux extrémités de laquelle se trouvaient deux chérubins de bois d'olivier sauvage, couverts d'or.

Après le Temple, nous devons mentionner le Fort de Sion, conquis sur les Jébuséens par Joab, général de David, appelé depuis la ville de David ; il était protégé, au Nord, par un rempart appelé Milo. Vient ensuite le palais de Salomon, surnommé la Maison de la forêt du Liban, à cause de la grande quantité de bois de cèdre qui entrait dans sa construction.

Au moment de la conquête de Jérusalem par Nabuchodonosor, la ville fut détruite de fond en comble; tous les palais devinrent la proie des flammes. Nous allons maintenant essayer de retracer les événements qui ont amené cette grande catastrophe. Mais, pour les bien comprendre, il importe de reprendre l'histoire de plus haut et de revenir sur les dernières années du règne de Nabopalassar.

Dans la iv⁰ année du règne de Joachim (606 a. J.–C.), Néchao, roi d'Egypte, après avoir soumis successivement les peuples qui habitaient en deçà de l'Euphrate, crut pouvoir entreprendre le siège de Circésium (Karkamis). Mais, au même moment, Nabuchodonosor, alors prince royal de Babylone, associé au gouvernement de son père Nabopalassar, s'avança vers l'Euphrate et rencontra l'armée de Néchao près de Circésium; il la mit en déroute et obligea le roi d'Egypte à abandonner ses entreprises. Le peuple juif, qui avait tremblé pour sa propre sécurité en présence des conquêtes de Néchao, se trouva ainsi délivré de l'ennemi le plus imminent et célébra la victoire de Nabuchodonosor. Malgré cela, il n'était pas sans inquiétude sur la marche des Chaldéens.

Dans l'année qui suivit la défaite de Circésium, Nabuchodonosor s'avança vers les frontières de l'Egypte jusqu'à Peluse, il s'empara de la Syrie, sans toucher cependant à la Judée, et contraignit les Egyptiens à rentrer dans leurs frontières. C'est alors que la Judée, seule en présence de la puissance chaldéenne, commença à trembler pour sa propre sécurité. Les Rébachites qui, depuis Jéhu, vivaient sous les tentes de la vie nomade, furent obligés de se réfugier dans Jérusalem.

Le danger devenait si pressant que, dans le ix⁰ mois (décembre) de la v⁰ année de Joachim on proclama un jeûne public pour implorer Jéhova contre les Chaldéens. Jérémie, prévoyant les dangers qui menaçaient sa patrie, profita de cette circonstance pour faire lire par Baruch, dans le Parvis du Temple, les livres qu'il avait composés l'année précédente contre le développement de la puissance chaldéenne sur laquelle les conseillers de Joachim semblaient fermer les yeux. Ces discours firent une grande impression dans le public. On en parla au roi qui fit saisir subrepticement les manuscrits de Jérémie ; il les fit lire devant lui. Cette lecture exaspéra le monarque qui fit brûler aussitôt les livres du prophète ; puis il ordonna l'arrestation de Jérémie et de Baruch, heureusement qu'ils parvinrent à se dérober à ses recherches.

Pendant sa retraite, Jérémie fit écrire de nouveau ses discours ; le danger devenait plus pressant ; l'aveuglement du roi était au comble ; les avertissements du prophète devenaient de plus en plus sinistres : Joachim devait périr dans la lutte et son cadavre devait rester sans sépulture.

Ce fut sur ces entrefaites que Nabuchodonosor, ayant appris la mort de son père (604), prit en toute hâte le chemin du désert pour retourner à Babylone (Bérose, Josep. ant. XII, 1, ç. ap. 1. 19). Deux ans après, dans la VIIIe année du règne de Joachim (603-602), Nabuchodonosor revint en Syrie, pénétra dans la Judée, la rendit tributaire et força Joachim à le reconnaître comme son suzerain. Dès cette époque, Nabuchodonosor fit emporter à Babylone une partie des trésors du temple de Jérusalem.

Trois ans plus tard, Joachim, comptant sur l'appui de l'Egypte, où régnait Psammis (Ψάμμουθις), se révolta contre le roi de Babylone. Nabuchodonosor se préparait à marcher contre lui lorsque, suivant le texte biblique, Joachim se coucha avec ses ancêtres (II. Rois, 24, 6.). Josèphe prétend qu'il fut assassiné par ordre du roi de Babylone et que son cadavre fut jeté devant les murailles sans être enseveli, conformément aux prophéties de Jérémie. Cet événement, du reste, n'arrêta pas la marche de Nabuchodonosor.

Joakin, fils de Joachim, succéda à son père ; il avait alors 18 ans, l'armée chaldéenne venait mettre le siège devant Jérusalem (598). Nabuchodonosor y arriva en personne, et bientôt le jeune roi, après 3 mois et 10 jours de règne, se rendit à merci. Les Chaldéens entrèrent dans la ville, s'emparèrent des trésors du Temple de Salomon et emmenèrent en captivité le roi et toute sa cour ainsi que 10,000 des principaux habitants, parmi lesquels se trouvait le prophète Ezéchiel. Quant à Joakin, il fut enfermé dans une prison où il resta 36 ans, jusqu'à l'avénement d'Evil-Mérodach, fils et successeur de Nabuchodonosor.

Matthania fut nommé roi de Judée sous le nom de Sédécias. Ce n'était en réalité qu'un satrape de Nabuchodonosor; il avait 21 ans, sans expérience, sans jugement; il fut poussé à s'insurger contre le vainqueur et amena ainsi la ruine totale du royaume de Juda.

Dans la IVᵉ année de Sédécias, à l'instigation des Rois d'Edom, de Moab, d'Ammon, de Tyr, de Sidon, il s'était formé, autour du prince, un parti aveuglé par la haine des Juifs contre les Chaldéens et qui devait pousser le malheureux vassal aux conséquences les plus funestes.

Jérémie, tout en annonçant la ruine de la puissance chaldéenne, engageait, mais en vain, le peuple et les grands à attendre avec patience le moment opportun (Jér. ch. 27, 12-22); il y avait auprès de Sédécias le parti des impatients, et surtout le parti des intéressés qui, pour refaire leur fortune privée, ne craignaient pas d'exposer la patrie aux plus grands dangers; ils poussèrent aux résolutions extrêmes.

Le Prophète se multipliait en vain, mais sa voix, si elle était un moment écoutée, perdait toute influence en ne présentant la délivrance que dans un avenir éloigné. A ses prophéties on opposait d'autres prophéties, et l'audace d'un certain Hanania, fils d'Azzour, était plus populaire que toute l'éloquence du prophète.

Sédécias était quelquefois ébranlé par les paroles de Jérémie. Dans un de ses voyages, il emporta avec lui à Babylone un rouleau du prophète où se trouvaient retracées les prédictions qui devaient atteindre Babylone. On patienta; après ce voyage, les discussions politiques cessèrent et il y eut quelques années de calme. Nous arrivons ainsi à la IXᵉ année de Sédécias.

A cette époque, Ezéchiel, prêchait en Chaldée et sur les bords du Chaboras, il avait atteint une haute importance parmi ses compagnons d'exil On s'assemblait autour de lui pour écouter ses discours, échos de ceux que faisait entendre Jérémie au milieu de Jérusalem, empreints des mêmes sentiments et de la même réserve à l'égard des Chaldéens.

Cependant Sédécias ne conserva pas longtemps ses bonnes dispositions à l'égard de son suzerain; il se laissa entraîner dans le parti aveugle; il entama des négociations avec l'Egypte, où régnait alors Apriès (Οὔαφρις). Celui-ci promit son secours à Sédécias et, dès lors, le malheureux roi se crut assez fort pour briser le joug des Babyloniens. Il se déclara indépendant et refusa le tribut. (VIIIe année, 590).

Les Chaldéens envahirent de nouveau la Judée dans la IXᵉ année de Sédécias et, au commencement de janvier de l'an 589, le 10ᵉ jour du Xᵉ mois, ils mirent le siége devant Jérusalem.

Jérémie, enfermé dans la Ville Sainte, continuait à donner au Roi les plus salutaires conseils et à montrer pour l'avenir les plus sinistres conséquences d'une défense inutile. C'est en vain qu'il conseillait une soumission volontaire et spontanée. Ses avis, que la plus vulgaire prudence aurait dû faire accepter, étaient rejetés, et il faillit payer de sa vie, au milieu d'un ignoble traitement, la sagesse de ses conseils.

La résistance fut héroïque. Pendant dix-huit mois, le courage des défenseurs de Jérusalem ne se démentit pas; ils succombèrent au nombre, à la faim et à la fatigue.

Le 9ᵉ jour du IVᵉ mois de la XIᵉ année de Sédécias (août 588), les vivres manquèrent et les Chaldéens entrèrent dans la ville dans la nuit du 9 au 10, du côté Nord. Sédécias s'enfuit avec quelques-unes de ses troupes par la porte du Jardin royal, situé à l'est de Sion et conduisant dans le vallon entre Sion et la place Ophla, en se dirigeant vers le Jourdain. Mais les Chaldéens se mirent à sa poursuite; ils l'atteignirent dans la plaine de Jéricho. Les troupes de Sédécias prirent la fuite et le malheureux roi tomba entre les mains des Chaldéens, qui le conduisirent à Bibla, quartier-général de Nabuchodonosor, sur le territoire de Hamath, où un affreux traitement l'attendait. Ses fils et les nobles de Judée qui l'avaient poussé à la révolte furent égorgés en sa présence. Quant à lui, le vainqueur lui creva les yeux et l'envoya chargé de fers à Babylone, où il fut enfermé dans un cachot. Jérémie, tiré de sa prison, fut traité avec les plus grands égards; il resta à Mispah où il composa ses Lamentations sur les malheurs de sa patrie.

On délibéra sur le sort de la ville, et, un mois après, Nébuzaradan, chef des gardes du corps de Nabuchodonosor, entra dans Jérusalem. Il fit mettre le feu au Temple, au Palais du roi et aux principaux édifices. Les murailles et les fortifications furent rasées, et Jérusalem fut changée en un monceau de ruines.

Les habitants furent emmenés captifs. Nabuchodonosor en laissa seulement quelques-uns pour cultiver les terres et mit à leur tête un nommé Guedalia, fils d'Achiaka.

Le système des transportations en masse était entré de bonne heure dans les habitudes des souverains de la Haute-Asie. C'était une conséquence du droit de la guerre qui conférait au vainqueur le droit de vie et de mort sur le vaincu. Au milieu de la barbarie dont le récit des conquêtes des premiers rois assyro-chaldéens nous donnent le détail, il y avait là, pour ainsi dire, un pas déjà vers des coutumes moins cruelles.

Du temps de Tuklat-pal-Asar, dans le XIIe siècle avant notre ère, il ne paraît pas encore établi. La guerre était alors sans quartier ; après la victoire, on passait les prisonniers par les armes et on élevait des trophées avec leurs têtes sanglantes sur les murs des villes détruites. Les cadavres des guerriers jonchaient les champs de bataille comme des feuilles d'arbre, et ceux qui n'échappaient pas à la mort cherchaient, souvent en vain, un refuge précaire dans les cavernes des rochers ou dans les roseaux des marécages, pendant que leurs habitations étaient livrées aux flammes.

Assur-nasir-habal, un siècle plus tard, nous présente déjà quelques exemples de ces transportations en masse. Nous voyons, en effet, que Assur-nasir-habal, après la prise de Damdamuna, la capitale d'Itani, fils de Samani, fit sortir de la ville 3,000 prisonniers et qu'il les transporta à Amida (aujourd'hui Diarbekir).

Sous ses successeurs, les exemples paraissent plus nombreux ; mais sous le règne de Tiglat-Pileser, vers le milieu du VIIIe siècle a. J.-C., ce système commence à être régulièrement suivi. Les fragments des inscriptions que nous avons citée nous en ont fourni quelques exemples qu'on pourrait multiplier.

Sargon (721 a. J.-C.), paraît en avoir généralisé l'usage ; il soumet le pays d'Andia en Arménie, il en transporte les habitants et il les dirige sur les villes de la Syrie et de la Comagène ; plus tard, ce sont les nombreuses tribus du vaste pays de Gangum qu'il transporte au pays d'Assur ainsi que celles du pays de Karkamis. C'est à titre de faveur spéciale qu'il permet à une partie des habitants de Babylone de rester dans leurs foyers et de cultiver leurs terres. Les inscriptions nous apprennent qu'après la prise de Samarie, il réduisit en servitude 27,280 israélites et les transporta en Assyrie ; quelque temps après, il soumit des tribus arabes et les envoya à Samarie pour repeupler la ville détruite.

Sennachérib et ses successeurs ne se sont pas départis de ces errements qui, en assurant l'unité superficielle des conquêtes assyriennes, y introduisaient après eux des éléments de dissolution dont on devait sentir plus tard l'influence.

Les bas-reliefs de Ninive nous représentent souvent des scènes de ce genre; on voit alors les malheureux captifs cheminant avec leur chétif mobilier porté par des chameaux, ou le plus souvent chargé sur des chariots qu'ils traînent eux-mêmes péniblement.

Quand nous arrivons au règne de Nabuchodonosor, ce droit exhorbitant paraît règlementé. Dès son avénement, il s'occupe de faire préparer les lieux qui doivent recevoir les captifs; aussi, après la ruine de Jérusalem, la transportation se fait d'une manière pour ainsi dire régulière et normale. La Captivité de Babylone, qui eut un si grand retentissement par la suite, n'était alors qu'un épisode des conquêtes assyro-chaldéennes renouvelé après chaque victoire.

La ruine de Jérusalem fut le signal de la soumission de toute la Phénicie. Les archives des Phéniciens concordent avec le récit de Bérose, qui ne nous a été conservé que très-sommairement, et avec les renseignements un peu plus étendus de Philostrate.

Après la soumission de la Phénicie, Nabuchodonosor reprit ses guerres contre l'Egypte, qu'il soumit à sa puissance et il étendit ses conquêtes sur le monde entier. Megastène prétend que Nabuchodonosor plus vanté qu'Hercule même, par les Chaldéens, avait soumis une grande partie de la Lybie, qu'il avait franchi les colonnes d'Afrique, qu'il avait conquis l'Espagne. Enfin, Strabon ajoute qu'il serait revenu par la Trace.

Que se passait-il dans Babylone pendant ces guerres lointaines ?

La prodigieuse activité du prince avait transformé la ville. Josèphe nous apprend que Bérose, dans son troisième livre des *Chaldaïques*, reprend les historiens Grecs, qui attribuent les constructions de Babylone à Sémiramis l'Assyrienne, et qui ont écrit faussement que ces constructions merveilleuses avaient été faites par elles.

Sémiramis et Nitocris paraissent aujourd'hui complétement étrangères aux embellissements de Babylone. Quoiqu'il en soit, il faut bien le reconnaître, nous manquons de détails sur ce long règne, et lorsque nous retrouvons Nabuchodonosor au milieu de la ville qu'il avait bâtie, nous n'avons pour nous renseigner que les récits des exilés de Jérusalem. Les Livres de Baruch et de Daniel méritent surtout de fixer notre attention.

LE LIVRE DE BARUCH.

Baruch appartenait à une famille illustre, il était fils de Nériah et petit-fils de Mousias ; il se trouvait ainsi frère de Saraiah, surnommé le Prince de la prophétie. Il se lia très-étroitement d'amitié avec Jérémie dès le commencement du règne de Joachim, fils de Josias ; il le suivit comme son maître et lui servit souvent de secrétaire ; il partagea par la suite ses travaux et ses infortunes. Ses ennemis l'accusèrent d'user de son influence auprès de Jérémie pour l'intéresser en faveur des Chaldéens. Nabuchodonosor lui accorda, en effet, certains avantages ; il lui permit de rester avec Jérémie à Masphata, mais il fut forcé plus tard de se retirer en Egypte. Il y resta jusqu'à la mort de Jérémie Il revint ensuite à Babylone, où il mourut la douzième année après la destruction de Jérusalem. Il est certain qu'il composa une grande partie de ses livres à Babylone, ceux qui nous restent sont datés du septième jour du mois de la ve année depuis la destruction de Jérusalem, par conséquent de l'an 583 a. J.-C. Cependant il est vrai que cette date est difficile à concilier avec certaines énonciations qui supposent une rédaction antérieure.

Baruch avait écrit en hébreu, mais le texte original a disparu depuis longtemps et ses récits nous sont conservés dans la version grecque qui a servi depuis à faire les versions syriaque et latine. Bien que les Juifs n'aient pas porté le Livre de Baruch dans leur Canon et que les Pères de l'Eglise ne se soient pas cru permis de l'y rétablir, l'opinion unanime, confirmée par les deux Conciles généraux de Florence et de Trente lui accordent l'autorité des Livres Saints.

Donc le septième jour du mois de la ve année depuis que les Chaldéens eurent pris Jérusalem et l'eurent brûlée, Baruch lut les paroles de son livre devant Jéchonias fils de Joachim, roi de Juda, et devant tout le peuple qui venait pour l'entendre ainsi que devant tous ceux qui demeuraient à Babylone près du fleuve Sodi. Après avoir écouté cette lecture, ils envoyèrent le livre à Jérusalem à Joachim, fils d'Helcias, fils de Salom, prêtre, et au peuple et aux prêtres qui étaient restés à Jérusalem, en les exhortant à prier pour la vie de Nabuchodonosor et, suivant le texte, pour la vie de Balthasar, son fils.

En échange de cette communication, Jérémie envoya une lettre aux captifs de Babylone pour les prémunir contre le culte des Dieux étrangers. C'est dans cette lettre, qui forme le chapitre V du Livre de Baruch, que nous trouvons sur le culte des divinités babyloniennes des indications que nous pouvons indiquer ici en supprimant bien entendu les critiques qui s'adressaient au culte des idoles.

3. — « Vous verrez, dit-il, à Babylone des dieux d'or et d'argent, de pierre et de bois que l'on porte sur les épaules et qui se font craindre par les nations.

7. — « La langue de ces idoles a été taillée par le sculpteur, celles mêmes qui sont couvertes d'or et d'argent n'ont qu'une fausse apparence et elles ne peuvent parler.

8. — « Comme on fait des ornements à une fille qui aime à se parer, ainsi après avoir fait les idoles, on les pare avec de l'or.

9. — « Les dieux de ces idolâtres ont des couronnes d'or sur la tête, mais leurs prêtres en retirent l'or et l'argent et s'en servent pour eux-mêmes.

10. — « Ils donnent de cet or à des impudiques et ils en parent des prostituées et après que ces prostituées le leur ont redonné, ils en parent encore leurs Dieux.

12. — « Après qu'ils les ont revêtus d'un habit de pourpre, ils leur nettoient le visage à cause de la grande poussière qui s'élève au lieu où ils sont.

14. — « L'un porte un sceptre comme un homme, comme un gouverneur de province, mais il ne saurait faire mourir celui qui l'offense.

15. — « L'autre a une épée ou une hache à la main, mais il ne peut s'en servir pendant la guerre ni s'en défendre contre les voleurs, ce qui vous fait voir que ce ne sont pas des Dieux.

16. — « Après qu'on les a placés dans une maison, la poussière qui s'élève des pieds de ceux qui entrent leur couvre les yeux.

18. — « Ils allument devant eux des lampes et en grand nombre.

20. — « Leurs visages deviennent tout noirs par la fumée qui s'élève dans la maison où ils sont.

30. — « Les Chaldéens les déshonorent eux-mêmes ; lorsqu'ils ont appris qu'un homme est muet et ne parle point, ils l'offrent à Bel et lui demandent inutilement qu'il lui rende la parole.

42. — « On voit aussi des femmes ceintes avec des cordes ; elles sont assises dans les rues brûlant (pour leurs Dieux) des noyaux d'olives.

43. — « Et lorsque l'une d'elles a été emmenée par quelque passant qui l'a corrompue, elle reproche à celle qui est auprès d'elle de n'avoir pas été jugée comme elle digne d'honneur, et lui dit que la corde dont elle est ceinte n'a pas été rompue. »

Quel appui les faits que nous venons d'analyser peuvent-ils trouver dans les découvertes modernes?

Il est certain que la description des divinités qui sont désignés dans le Livre de Baruch est d'une exactitude telle que nous pouvons facilement les reconnaître sur les monuments antiques. Les inscriptions sont remplies de descriptions qui nous parlent des statues des divinités et de leurs attributs ; les bas-reliefs de Ninive, de même que les gravures sur pierre que nous pourrions consulter, nous donneraient à l'appui de chacune des indications du Livre de Baruch, de nombreux exemples qui feront un jour l'objet d'une étude spéciale pour laquelle nous avons déjà recueilli un grand nombre de documents. Nous nous contenterons de signaler ici quelques-uns des faits les plus saillants.

Lorsque Baruch parle des matières précieuses qui entraient dans la composition des statues des Dieux, nous savons, par exemple, que l'or et l'argent n'étaient pas épargnés pour ce pieux usage, et si le prophète nous signale les dépradations qui pouvaient avoir lieu, nous avons à l'appui un document des archives du palais d'Assur-bani-pal stigmatisant l'infidélité d'un haut fonctionnaire ; il avait dérobé dix talents d'or qui lui avaient été confiés pour l'érection de la statue d'une divinité.

. Si le prophète fait allusion aux ornements dont les statues des Dieux étaient chargées, nous avons encore à l'appui des textes d'une origine assyrienne.

Un certain nombre de documents assyro–chaldéens nous apprennent que les statues de pierre ou de métal placées dans les sanctuaires des temples et représentant les Grands-Dieux étaient couvertes de vêtements enrichis d'ornements d'or, d'argent et de pierres précieuses. Ces vêtements étaient donnés par la piété des fidèles, quelques-uns étaient dus à la générosité des rois. Un fragment d'une des nombreuses tablettes d'Assur–bani-pal, qui a été traduit pour la première fois par M. Fox Talbot, nous renseigne suffisamment, malgré son état de mutilation, sur la richesse de ces ornements.

D'après les quelques lignes, malheureusement très-mutilées qui commencent la tablette, il est certain que Assur-bani-pal fit un grand nombre d'offrandes analogues aux différentes divinités adorées dans les temples de Babylone ; le reste de la tablette, la partie la plus lisible, parle des vêtements d'or qu'il fit exécuter pour les statues de Marduk et de Zarpanit et qui avaient été détruites jadis. Dans la seconde colonne de la tablette, on lit ainsi le détail des ornements :

« J'ai donné quatre talents. . . . pour le vêtement du dieu Marduk et de la déesse Zarpanit ; j'ai revêtu Marduk et Zarpanit d'un grand vêtement, d'un vêtement d'or. J'ai donné pour la statue de Marduk et de Zarpanit du marbre de l'Orient, de la pierre *ka*. . . . de la pierre d'œil de *zatu*, de la pierre *zatu sutru*, de la pierre oreille de *zatu*, de la pierre *zatu utkhal*, de la pierre nommée œil de Milahi, de l'albâtre, de la pierre *zallakru*, dix pierres précieuses dont la renommée est grande. J'ai orné les vêtements d'étoffe de leurs Grandes Divinités, les tiares aux cornes élevées, les tiares de la puissance, les insignes de leur divinité, pour compléter leur costume. »

(*W. A. I.* II, 38. 2.)

Suivant les paroles du prophète, ces ornements étaient donnés aux idoles comme à une fille qui aime à se parer.

Or, Hésichius cite un passage de Bérose où il est question d'une prêtresse du nom de Sarachéro, celle qui pare la déesse Héra. Il y avait donc là une cérémonie particulière. Cette cérémonie est représentée sur un grand nombre de cylindres assyro-chaldéens. Le Musée du Louvre en possède un certain nombre qui ont été décrits par M. A. de Longpérier dans son catalogue des Antiquités assyriennes du Musée du Louvre; nous citerons, par exemple, les n⁰ˢ 447 et 448 qui représentent deux épisodes de la toilette d'une Déesse.

On pourrait noter un grand nombre de monuments de ce genre qui reproduisent des scènes analogues, elles montrent successivement les différentes phases de la toilette et finissent par représenter la déesse dans un état de nudité complet.

Ces cérémonies paraissent se rapporter à la même divinité, et il est facile d'y reconnaître la déesse Zarpanit, dont le culte plus ou moins altéré a servi de thème aux cérémonies du culte de Vénus.

Il serait sans doute très-intéressant de suivre les différentes métamorphoses que cette idée a pu traverser, mais nous nous écarterions singulièrement de notre sujet; il nous suffit de constater ici l'existence de cérémonies religieuses auxquelles le prophète faisait nécessairement allusion.

Mais si nous ne pouvons pas suivre le développement de ces mystérieuses cérémonies, nous pouvons du moins remonter à leur origine.

Un texte mythologique d'une haute importance nous en donne l'explication et leur restitue leur véritable caractère.

Le texte est disposé en versets divisés en deux parties symétriques qui correspondent aux deux parties d'un dialogue entre la Déesse et les différents personnages qui prennent part à la cérémonie.

La Déesse, d'un ordre secondaire, veut pénétrer dans le Pays Immuable; mais, pour en franchir les portes, il faut se soumettre à certaines formalités. On peut supposer que la cérémonie se passe dans un temple à étages, une Zigurrat analogue à celle de Borsippa. Chacun de ces étages est consacré à une Divinité particulière dont il est le sanctuaire et dans lequel on ne pénètre qu'après les cérémonies voulues. Après une invocation, le Gardien ouvre les différentes portes des sept étages et les fait franchir à la Déesse en la dépouillant de chacune des pièces de son costume, de sorte que, parvenue à l'étage supérieur, la Déesse se trouve entièrement nue et livrée à des Divinités spéciales qui font auprès d'elle l'office de Purificateurs. Puis la Déesse sort du sanctuaire en descendant chacun des degrés par lesquels elle a passé et reçoit des mains du Gardien les différents ornements dont elle avait été dépouillée.

Nous ne chercherons pas à pénétrer ici le caractère mystique de cette cérémonie, nous nous bornerons à en extraire les détails relatifs aux différentes phases de la toilette de la divinité.

« Quand la déesse Istar se présenta à la porte du Pays Immuable, Elle parla ainsi au Gardien de la porte :

— « Gardien de cette entrée, ouvre-moi ta demeure.
« Ouvre-moi ta demeure, ouvre-moi pour que je puisse entrer,
« Si tu n'ouvres pas ta demeure et si je ne puis entrer,
« Je vais assiéger la porte et je briserai ta demeure.
« Je vais attaquer l'entrée, je briserai la porte.
« Je ferai sortir les morts pour dévorer les vivants.
« Les morts détruiront les vivants.

Alors le Gardien ouvrit la bouche, il parla, il dit à la Grande-Déesse Istar :

« Arrête-toi, Déesse, ne secoue pas cette porte.
« Je vais aller consulter la Reine, la Grande-Déesse de la terre.

Le Gardien entra et dit à la Reine, à la Grande-Déesse de la terre :

« Ta sœur, la déesse Istar, murmure des malédictions.
« Elle blasphème contre toi avec de grandes imprécations. »

— Quand la Reine, la Grande Déesse de la terre entendit ces paroles,
Elle pâlit, comme une fleur arrachée.
Elle trembla, comme la tige d'un roseau.

— « J'apaiserai sa colère, dit-elle, j'apaiserai sa furie,
Je lui rendrai ses malédictions.
Allume un feu brûlant, allume de la paille qui s'enflamme.
Qu'elle soit traitée comme les maris qui abandonnent leurs femmes.
Qu'elle soit traitée comme les femmes qui abandonnent leurs maris.

Qu'elle soit traitée comme les jeunes gens qui mènent une vie déshonorée.
Va, Gardien, ouvre-lui la porte.
Mais dépouille-là, comme les autres, dans tous les temps.

— Le Gardien s'en fut, et il ouvrit la porte.
« Entre, déesse de Cutha, tu en as la permission.
Puisse la souveraine du Pays Immuable se réjouir à ta présence. »

I

Elle se présenta à la première porte, et on lui enleva la grande couronne
de sa tête.
« Pourquoi, Gardien, m'enlèves-tu la grande couronne de ma tête?
— C'est ainsi, Déesse, que la Reine de la terre reçoit ceux qui viennent
pour la voir.

II

Elle se présenta à la seconde porte, et on lui enleva les anneaux de ses
oreilles.
« Pourquoi, Gardien, m'enlèves-tu les anneaux de mes oreilles ?
« C'est ainsi, Déesse, que la Reine de la terre reçoit ceux qui viennent
pour la voir.

III

Elle se présenta à la troisième porte et on lui enleva les pierres précieuses
de son cou.
« Pourquoi, Gardien, m'enlèves-tu les pierres précieuses de mon cou ?
« C'est ainsi, Déesse, que la Reine de la terre reçoit ceux qui viennent
pour la voir.

IV

Elle se présenta à la quatrième porte, elle s'arrêta et on lui enleva les
pierres précieuses de son diadème.

« Pourquoi, Gardien, m'enlèves-tu les pierres précieuses de mon diadême?
« C'est ainsi, Déesse, que la Reine de la terre reçoit ceux qui viennent
« pour la voir.

V

Elle se présenta à la cinquième porte, elle s'arrêta et on lui enleva la ceinture de sa taille.
« Pourquoi, Gardien, m'enlèves-tu la ceinture de ma taille ?
C'est ainsi, Déesse, que la Reine de la terre reçoit ceux qui viennent
pour la voir.

VI

Elle se présenta à la sixième porte, elle s'arrêta et on lui enleva les anneaux d'or de ses mains et de ses pieds.
« Pourquoi, Gardien, m'enlèves-tu les anneaux d'or de mes mains et de
mes pieds ?
« C'est ainsi, Déesse, que la Reine de la terre reçoit ceux qui viennent
pour la voir.

VII.

Elle se présenta à la septième porte, elle s'arrêta, et on lui enleva le
dernier vêtement de son corps.
« Pourquoi, Gardien, m'enlèves-tu le dernier vêtement de mon corps?
« C'est ainsi, Déesse, que la Reine de la terre reçoit ceux qui viennent
pour la voir.
Après cette cérémonie, la déesse Istar descendit dans le Pays Immuable.»

Nous ne poursuivrons pas plus loin notre citation de ce curieux document. La déesse Istar, après avoir subi les cérémonies exigées, repasse
les différentes portes qu'elle avait franchies et à chaque porte, on lui rend
les ornements dont elle était revêtue pour se présenter de nouveau au séjour des immortels.

Un passage du livre de Baruch a déjà été rapproché d'une cérémonie
qui nous est transmise par Hérodote et qui reste encore pour nous inexpli-
quée. Nous la reproduisons toutefois. Lorsque le prophète parle de ces

femmes environnées de cordes qui font l'objet de la convoitise des pas-
sants, il est certain qu'il fait allusion à la coutume ainsi décrite par
Hérodote.

« Les Babyloniens ont une loi bien honteuse. Toute femme née dans le
pays est obligée une fois en sa vie de se rendre au temple de Vénus pour
s'y livrer à un étranger. Plusieurs d'entre elles, dédaignant de se voir
confondues avec les autres à cause de l'orgueil que leur inspirent leurs richesses, se font porter dans le temple dans des chars couverts. Là, elles
se tiennent assises ayant derrière elles un grand nombre de domestiques
qui les ont accompagnées; mais la plupart des autres s'asseyent dans la
pièce de terre dépendante du temple de Vénus, avec une couronne de corde
autour de la tête. Les unes arrivent, les autres se retirent. On voit en
tous sens des allées séparées par des cordages tendus; les étrangers se
promènent dans ces allées et choisissent les femmes qui leur plaisent le
plus. Quand une femme a pris place en ce lieu, elle ne peut retourner
chez elle que quelque étranger ne lui ait jeté de l'argent sur les genoux,
et n'ait eu commerce avec elle hors du lieu sacré. Il faut que l'étranger,
en lui jetant de l'argent, lui dise: « J'invoque la déesse Mylitta. » Or, les
Assyriens donnent à Vénus le nom de Mylitta. Quelque modique que soit
la somme, il n'éprouvera point de refus, la loi le défend, car cet argent
devient sacré. Elle suit le premier qui lui jette de l'argent, et il ne lui est
pas permis de repousser personne. Enfin, quand elle s'est acquittée de ce
qu'elle devait à la Déesse en s'abandonnant à un étranger, elle retourne
chez elle. Après cela, quelque somme qu'on lui donne, il n'est pas possible
de la séduire. Celles qui ont en partage une taille élégante et de la beauté
ne font pas un long séjour dans le temple, mais les laides y restent davantage, parce qu'elles ne peuvent satisfaire à la loi; il y en a même qui y
demeurent trois ou quatre ans. . . . »

(Hér., I, cxcix.)

Nous n'avons relevé dans le Livre de Baruch que des constatations
pour ainsi dire matérielles. Il nous a paru évident que les indications de
Jérémie reposaient sur des observations personnelles. Le prophète avait sous
les yeux, les images qu'il décrivait; les cérémonies auxquelles il se réfé-
rait étaient les cérémonies qui se passaient en présence de ses auditeurs

et auxquelles il suffisait de faire allusion, par un mot peut-être, pour être aussitôt compris.

Les découvertes modernes nous ont permis de reconstituer le cadre au milieu duquel toutes ces scènes pouvaient se passer et la parole du Prophète y trouve immédiatement son application. Plus tard, lorsque les faits ont changé, au moment de la délivrance des Juifs, un culte nouveau se répandra dans la Haute-Asie ; la religion d'Ormuzd deviendra alors la religion dominante et le culte contre lequel les Juifs auront à lutter sera le culte de Zoroastre, de sorte que si on voulait reporter la rédaction du Livre de Baruch à une époque postérieure à la fin de la Captivité, il n'aurait plus sa raison d'être, le prophète s'élèverait contre des idoles depuis longtemps renversées, et contre un culte qui n'aurait plus de croyants.

Le Livre de Daniel présente des faits d'une autre nature mais qui n'en sont pas moins aussi saisissants.

LE LIVRE DE DANIEL.

Daniel était de la tribu de Juda et de race royale, il fut du nombre de ceux qui furent emmenés à Babylone, par Nabuchodonosor, la troisième année du règne de Joachim. Il avait alors douze ans et il fut choisi avec trois autres jeunes juifs de la même tribu, Ananias, Misaël et Azarias, pour être élevé à la cour de Nabuchodonosor et nourri aux dépens de ce prince ; il y reçut le nom de Balthasar et ses compagnons ceux de Sidrach, Misach et Abdénago.

Le Livre qui porte le nom de Daniel et dont on a critiqué la rédaction, n'en renferme pas moins des détails précis sur la position des Juifs, pendant la captivité de Babylone, et ces faits paraissent aujourd'hui empreints d'une grande vérité.

Daniel est non-seulement un historien mais encore le premier des prophètes qui se soit livré à cet essor de l'intelligence dont l'Apocalypse est le dernier mot.

Tout ce que nous avons dit à propos du livre de Baruch sur les faits matériels que l'auteur inspiré avait constatés s'applique au livre de Daniel, mais comment expliquer ses visions ? — Il faudrait sortir des limites de notre exposé pour justifier un texte auquel nous ne pouvons consacrer que quelques pages et qui ne se présente ici que comme un épisode. Pour nous, Daniel est un des nombreux captifs que Nabuchodonosor avait emmenés à Babylone et son Livre n'a sa place dans notre exposé que par ce qu'il décrit ce qu'il a vu, les événements auxquels il s'est trouvé mêlé ; nous pouvons ajouter qu'il parle un langage qu'on ne comprendrait plus si ses paroles avaient été prononcées dans un milieu différent. Il nous suffit donc de faire voir d'une part, que les faits qu'il décrit sont exacts ; d'autre part, que le récit de ses visions mêmes était conforme aux idées qui avaient cours de son temps.

Dès la plus haute antiquité, la magie a joué un grand rôle dans la Haute-Asie et particulièrement à Babylone. Les inscriptions qui proviennent de la grande collection du palais d'Assur-bani-pal, nous prouvent que la divination, sous ses différentes formes, était particulièrement honorée. Le quatrième volume de la publication du Musée-Britannique auquel M. Lenormant a eu le privilège de faire de nombreux emprunts en devançant la publication nous a déjà fait connaître cette partie importante de la civilisation chaldéenne. Or, Daniel était habile dans l'art de deviner les songes. Aussi, après ses premiers succès à la cour de Nabuchodonosor, il fut nommé gouverneur de la Babylonie et le chef des gouverneurs et des sages de Babylone.

Si le Livre de Daniel dans sa rédaction actuelle, avec les mots grecs qu'on rencontre çà et là, révèle une rédaction définitive postérieure même à Alexandre, nous pouvons constater que le fond remonte à une époque bien antérieure et rapporte des traits de la civilisation chaldéenne au temps de Nabuchodonosor avec une exactitude à laquelle une rédaction apocryphe n'aurait pu atteindre.

Ses écrits embrassent des faits qui se sont accomplis depuis la cinquième année de la captivité de Joachim jusqu'au règne de Cyrus, c'est-à-dire une période de plus de quatre-vingts ans ; on croit généralement qu'il a vécu quatre-vingt-quatorze ans, jusqu'à la troisième année du règne de Cyrus.

Suivant la tradition des Mahométants, Daniel, après la Captivité, retourna en Judée et il fut nommé gouverneur de Syrie ; puis il mourut à Suse, où sa tombe est encore l'objet de la vénération des pèlerins.

Le Livre de Daniel se divise en trois parties distinctes, — la première renferme les six premiers chapitres ; elle donne certains détails sur l'histoire de Babylone, depuis le commencement du règne de Nabuchodonosor jusqu'au renversement de l'empire par les Perses. — La seconde qui comprend les chapitres VIII à XII, est relative aux visions de Daniel. — Enfin la troisième partie renferme trois épisodes historiques qui pourraient se rattacher aux faits de la première partie, celle de Suzanne, celle de Bel et la seconde délivrance du prophète ; mais cette dernière partie se rapporte à la vieillesse de Daniel et les faits ne se sont pas passés à Babylone. Cette partie n'avait pas chez les juifs la même autorité que les deux premières ; aussi elle a été omise dans leur canon et ne se trouve ni dans le texte hébreu, ni dans les Septante, ni dans le texte chaldéen, mais seulement dans la version grecque de Théodotion d'où saint Jérome a extrait les chapitres qui la composent.

Un des faits les plus importants du Livre de Daniel, celui qui se rapporte au festin de Balthasar, trouvera sa place au moment où nous nous occuperons des derniers moments de l'empire de Chaldée.

L'opinion des Pères de l'Eglise a été très-partagée sur l'autorité qui s'attache aux Livres de Daniel. Africanus, Eusèbe, Apollinaire ne les ont point mis au même rang que les Livres Sacrés ; mais, d'un autre côté, Irénée, Clément d'Alexandrie, Tertulien et presque tous les anciens Pères les ont accueillis. Josias même, ainsi qu'Origène a soutenu la vérité historique des faits qu'ils racontaient. M. F. Lenormant a déjà prouvé que les découvertes modernes pouvaient jeter un grand jour sur cette question et donner à Origène l'appui de leur indiscutable authenticité.

Le premier chapitre du Livre de Daniel jusqu'au verset 4 du chapitre II est écrit en hébreu et les versets suivants jusqu'au chapitre VIII sont écrits en chaldéen, le reste ne se trouve que dans la version de Théodotion.

La langue que l'on désigne sous le nom de chaldéen et dont les fragments de Daniel nous donnent un spécimen, était comprise à Babylone, mais ce n'est pas la langue que les inscriptions nous ont conservée. Les rapports philologiques que l'on peut établir entre ces deux idiômes sont faciles à saisir et peuvent parfaitement s'expliquer ; tous ceux qui se sont occupés de la traduction des textes assyro-chaldéens savent à quoi s'en tenir à cet égard ; aussi nous n'avons pas besoin de nous livrer ici à une digression qui appartient à la philologie pure.

Nous allons essayer de mettre en relief les renseignements historiques que l'on peut tirer du Livre de Daniel.

Le chapitre premier du Livre de Daniel est consacré au récit des faits qui doivent précéder l'élévation du Prophète auprès de Nabuchodonosor. Cette élévation a eu lieu à propos d'un songe qui tourmentait le Roi et dont lui seul a donné l'explication. Le récit du songe est compris dans le chapitre II. Voici ce que le Livre-Saint nous fait connaître :

La seconde année du règne de Nabuchodonosor, ce prince eut un songe dont son esprit fut troublé, et ensuite il l'oublia entièrement.

Le Roi commanda en même temps qu'on fit assembler tous les devins, les mages, les instructeurs et les Chaldéens pour lui déclarer quel avait été son songe ; ils vinrent donc et se présentèrent devant lui et le Roi leur dit : « J'ai eu un songe et je ne sais ce que j'ai vu parce que rien ne m'en est resté dans l'esprit qu'une idée confuse. »

Les Chaldéens répondirent au Roi en langue chaldéenne : «O Roi, vivez à jamais, dites à vos serviteurs le songe que vous avez eu et nous vous l'interpréterons. »

Le Roi répondit aux Chaldéens : « Mon songe m'est échappé de la mémoire, si vous ne me déclarez ce que j'ai songé et ce que mon songe signifie, vous périrez tous et vos maisons seront confisquées.

« Mais si vous me dites mon songe et ce qu'il signifie, je vous ferai des dons et des présents et je vous élèverai à de grands honneurs ; dites-moi donc et interprétez-moi ce que j'ai songé. »

Promesses et menaces ne purent avoir d'influence sur les Chaldéens, et Nabuchodonosor, dans un paroxysme de colère, ordonna de faire périr tous les sages de Babylone.

Daniel ayant appris la colère du Roi et le motif de son arrêt se présenta devant Nabuchodonosor ; il le supplia de lui accorder quelques instants pour éclairer les faits , puis, ayant prié avec ses compagnons de captivité, il se présenta de nouveau devant le Roi et il lui expliqua ainsi le songe qu'il avait eu :

31. — « Voici donc, ô Roi, ce que vous avez vu : Il vous a paru comme une grande statue, cette statue grande et excessivement haute se tenait debout devant vous et son regard était effroyable.

32. — « La tête de cette statue était d'un or très-pur, la poitrine et les bras étaient d'argent, le ventre et les cuisses étaient d'airain.

33. — « Les jambes étaient de fer et une partie des pieds était de fer et l'autre d'argile.

34. — « Vous étiez attentif à cette vision lorsque une pierre se détacha d'elle-même de la montagne sans la main d'aucun homme, et, frappant la statue dans ses pieds de fer et d'argile, elle les mit en pièces.

35. — « Alors le fer, l'argile, l'airain, l'argent et l'or se brisèrent tous ensemble et devinrent comme les menues pailles que le vent emporte hors de l'air pendant l'été et ils disparurent sans qu'il ne s'en trouvât plus rien en aucun lieu, mais la pierre qui avait frappé la statue devint une grande montagne qui remplit toute la terre.

36. — « Voilà votre songe, ô Roi, et nous l'interpréterons aussi devant vous.

37. — « Vous êtes le Roi des Rois, et le Roi du ciel vous a donné le royaume, la force, l'empire et la gloire.

38. — « Il vous a assujéti les enfants des hommes et les bêtes de la campagne, en quelque lieu qu'ils habitent ; il a mis en votre main les oiseaux même du ciel et il a soumis toute chose à votre puissance ; c'est donc vous qui êtes la tête d'or.

39. — Il s'élèvera après vous un autre royaume moindre que le vôtre, qui sera d'argent, et ensuite un troisième royaume qui sera d'airain et qui commandera à toute la terre.

40. — « Le quatrième royaume sera comme le fer : il brisera et il réduira tout en poudre, comme le fer brise et dompte toutes choses.

41. — « Mais comme vous avez vu que les pieds de la statue et les doigts des pieds étaient en partie d'argile et en partie de fer, ce royaume, quoique prenant son origine du fer, sera divisé, selon que vous avez vu que le fer était mêlé à la terre et à l'argile.

42. — « Et comme les doigts des pieds étaient en partie de fer et en partie de terre, ce royaume aussi sera ferme en partie et en partie faible et fragile. »

Nous ne poursuivrons pas plus loin notre citation, dans laquelle on croit lire à chaque mot, pour ainsi dire, la paraphrase d'un texte écrit sur cette argile qui nous a conservé le récit de la grandeur de ces royaumes de fer, d'airain, d'argent et d'or, qui ont été successivement anéantis.

Le second fait que nous devons signaler dans le Livre de Daniel est celui-ci :

Daniel nous apprend que le roi Nabuchodonosor fit faire une statue d'or qui avait 60 coudées de haut et six de large et qu'il la fit mettre dans la campagne de Dura qui était la province de Babylone.

Il envoya ensuite un ordre pour faire assembler les satrapes, les magistrats, les juges, les officiers de l'armée, les intendants, ceux qui possédaient les premières charges et tous les gouverneurs de provinces afin qu'ils se trouvassent au jour qu'on dédierait la statue qu'ils avaient dressée.

Ils se tenaient debout devant la statue et le héraut d'armes criait à haute voix : « Peuples et tribus de toutes les langues, on vous ordonne qu'au moment où vous entendrez le son de la trompette, de la flûte, de la harpe, du hautbois et des concerts de toutes sortes de musique, vous vous prosterniez en terre et que vous adoriez une statue d'or que le roi Nabuchodonosor a dressée. »

L'assemblée obéit excepté Daniel et ses trois compagnons, Sidrach, Misach et Abdénago ; leur châtiment fut l'objet d'un miracle sur lequel nous n'avons pas à insister ici.

Ce que nous devons relever, c'est l'érection d'une statue colossale en or dans la plaine de Babylone. Non-seulement, ce fait n'a rien d'impossible, mais encore il a eu sa réalité. Les gigantesques sculptures de Ninive nous en donnent la preuve. Quant au métal employé dans cette œuvre d'art, nous savons qu'il existait des statues analogues, celle du Sépulcre de Bélus avait quarante coudées, celle du Temple de Sin avait douze coudées et ce n'était pas assurément les seules statues qu'on ait élevées à cette époque. Enfin, nous avons déjà signalé (*supra*, p. 232), l'infidélité d'un fonctionnaire qui, chargé de l'exécution d'une statue d'or avait dérobé une partie de ce précieux métal.

Quant au lieu où cette statue avait été élevée, les recherches de M. Oppert ont établi que la ruine qui porte le nom de El Mokhattat, « la colline alignée » en serait le piédestal. Ces ruines présentent encore une élévation de six mètres sur quatorze mètres de base, le monument est orienté vers les points cardinaux et l'aspect du terrain est on ne peut plus propre à recevoir une statue colossale.

Daniel nous parle encore d'un nouveau songe, sur lequel Nabuchodonosor l'avait consulté :

« Moi, Nabuchodonosor, étant en paix dans ma maison, et plein de gloire dans mon palais, j'ai vu un songe qui m'a effrayé, et étant dans mon lit les pensées et les images qui se présentaient à mon imagination m'épouvantaient.

« C'est pourquoi j'ai publié une ordonnance, pour faire venir devant moi tous les sages de Babylone, afin qu'ils me donnassent l'explication de mon songe. »

Après ce préambule, Nabuchodonosor raconte son songe et en demande l'explication aux devins et aux mages qu'il avait appelés, et parmi lesquels il avait compris Daniel. L'explication de Daniel nous le fera bientôt connaître, nous pouvons donc le passer ici sous silence. Le texte biblique continue :

« Voilà le songe que j'ai eu, moi, Nabuchodonosor roi. Hâtez-vous donc, Balthasar, de m'en donner l'explication, car tous les sages de mon royaume n'ont pu me l'interpréter ; mais pour vous, vous le pouvez, parce que l'esprit des dieux saints est en vous.

« Alors Daniel, surnommé Balthasar, commença à penser en lui-même, sans rien dire pendant près d'une heure, et les pensées qui lui venaient lui jetaient le trouble dans l'esprit ; mais le Roi prenant la parole lui dit : Balthasar que ce songe, ni l'interprétation que vous avez à lui donner ne vous troublent point. Balthasar lui répondit : que ce songe retourne sur ceux qui vous haïssent, et son interprétation sur vos ennemis.

« Vous avez vu un arbre qui était très-grand et très-fort, dont la hauteur allait jusqu'au ciel, qui semblait s'étendre sur toute la terre, ses branches étaient très-belles ; il était chargé de fruits, et tous y trouvaient de quoi se nourrir, les bêtes de la campagne habitaient dessous, et les oiseaux du ciel se retiraient sur ses branches.

« Cet arbre, ô Roi, c'est vous-même, qui êtes devenu si grand et si puissant, car votre grandeur s'est accrue et élevée jusqu'au ciel, votre puissance s'est étendue jusqu'aux extrémités du monde.

« Vous avez vu, du reste, ô Roi, que l'un des vaillants et des saints est descendu du ciel, et qu'il a dit : Abattez cet arbre, coupez-en les branches, réservez-en néanmoins la tige avec les racines, qu'il soit lié avec le fer et l'airain parmi les herbes des champs, qu'il soit mouillé par la rosée du ciel, et qu'il paisse avec les bêtes sauvages, jusqu'à ce que sept temps soient passés sur lui.

« Et voici l'interprétation de la sentence du Très-Haut, qui a prononcé contre le Roi, mon Seigneur.

« Vous serez chassé de la compagnie des hommes, et vous habiterez avec les animaux et les bêtes sauvages ; vous mangerez du foin comme un bœuf, vous serez trempé de la rosée du ciel ; sept temps passeront sur vous, jusqu'à ce que vous reconnaissiez que le Très-Haut tient sous sa domination les royaumes des hommes, et qu'il les donne à qui il lui plaît.

« Quant à ce qui a été commandé, qu'on réserve la tige de l'arbre avec ses racines, cela vous marque que votre royaume vous demeurera après que vous aurez reconnu que toute puissance vient du ciel.

« C'est pourquoi suivez, ô Roi, le conseil que je vous donne : rachetez vos péchés par les aumônes, et vos iniquités par les œuvres de miséricorde envers les pauvres, peut-être que le Seigneur vous pardonnera vos offenses.

« Toutes ces choses arrivèrent depuis au roi Nabuchodonosor.

« Douze mois après, il se promenait dans le palais de Babylone.

« Et il commença à dire : N'est-ce pas là cette grande Babylone dont j'ai fait le siége de mon royaume, que j'ai bâtie dans la grandeur de ma puissance et dans l'éclat de ma gloire.

« A peine le Roi avait-il prononcé cette parole, qu'on entendit cette voix du ciel : Voici ce qui vous est annoncé, ô Nabuchodonosor, roi ; votre royaume passera en d'autres mains.

« Vous serez chassé de la compagnie des hommes ; vous habiterez avec les animaux et avec les bêtes farouches, vous mangerez du foin comme un bœuf, et sept temps passeront sur vous, jusqu'à ce que vous reconnaissiez que le Très-Haut a un pouvoir absolu sur les royaumes des hommes, et qu'il les donne à qui il lui plaît.

« Cette parole fut accomplie à la même heure, en la personne de Nabuchodonosor. Il fut chassé de la compagnie des hommes, il mangea du foin comme un bœuf, son corps fut trempé de la rosée du ciel, en sorte que les cheveux lui crurent comme les plumes d'un aigle, et que ses ongles devinrent comme les griffes des oiseaux.

« Après que le temps eut été accompli, moi, Nabuchodonosor, élevant les yeux au ciel, le sens et l'esprit me furent rendus, je bénis le Très-Haut, je louai et glorifiai celui qui vit éternellement, parce que sa puissance est une puissance éternelle, et que son royaume s'étend dans la succession des siècles. »

Parmi les commentateurs de la Bible, il s'en est trouvé qui ont voulu, avec les meilleures intentions peut-être, donner une explication impossible de cette métamorphose, aussi contraire aux données de la civilisation assyrienne que contraire à celle de la civilisation hébraïque. Il y a là évidemment une allusion à un fait qui avait son explication naturelle au moment où il était entouré de tout ce qui pouvait le faire comprendre et qui reste inintelligible aujourd'hui. Quant à la valeur historique de ce document, nous pouvons nous en rapporter à Abydène, qui, d'après Bérose, raconte ce qui suit :

« Les Chaldéens disent que monté sur les terrasses de son palais, il fut tout-à-coup possédé d'un dieu, et prononça cet oracle : Moi, Nabuchodonosor, je vous prophétise, ô Babyloniens, le malheur qui va fondre et que ni Belus, mon auteur, ni la reine Beltis n'ont eu la puissance de persuader aux déesses du destin de me détourner. Un mulet perse viendra, ayant pour auxiliaires vos propres Dieux, il vous imposera la servitude. Son complice sera un Mède, dont l'Assyrie se glorifiait. Plut aux Dieux qu'il eût pu, avant de trahir ses concitoyens, périr englouti dans un gouffre ou dans la mer, ou se tournant vers d'autres voies, errer dans les déserts où il n'y a ni villes, ni sentiers foulés par le pied des hommes, où les bêtes fauves habitent librement et où volent les oiseaux, et seul être perdu dans les rochers stériles des ravins ! Quant à moi, puissè-je atteindre un terme meilleur, avant que cette pensée n'entre dans mon esprit ! En disant ces mots, il disparut aux yeux des hommes. »

Mégastène raconte également que Nabuchodonosor, après avoir fait les grandes choses qui ont illustré son règne, fut incontinent saisi de l'Esprit divin, et qu'il disparut après avoir prédit ce qui devait arriver à sa postérité.

Tous les historiens s'accordent sur la durée du règne de Nabuchodonosor, et la fixent à 43 ans ; il mourut dans un âge assez avancé, qu'il est facile du reste d'apprécier.

Nabuchodonosor ayant régné 43 ans, et 35 ans depuis la prise de Jérusalem, arrivée l'an 18 de son règne, mourut dans l'an 562 avant J.-C. Il a dû se marier l'an 606, il était déjà chef d'armée, et il avait alors 22 ou 24 ans. Ces indications portent sa naissance à l'an 628 ou 630, et donnent à sa vie une durée de 70 ans.

EVIL-MÉRODACH.

Ιλλοαρουδάμος.

(561 a. J.-C.)

Après Nabuchodonosor, Polyhistor nous apprend que son fils Avil-Marudachus lui succéda et régna 12 ans (alias 2 ans). C'est celui que les Juifs nomment Ilumaruduchus (עיילטרודך), le Ιλλοαρουδάμος du canon de Ptolémée. Nous n'avons aucune donnée assyrienne sur ce prince; on n'a, du reste, d'autres renseignements sur son règne que ceux qui nous sont donnés par la Bible dans le livre de Jérémie et dans le livre des Rois.

Ce prince traita les Juifs avec bienveillance. — La 37e année de la captivité de Joachim, roi de Juda, le 27e jour du 12e mois, Evil-Mérodach, qui était dans la première année de son règne, tira de prison Joachim; il le releva de cet abaissement où il avait été jusqu'alors; il lui parla avec bienveillance; il le mit sur son trône, au-dessus des autres rois; il le combla d'honneur, tandis que le malheureux Sédécias mourait en prison.

Cependant l'agrandissement démesuré de l'empire chaldéen faisait prévoir sa chute ; déjà Ezéchiel la pressentait, il l'annonçait, et la puissance naissante des Mèdes et des Perses faisaient concevoir aux exilés de Jérusalem de légitimes espérances. Les livres de cette époque, qui pourraient nous donner quelques renseignements sur l'état de Babylone et du monde, nous font défaut. Ceux qui sont parvenus jusqu'à nous ne renferment que des chants de regret et d'espérance, qui vont quelquefois jusqu'aux menaces contre la ville qu'ils avaient appelée jadis la Reine des nations.

𒑵 ...

NIRGAL-SAR-USUR.

(559 a. J.-C.)

Le règne d'Evil-Mérodach ne fut pas de longue durée. Bérose nous dit qu'il gouverna mal ses sujets et que son beau-frère Nériglissor (Νηρεδισσορ) en prit occasion pour lui tendre des embûches ; il le tua, après deux ans de règne, et s'empara du trône. C'est le Νεριγασολασσάρος du canon de Ptolémée.

INSCRIPTION DES BRIQUES.

On connaît quelques inscriptions de ce roi, qui montrent la part qu'il a prise aux agrandissements de Babylone. Sur les briques des quais de l'Euphrate, dans la ville même, on lit :

« Nirgal-sar-usur, roi de Bab-Ilu, conservateur du Bit-Saggatu et du Bit-Zida, a exécuté ces œuvres glorieuses. »

(W. A. I., I, pl. 8, n° 5.)

INSCRIPTION DU CYLINDRE DE CAMBRIDGE.

On a trouvé à Babylone un cylindre conservé à la Bibliothèque du collége de la Trinité, à Cambridge, qui nous donne des détails très-précis sur les travaux qu'il a terminés. Ce monument nous fait connaître le nom de son père, Bel-labar-iskun, qui n'a pas régné et qui n'est pas, du reste, accompagné des titres royaux que les rois assyro-chaldéens répétaient dans leur généalogie. Cet important document, qui a été traduit par M. Oppert pour la première fois, est ainsi conçu :

(C. I, l. 1.) — « Nirgal-sar-usur, roi de Bab-Ilu, qui fortifie le Bit-Saggatu et le Bit-Zida, le héros des choses glorieuses, celui à qui le plus grand des Dieux a donné le pouvoir pour qu'il règne longtemps. Marduk, le premier-né des Dieux, celui qui règle les destinées, l'a chargé de veiller sur les destinées des peuples ; il l'a nommé à la royauté (*riuti*) des hommes. Nabu, qui naît de lui-même, a chargé sa main du sceptre de la justice pour la gloire et le bonheur du pays. Le dieu *Na* m'a donné sa force. (Je suis) fils de Bel-labar-iskun. Moi.

(C. I, l. 15.) — « Nous disons ceci : Marduk, le Grand Seigneur, a élevé ma tête, il m'a confié des pays et des peuples pour les gouverner. Moi.

(C. I, l. 17.) — « J'ai été pieux et reconnaissant envers Marduk. J'ai restauré le Bit-Saggatu et le Bit-Zida. J'ai restauré ses œuvres glorieuses ; j'ai restauré avec piété les monuments de sa puissance. J'ai restauré les *sirbir* en airain, qui sont dans les. . . . des portes du Bit-Saggatu auprès du seuil où s'arrête l'homme pieux (?), la porte du jour du soleil levant, la porte *an dan arabi*, la porte du canal et la porte. . . . . qu'aucun roi antérieur n'avait restaurées. Je les ai refaites, parce que c'est un lieu de recueillement et d'adoration envers les dieux. Les huit *sirbir* en airain ont été renouvelées (que devant elles le méchant et l'ennemi tremble de la peur de mourir). Je les ai ornées, je les ai recouvertes en argent. J'ai rebâti la porte du jour du soleil levant, la porte *an dan arabi*, la porte du canal, la porte *si bil ku*, dans les kisie des portes. J'ai rétabli comme auparavant les statues en argent et les entrées du trésor qui les renferment.

(C. I, l. 33). — « Dans les profondeurs du. . . . . du *Bit-Zida* . . . .

La fin de la colonne est très-fruste; le commencement de la colonne suivante est obscur.

(C. II, l. 1). — « Dans cette campagne un roi antérieur. . . . . *mu si su ana si su u cri e ku ana s.* . . . *a bu.*

(C. II, l. 3). — « C'est pourquoi j'ai restauré cet endroit exempt des maléfices. J'ai dirigé le cours des eaux comme autrefois autour du Bit-Saggatu.

(C. II, l. 4). — « Un roi ancien avait fait creuser le réservoir du soleil levant, mais il n'en avait pas consolidé les voûtes (?). Je l'ai fait creuser plus profond et j'ai fait bâtir les voûtes (?) en bitume et en briques, et j'ai donné ainsi des eaux pures aux hommes de la contrée.

C. II, l. 12. — « Je me suis occupé du Bit-Saggatu et du Bit-Zida. J'ai renouvelé les règlements des prêtres pour pouvoir restaurer pieusement les sanctuaires des Dieux.

(C. II, l. 15). —« Nous disons : ce palais, la demeure de ma royauté sur la terre de Bab-Ilu, le cœur de Bab-Ilu, depuis *mi boursubu* jusqu'aux bords du fleuve Purat, fut construit par un roi antérieur, qui ne l'avait pas entouré de quais. Il avait fait creuser au milieu, pour la défense du palais, des conduits pour le faire inonder par le fleuve Purat. Mais les berges étaient fendues, j'ai consolidé le soubassement où il y avait des murs, j'ai atteint le fond du fleuve. J'ai posé des assises au—dessous de l'eau en bitume et en brique. Je l'ai fondé, je l'ai fini. J'ai employé de grandes poutres pour construire ces édifice avec art. Ses . . . ses . . . ses colonnes.

(C. II, l. 31). —« Marduk, Seigneur puissant, Bel, Dieu des Dieux, assiste—moi. J'ai proclamé la lumière des Dieux. Avec ton assistance, que tu accordes à ceux qui ne se révoltent pas contre toi, j'ai fait construire ce palais indestructible. Que ma race y ait son trône, qu'elle en fasse sa demeure, que le nombre des naissances s'y multiplie. Puisse-t-elle y recevoir d'immenses tributs des rois de tous les pays des hommes, depuis l'Occident jusqu'à l'Orient, où se lève le soleil. Puisse—t—elle, à cause de moi, régner sur le peuple de Bab—Ilu, jusqu'aux jours les plus reculés. »

(*W. A. I.*, I, pl. 67)

Cette partie de l'histoire de la Chaldée est des plus obscures. Les renseignements, souvent contradictoires, qui nous sont donnés par les historiens grecs et le peu de données qui sont renfermées dans les Livres saints, ne permettent pas d'apprécier encore le véritable caractère des Princes dont les noms ont été plus ou moins confondus et plus ou moins altérés. C'est déjà beaucoup d'avoir, à l'appui de quelques indications antiques, des textes qui, malgré leur laconisme, ne permettent pas de douter de l'identité des princes qui les ont dictés.

BEL–LABAR–ISKUN.

(555 a. J.-C.)

Bérose nous apprend que Néglissor régna quatre ans et que son fils, Laborosoarchodos (Λαϐοροσοάρχοδος) encore enfant, lui succéda. Ce jeune prince s'étant fait remarquer par la perversité de ses penchants, on songea à s'en défaire ; il fut tué par son entourage, après un règne de neuf mois qui ne figure pas dans le canon de Ptolémée.

Les conjurés s'étant entendus entre eux donnèrent, d'un commun accord, l'empire à un certain Nabonid, qui avait trempé dans la conjuration.

Le nom assyrien dans lequel nous avons cru reconnaître le Laborosoarchodos de Bérose ne se trouve sur aucun monument assyrien. C'est par suite d'une conjecture très-plausible qu'on a identifié le nom de Laborosoarchodos avec celui de son grand-père. (*Sup.* p. 249.)

NABU–NAID.

(555 a. J.-C.)

Nabonid, parvenu au trône, à la suite du meurtre de son prédécesseur, ne songea qu'à la prospérité de la Chaldée, et se voua tout entier à la continuation des travaux qui avaient illustré le règne de Nabuchodonosor.

Le nom de ce prince, que nous lisons Nabu-naïd, figure dans les inscriptions sous différentes formes idéographiques dont la transcription est toujours la même. Il n'a point été altéré sensiblement dans le canon de Ptolémée, où il est appelé Ναϐοναδιος. Bérose le transcrit suivant Polyhistor, sous la forme Ναϐόννηδος, plus altérée dans Abydène, qui le lit

Ναβοδυνδδκος. C'est le Labynète d'Hérodote. Mégastène assure qu'il n'était point parent de Laborosoarchodos, mais que, néanmoins, par sa mère, il devait.être petit–fils des rois de Chaldée. Bérose semble partager cette opinion. Il est assez difficile d'expliquer par quelle confusion Hérodote a été amené à dire que Nabonid était fils de Nitocris et de Nabuchodonosor.

Les inscriptions de ce prince sont assez nombreuses ; il se dit fils de Nabu–balat–irib et la rédaction indique que son père n'a jamais régné. Voici, du reste, les inscriptions qui sont parvenues à notre connaissance :

Nous avons vu que l'on avait trouvé le long du fleuve des briques au nom de Nabonid. Ce fait confirme les données de Bérose. Il nous apprend que sous son règne les murs de Babylone qui bordaient le fleuve furent splendidement construits avec des briques cuites et du bitume, et en effet, sur des briques provenant des quais de l'Euphrate, on lit :

« Nabu–naïd (an–ak–na–id), roi de Bab–Ilu, serviteur de Nabu et de Marduk, fils de Nabu–balat–irib, le Seigneur puissant. »

(*W. A. I.* I., pl. 68, n° 2).

Sur d'autres briques de la même provenance :

« Nabu–naïd, roi de Bab–Ilu, conservateur du Bit–sag–ga–tu et du Bit-zi–da, fils de Nabu–balat–irib, le Seigneur puissant. Moi. »

(*W. A I.* pl. 68, n° 3.)

Sur les briques du temple de Samas, à Sinkereh :

« Nabu–naïd (na–bi–uv–na–id), roi de Bab–Ilu, reconstructeur du Bit-Saggatu et du Bit-Zida. . . . . . fils de. . . . . . »

(*W. A. I.* I., pl. 68, n° 4.)

Sur les briques, provenant de la grande ruine du temple de Mughéïr :

« Nabu–naïd (a–nak–i), roi de Bab–Ilu, reconstructeur de Ur, a res-tauré le temple du roi du. . . . . la Zigurrat du temple de *iz*, de la Grande-Déesse. . . . . . »

(*W. A. I.* I., pl., 68, n° 5.)

Sur les briques du tumulus Sud de la grande ruine de Mughéïr :

« Nabu–naïd, roi. . . . . . roi de Bab–Ilu, a construit le temple, ... le temple au milieu du temple *iz nu ik* en l'hon-neur de la Grande Déesse. »

(*W. A. I.* I., pl. 68, 1. 6.)

Sur les briques du S.-E. de la ruine de Mughéïr :

« Nabu-naïd, roi de Bab-Ilu, reconstructeur du Bit-Saggatu et du Bit-Zida a construit le *bit-mi*. . . . . . le temple de *nin an ra* qui est situé dans Ur, en l'honneur du dieu Sin, son Seigneur. »

(*W. A. I.* I., pl. 68, n° 7.)

INSCRIPTION DU CYLINDRE DE MUGHÉÏR.

Nous avons vu que M. Taylor avait trouvé aux quatre angles du temple de Sin à Mughéïr un cylindre, en quatre exemplaires, au nom de Nabonid ; en voici la traduction qui a été donnée pour la première fois par M. Oppert :

(C. 1, l. 1.) — « Nabu-naïd, roi de Bab-Ilu, restaurateur du Bit-Saggatu et du Bit-Zida, adorateur des Grands-Dieux. Moi.

(L. 5.) — « Le temple du roi. . . . . la Zigurrat du temple du *iz* de la Grande-Déesse, située dans la ville de Ur, avait été commencé par Uruk, un roi antique, mais il ne l'avait pas achevé. Ilgi, son fils, en acheva la magnificence. Avec le temps, cette Zigurrat tomba en ruines, j'ai reconstruit, sur les anciennes fondations qui avaient été posées par Uruk et Ilgi, cette Zigurrat comme elle avait été construite jadis, en bitume et en briques et j'ai terminé sa construction en l'honneur du dieu Sin, le dieu du Ciel et de la Terre, le roi des Dieux, des Dieux, qui sont les véritables Dieux du vaste Ciel. J'ai fondé de nouveau et j'ai rebâti ce palais du *iz* de la Grande Déesse, mon seigneur qui habite dans la ville de Ur.

(C. II, l. 3.) — « Dieu Sin, Dieu des Dieux, roi des Dieux du Ciel et de la Terre, des Dieux qui habitent les vastes Cieux, que ta faveur se répande sur cette maison au moment de ton coucher qui protége le Bit-Saggatu, le Bit-Zida, le temple du *iz*, les temples de la grande divinité ; propage l'adoration de là grande divinité parmi les hommes, afin qu'ils soient préservés du péché et que les œuvres qu'il a fondées durent éternellement comme les Cieux.

(C. II, l. 3.) — « C'est pourquoi Nabu-naïd, roi de Bab-Ilu, sauve-moi du péché contre la Grande Divinité, accorde-moi une longue existence jusqu'aux jours les plus reculés et que Bel-sar-usur (Balthasar) le rejeton de mon cœur, mon fils aîné, propage l'adoration de ta Grande Divinité, et sa vie, exempte de péché, durera aussi longtemps que ses destinées.

(*W. A. I.* I., pl. 68, n° 1.)

Nabonid s'occupa beaucoup de l'histoire des premiers temps de la Chaldée ; un document d'une haute importance nous initie aux recherches que cet infatigable archéologue avait entreprises. Malheureusement, ce document nous est parvenu dans un état de détérioration regrettable et les nombreuses lacunes qu'il renferme ne nous permettent pas de suivre d'une manière régulière le résumé pour ainsi-dire chronologique de l'histoire des rois du premier empire dont il avait retrouvé les inscriptions.

FRAGMENTS DU GRAND CYLINDRE DE NABONID.

(Col. 1. . .) — « Le commencement manque.

(Col. 1, l. 12). — « et je l'ai revêtu avec du cuivre brillant, j'ai orné symétriquement l'intervalle de ses portes.

« J'ai achevé la magnificence du temple du jour et je l'ai fait briller comme le soleil. Pour obtenir une longue vie, j'ai consacré à Samas, mon Seigneur, une part de mon butin.

« Samas, seigneur puissant, lumière sans tache, accompagné de Sin, le père qui m'a engendré, permets-moi d'achever les splendeurs du Bit-Saggatu et du Bit-Zida, le temple des *iz* la Grande Déesse, le temple *Parra*, le temple *anna*, le temple *ulbar*, le siége de leurs Grandes Divinités. Que leurs fondations durent comme les cieux. Perpétue dans le cœur des hommes le respect de Sin, le souverain des Dieux et du dieu Marduk. Que les fondations de ces palais durent jusqu'à l'accomplissement de leurs destinées.

« Car Nabunaïd (*nabu-im-tuk*), roi de Bab-Ilu, n'a pas péché contre leurs grandes divinités, sa vie sera conservée . . . .

. . . .

Lacune dont il n'est pas possible de préciser l'importance.

(C. 1., l. 43). — « Ur. . . . . . . des dieux. . . . . Dans les jours victorieux de Nabu-kudur-usur, roi de Bab-Ilu, mon prédécesseur, fils de Nabu-pal-usur, roi de Bab-Ilu, le roi qui a entrepris la reconstruction du temple pour réjouir le cœur de Samas et de Sin ses Seigneurs. Il a construit les portes, il a posé les Timin des palais, il a embelli les murs. . . . . de cette ville et de ce palais, il en a fait un . . . . . . et il a pénétré jusqu'aux soubassements.

« Le temple du Jour qui avait été construit par Purnapuriyas, mon prédécesseur, était tombé en ruines. J'ai. . . . sur le Timin de Purnapuriyas. . . . . J'ai restauré le côté oriental. . . . . il avait disposé. . . . de ce temple.

Les premières lignes de la seconde colonne manquent, la première partie est très-endommagée au commencement et à la fin des lignes.

(C. II, l. 4). — « Pendant 700 ans, il ne fut rien fait. . . . . . il fit un temple à Samas sur le *Timin* de Hammurabi, j'ai construit son mur extérieur. . . . j'ai consacré. . . . . j'ai placé. . . .

« J'ai fondé, j'ai construit le temple du Jour, j'ai recouvert les *sulats* avec des poutres de cèdre et de cyprès. . . . J'ai construit le temple du Jour, je l'ai fait resplendissant comme le jour, j'ai consacré en l'honneur du dieu Samas, mon Seigneur, une partie du butin de mon ennemi.

« Samas, lumière sans tache (protège) à ton lever, les temples des Grandes Divinités, le *Bit-Saggatu*, le *Bit-zida*, le *Bit-is* de la Grande Déesse, le temple du Jour, le temple d'Anu, le temple *ulbar*, permets que leurs fondations durent comme les cieux.

« Car, Nabu-naid (*an-ak-im-tuk*), roi de Bab-Ilu n'a pas péché contre la grande divinité et sa vie sera préservée. Et Bel-sar-usur (Balthasar) mon fils aîné, le rejeton de mon cœur, prolongera ses jours jusqu'à l'accomplissement de ses destinées.

« Les tables de Larsam avaient été déposées sous le *timin* du temple *ulbar* à Agané (Sippara) dans des temps reculés par. . . . . . (*Sarkin*. . . .?) roi de Bab-Ilu et Naram-Sin, son fils, mes prédécesseurs, elles n'avaient pas vu le jour avant l'époque des jours glorieux de Nabu-naid, roi de Bab-Ilu. Kurigalzu, roi de Bab-Ilu qui m'a précédé, les fit chercher, mais il ne trouva pas le Timin du temple Ulbar, et alors il fit cette inscription : « J'ai cherché le Timin et je ne l'ai pas trouvé. » Assur-akhi-idin, roi du pays d'Assur, roi des légions, les fit chercher.

. . . .

Lacune.

(C. II, l. 40.) — « Nabu-kudur-ussur, roi de Bab-Ilu, fils de Nabu-palussur, mon prédécesseur, à l'aide de son armée, chercha le Timin de ce temple *ulbar* et ne le trouva pas. Et moi, Nabunaid, roi de Bab-Ilu, restaurateur du Bit-Saggatu et du Bit-Zida, dans mes années glorieuses, inspiré par mon respect envers la déesse Istar d'Agané, ma souveraine, j'ai fait creuser un puits. Les dieux Samas et Bin me dirigèrent, j'ai cherché le Timin du temple *ulbar* pour mon bonheur. Avec la constance d'un roi, j'ai guidé mon armée à la recherche de ce Timin, trois soixantaines d'années (180 ans) avant les recherches qui avaient été entreprises par Nabu-kudur-ussur, roi de Bab-Ilu. Je l'ai exploré en avant, en arrière, j'ai cherché et je n'ai pas trouvé, mais ils avaient dit ainsi : « Nous avons cherché ce Timin et nous ne l'avons pas trouvé. L'orage et les eaux avaient tout inondé et en avait fait une ruine. . . »

La troisième colonne commence par une longue lacune dans laquelle le Roi rendait compte de la réussite de son entreprise, on peut en juger par ce qui suit :

(C. III, l. 15.) — « . . . . le temple de Sin. . . . . . et ce temple . . . . . pour la construction de ce temple. . . . . . . j'ai trouvé le *timin* du temple *ulbar* et j'ai lu ainsi le nom de Sagaraktias dans ces profondeurs.

« Sagaraktiyas, Pasteur (*ri'u*) véritable, seigneur suprême. . . . . Moi. Je dis ceci : Le dieu Samas et la déesse Anunit m'ont appelé pour gouverner les pays et les peuples ; ils ont rempli ma main des tributs de tous les peuples. Je dis ceci : Le temple du Jour, le temple de Samas, mon Seigneur de Sippara et le temple Ulbar d'Anunit, ma souveraine, à Sippara, avaient été renversés jusqu'à la base par le nommé Zabum, dans des temps antérieurs. J'ai déblayé les substructions, j'ai mis à découvert ses fondations, j'ai remué des monceaux de terre, j'ai dégagé ses murs, j'ai achevé ses *usurat*, j'ai examiné ses fondations, j'y ai apporté de la terre nouvelle, j'ai consolidé les fondations, j'ai relevé les soubassements à la gloire de Samas et d'Anunit pour ma propre satisfaction, ils m'accordèrent la constance de leur protection. Qu'ils prolongent mes jours, qu'ils me rendent ma vie première et qu'ils perpétuent dans ce palais mes années de bonheur, qu'ils protégent l'écriture de ce monument et qu'ils élèvent la gloire de mon nom.

« C'est ainsi que j'ai trouvé. . . . . . le nom de Sagaraktias, roi de Bab–Ilu, mon prédécesseur, qui a construit le temple *ulbar* dans Sippara, en l'honneur d'Anunit et qui en a posé le Timin. J'ai replacé dans les fondations le *baril* de l'orient, le *baril* de l'occident et le Timin antérieur, j'ai revêtu l'extérieur du temple *ulbar* et j'ai achevé sa magnificence, je l'ai fait resplendir comme le soleil, j'ai consacré à la déesse Anunit, la Grande Déesse, ma souveraine, pour la prolongation de ma vie, une partie de mon butin.

« Anunit, Grande Déesse, toi qui suis le dieu Sin, le père qui t'a engendrée, toi qui surveilles le Bit–Saggatu, le Bit–Zida, le Bit–iz de la Grande Déesse, le temple du jour, le temple d'Anu, le temple *ulbar*, les demeures de ta Grande divinité; (permets) qu'avec ton assistance mes œuvres soient achevées, que leurs fondations durent comme les cieux; per-pétue dans le cœur des hommes la crainte de Sin, le chef des Dieux, et de Marduk; (permets) que les fondements (de cette demeure) durent jusqu'à l'accomplissement de leurs destinées.

« Car Nabu–naid (*an–ak–im–tuk*), roi de Bab–Ilu n'a pas péché contre ta Grande Divinité, et Bel–sar–ussur, mon fils aîné, le rejeton de mon cœur, prolongera ses jours jusqu'à l'accomplissement de leurs des-tinées. »

(*W. A. I.* I., pl. 69.)

Nabonid, d'après le canon de Ptolémée, a régné dix-sept ans. M. Oppert a découvert au Birs-Nimroud une inscription datée du 30ᵉ jour du 6ᵉ mois de la xvıᵉ année de Nabonid, roi de Babylone (539 a. J.-C.). Malheureu-sement, ce document est aujourd'hui perdu.

BEL–SAR–USUR.

(537 a. J.-C.)

Le nom de Bel-sar-usur qu'on trouve dans le document de Nabonid et qui peut répondre au nom de Balthasar, vient donner une importance toute particulière à un détail du livre de Daniel, que nous avons indiqué (*Suprà* p. 241) et qui trouve naturellement sa place ici.

« Le roi Balthasar, dit l'écrivain juif, offrait un grand festin à mille des plus grands de sa cour et chacun buvait selon son âge.

« Le roi étant donc déjà pris de vin, commanda qu'on apportât les vases d'or et d'argent que son père Nabuchodonosor avait emportés du temple de Jérusalem, afin que le roi but dedans avec ses femmes, ses concubines et les grands de la cour.

« On apporta donc aussitôt les vases d'or et d'argent qui avaient été transportés du temple de Jérusalem et le roi but dedans avec ses femmes, ses concubines et les grands de la cour.

« Ils buvaient du vin et ils louaient leurs dieux d'or et d'argent, d'airain et de fer, de bois et de pierre.

« Au même moment, on vit apparaître des doigts et comme la main d'un homme qui écrivait vis-à-vis du Chandelier sur la muraille de la salle du roi, et le roi voyait le mouvement des doigts de la main qui écrivait.

« Alors le visage du roi se changea; son esprit fut saisi d'un grand trouble; ses reins se relâchèrent, et, dans son tremblement, ses genoux se choquaient l'un l'autre.

« Le roi poussa un grand cri et ordonna qu'on fit venir les Mages, les Chaldéens et les augures; et le roi dit aux sages de Babylone : Quiconque lira cette écriture et me l'interprétera, sera revêtu de pourpre, aura un collier d'or au cou et sera la troisième personne de mon royaume.»

On sait que Daniel seul put lire cette sinistre inscription; il n'est pas sans intérêt de la rappeler ici avec son interprétation.

« Or, continue le Livre du Prophète, voici ce qui est écrit :

MANÉ THECEL PHARÈS.

« Et en voici l'explication : *Mané*, Dieu a compté votre règne et en a marqué l'accomplissement.

« *Thécel*, vous avez été pesé dans la Balance et on vous a trouvé trop léger.

« *Pharès*, votre royaume a été divisé et il a été donné aux Mèdes et aux Perses.

« Alors Daniel fut revêtu de pourpre par l'ordre du Roi. On lui mit au cou un collier d'or, et on fit publier qu'il aurait la puissance du royaume, comme étant la troisième personne.

« Cette même nuit, Balthasar, roi des Chaldéens, fut tué. »

La science moderne peut chercher à son tour à retrouver, non pas le sens, mais les mots mêmes qui apparurent sur les murs du palais de Balthasar. Ces mots n'étaient pas écrits avec les caractères en usage alors dans la Chaldée ; mais on sait par les inscriptions des Achéménides que les vainqueurs qui s'avançaient à la conquête de Babylone parlaient une langue nouvelle, écrite avec des caractères alors inconnus et avec lesquels il est peut-être possible de reconstituer aujourd'hui ces mots mystérieux. C'était le dernier avertissement de la puissance des Perses qui grondait déjà aux portes de Babylone.

En effet, quelle qu'ait été la valeur de Nabonid, le moment était venu où la puissance chaldéenne allait disparaître. Dans la dix-septième année de son règne, Cyrus, roi de Perse, était parti de son pays avec une nombreuse armée, et, après avoir ravagé tous les pays du Nord, il entrait dans la Babylonie. Nabonid vint à sa rencontre avec son armée et, lui ayant livré bataille, il fut vaincu ; son fils Balthasar fut tué en défendant Babylone contre l'entrée des troupes. Nabonid se retrancha dans la citadelle de Borsippa, où il resta encore pendant quelque temps, jusqu'à ce qu'il fut obligé de se rendre volontairement. Cyrus le traita avec bienveillance et lui assigna une demeure en Carmanie, où il termina ses jours.

Topographie
DE **BABYLONE**
d'après M. J. OPPERT

N° 2

Templ. Mercalis
Thesaurus

CUTHA

Euphrates

fluvius

Porta Semiramidis

Hic Cyrus
intravit urbem

Murus   CCCCLXXX

stadiorum   maximus

Turris cum
arce regia

Propugnaculum

Pyramis

Murus   CCCLX   stadiorum   internus

B A

Turris et Porta

Porta
Noniorum
Portus
exemparum
Templum
Deae matris

Cutha

Turris et Porta

ACROPOLIS

B

habitata

Templum

DICTA

Templum

Vicus

Templum

POMOERIUM SAEPE PALUDIBUS INUNDATUM

Pars Babylonis

Y

URBS

PROPRIE

Templum

Turris

BABYLON

L

Turris et Portas

culti atque

Turris

Turris et Porta

Agri

sparsis

tantummodo tectis

occupati

O

Borsippa

Porta Beli sive
Cissia Aethiopica

Suburbium

N

Porta
Chaldæorum

N° 1

Pyramis
Graecis Beli sepulcrum

Suburbium

Horti regii

Arx regia

Statua
Nabuchodonosoris

BORSIPPA

Arx
minor

Templa Herculis

et Saturni
ACROPOLIS
MINOR

Templum Veneris

Turris linguarum

ACROPOLIS

N° 3

Lith. F. Cagniard, Rouen.

TOPOGRAPHIE DE BABYLONE.

Maintenant que nous connaissons les renseignements qui nous sont fournis par les ruines de la Chaldée et par les inscriptions des rois du Grand-Empire, nous pouvons compléter par les récits des historiens sacrés ou profanes, la description des monuments qui nous restent à connaître pour nous donner une idée de la topographie de Babylone au moment de sa splendeur.

Nous savons que la ville était entourée d'un mur dont le développement mesurait 480 stades de longueur. Ce mur était défendu par un fossé et s'étendait depuis la porte de Sémiramis au Nord jusqu'à la porte de Ninive à l'Est, et depuis la porte des Chaldéens au Sud jusqu'à la porte de Bel à l'Ouest. Cette première enceinte, qui portait le nom d'Imgur–Bel était doublée intérieurement d'une seconde enceinte dont les inscriptions nous ont également conservé le nom et qui s'appelait Niviti-Bel. Cette seconde enceinte avait un développement de 370 stades.

Cette double enceinte avait été fondée par Assarhadon ; mais, malgré les indications trop surabondantes du texte (*supra* p. 168), il est présumable qu'elle n'a été terminée que par ses successeurs ; elle était percée de plus de cent portes dont quelques-unes marquent encore leur place sur les ruines.

Le fleuve entrait en biais par l'angle Nord du carré, à la porte de Sémiramis et partageait la ville en deux, en sortant par l'angle Sud à la porte de Bel. Le cours du fleuve était également protégé par des murs qui fermaient la ville et dans lesquels on avait ménagé des portes en face des rues, et qui permettaient d'établir la communication entre les deux rives.

Le cours du fleuve a dû subir des modifications assez notables, les Quais dont on trouve la trace sont postérieurs à Nabuchodonosor et paraissent être l'œuvre de Nabonid. Les auteurs grecs les attribuent à Nitocris ou à Sémiramis, comme ils attribuent, du reste, à ces deux reines tous les grands travaux de Babylone. Outre les Quais, il y avait encore de grandes constructions dont ni les ruines ni les inscriptions ne nous révèlent l'existence ; nous complèterons ici les renseignements que les Grecs nous fournissent à ce sujet.

Hérodote nous donne d'abord les indications suivantes :

« Chacun des deux murs est continué jusqu'au fleuve que touchent les côtés qui ensemble forment un angle, ensuite tout le parcours de chaque côté du fleuve est fortifié par un quai en briques cuites. »

Diodore, qui se renseigne auprès de Ctésias, s'exprime ainsi (II 8.) :

« Elle (Sémiramis) fit faire de chaque côté du fleuve un quai parfait qui avait à peu près la même largeur que les murs et qui s'étendait sur cent soixante stades. »

Quinte-Curse est plus explicite (xv.) :

« L'Euphrate, dit-il, coule à travers la ville, il est contenu par des Quais d'un grand volume, mais toutes les autres œuvres sont dépassées en grandeur par les immenses cavernes qui sont creusées dans le sens de la profondeur pour arrêter l'impétuosité du fleuve. Quand l'Euphrate a dépassé la hauteur du Quai qui le limite, il atteindrait les maisons de la ville s'il n'y avait pas de cavernes et de lacs pour l'accueillir ; ces travaux sont faits de briques cuites et de bitume comme l'ouvrage entier. »

La communication entre les deux rives s'établissait à l'aide de bateaux ; cependant il paraît qu'elle avait lieu à l'aide d'un Pont et d'un Tunnel. Rien dans les inscriptions ne révèle l'un ou l'autre de ces moyens de communication, mais les membres de l'Expédition française en Mésopotamie paraissent en avoir constaté la trace au milieu des ruines.

Nous avons vu (*supra*, p. 196) qu'Hérodote attribue la construction du Pont à la reine Nitocris.

Diodore parle également de la construction de ce Pont, mais il l'attribue à Sémiramis.

« Sémiramis fit construire à l'endroit du fleuve le plus encaissé un Pont de cinq stades de largeur, en faisant asseoir avec art au fond de l'eau des pilliers qui étaient distants les uns des autres de douze pieds. Les pierres superposées furent attachées par des crampons en fer et les joints remplis par du plomb fondu. Du côté où les pilliers avaient à contenir le courant, elle fit faire des angles qui présentaient un plan incliné se continuant sur presque toute la largeur du pillier, afin que la culée des angles coupât le courant du fleuve et que les plans inclinés cédant à cette furie en adoucissent la violence. Ce Pont était recouvert de poutres de cèdre et de cyprès sur lesquelles se trouvaient des troncs énormes de palmiers ; il avait trente pieds de largeur et ne paraissait céder en magnificence à aucune des autres œuvres de Sémiramis. Des deux côtés du fleuve, elle construisit un Quai qui avait à peu près la même largeur que les murs et qui s'étendait sur 160 stades. »

Outre le Pont, la communication était établie par un souterrain. Diodore décrit ainsi ce Tunnel :

« Après cela elle (Sémiramis) choisit dans la Babylonie l'endroit le moins élevé, et fit un bassin carré dont chaque côté était de 300 stades (54 kilomètres), construit de briques cuites et d'asphalte et qui avait une profondeur de 25 pieds. Elle détourna le fleuve dans ce bassin et fit un Canal d'une résidence à l'autre. Elle bâtit les voûtes en briques cuites ; elle les recouvrit de chaque côté d'une couche d'asphalte jusqu'à ce que l'épaisseur de cet enduit eut atteint quatre coudées. Les parois de la tranchée avaient une largeur de vingt briques, la hauteur jusqu'à la naissance de la voûte était de onze pieds, la largeur de quinze. Cette tranchée fut exécutée en sept jours ; alors elle fit retourner le fleuve dans le lit antérieur de sorte qu'il coula au-dessus du Tunnel, et ainsi Sémiramis pouvait parvenir d'un château à la résidence opposée sans traverser le fleuve. Elle fit faire de chaque côté du souterrain des portes d'airain qui subsistèrent jusqu'aux rois Perses. »

Philostrate (vie d'Apollonius), parle également de ce Tunnel, mais dans des termes plus concis.

M. Oppert a cru reconnaître les deux points d'attache du Tunnel dans la prolongation du bras septentrional des Abou-Ghozeilat. Le Tunnel se trouvait ainsi dans la Cité royale, tandis que le Pont était au milieu de la ville, un peu au midi de Hillah.

Babylone renfermait dans sa double enceinte plusieurs agglomérations qui avaient constitué primitivement des villes distinctes.

C'était d'abord la Babylone antique, le centre de Babylone, le cœur de la ville, et qui devint, sous les derniers rois, la Cité royale avec ses palais défendus par une triple enceinte autour de laquelle se groupa la cité nouvelle.

Au Nord on avait annexé la ville de Cutha avec ses temples et ses enceintes, comprenant le Trésor royal et le temple de Nirgal.

Au Sud on avait également réuni la ville de Borsippa avec son Acropole, les temples de Saturne et d'Hercule et la fameuse tour du Bit-Zida.

En dehors de ces grands centres, tout ce qui n'était pas couvert de constructions était abandonné à la culture.

Nous avons vu que le nom de Nabuchodonosor était écrit sur presque toutes les ruines de la Chaldée; si les Grecs nous font connaître des monuments dont nous ne trouvons plus la trace, d'un autre côté les inscriptions nous signalent des monuments dont nous rencontrerons les restes parmi les nombreux tumulus qui restent encore innomés.

Dans la cité royale, nous avons signalé d'abord Babil, la plus imposante des ruines, puis le Kasr et de l'autre côté du fleuve, les ruines d'un autre palais avec lequel on pouvait communiquer par le tunnel. Cette double résidence dominait toute la ville et assurait aux souverains, pour ainsi dire, la clef des endroits les plus importants de la cité. Chacun de ces palais était entouré d'un jardin, mais ces jardins ne doivent pas être confondus avec ceux dont la tradition nous a transmis la renommée et que nous désignons encore sous le nom « des Jardins suspendus » et dont M. Oppert indique les restes dans la ruine qui porte le nom de Amran-ibn-Ali.

Ces fameux Jardins ne figurent pas dans les inscriptions, mais ils sont décrits dans les auteurs grecs avec des détails qui ne permettent pas de révoquer en doute leur existence; ils existaient encore au premier siècle avant J.-C. Diodore, il est vrai, semble en parler au passé, mais Strabon et Quinte-Curse indiquent clairement qu'ils existaient encore de leur temps.

Josèphe, d'après Bérose, en fait ainsi mention :

« Nabuchodonosor fit ensuite dans la Cité royale un édifice reposant sur des substructions de pierres qu'il éleva à une hauteur très-considérable en leur donnant le plus qu'il pouvait l'apparence des collines naturelles. Il planta partout des arbres de différentes espèces et construisit ainsi ce qu'on nomme « les Jardins suspendus. » Il les bâtit pour faire plaisir à sa femme qui avait été en Médie et qui aimait beaucoup l'aspect des régions accidentées. »

La description de Diodore nous initie ainsi aux détails de la construction de cette merveille (II.x.) :

« Il y avait aussi auprès de l'acropole le Jardin suspendu qui n'était pas l'œuvre de Sémiramis, mais celle d'un roi Syrien postérieur qui le fit construire pour complaire à sa maîtresse. Celle-ci étant, à ce qu'on dit, Perse d'origine, demanda dans son désir d'avoir des prairies accidentées que le roi imitât, par une plantation artificielle, le caractère spécial du pays de Perside. Le Jardin s'étend de chaque côté vers quatre plèthres et représente une montée accidentée et des édifices qui s'y tiennent les uns aux autres en offrant une mise en scène théâtrale. Au-dessous des montées artificielles, il y avait des arcades pour supporter à la fois la pesanteur de la masse du jardin et ces arcades étaient plus longues et s'avançaient sur celles qui étaient bâties en dessous. La dernière voûte la plus élevée avait 50 coudées de hauteur ; au-dessus d'elle se trouvait la plus haute plate-forme, dont l'élévation égalait celle de l'enceinte crénelée. Puis les pilliers étaient construits avec une grande solidité ; ils avaient vingt-deux pieds d'épaisseur et chacun était séparé de l'autre par un intervalle de dix pieds. Les étages étaient couverts de poutres de pierres qui mesuraient, avec la partie qui dépassait, seize pieds de longueur et quatre de largeur. L'étage ainsi édifié, avait sur ces blocs de pierre une couche de roseaux mêlés de beaucoup d'asphalte, ensuite une double rangée de briques reliées avec du plâtre. Cette troisième structure était garnie par une couverture en plomb afin que l'humidité de la terre apportée ne pénétrât pas dans la profondeur. Sur ces substructions, on accumulait une masse de terre suffisante pour contenir les racines des plus grands arbres. Toute cette surface, en forme de plancher aplani, était remplie d'arbres qui pouvaient enchanter le spectateur par leur grandeur et leurs autres agréments. Les tunnels eux-mêmes recevaient la lumière par les voûtes qui leur étaient superposées ; ils avaient des emplacements en grand nombre et offraient beaucoup de variété pour que les rois pussent y séjourner. Au niveau de la vue la plus élevée, il y avait un édifice ayant des tranchées perpendiculaires et des machines pour porter l'eau à la hauteur. On tirait par ces moyens une quantité d'eau du fleuve sans que personne du dehors pût s'en apercevoir. Ce Jardin, comme je l'ai énoncé plus haut, était d'une construction plus récente. »

Strabon, dont nous ne devons pas négliger le témoignage, les décrit ainsi : (LXVI. p. 628, Ed. Didot).

« Les monuments de Babylone sont comptés parmi les sept merveilles de même que le jardin suspendu (κῆπος κρεμαστός) qui a la forme d'un carré dont chaque côté est de quatre plèthres. Il se compose de plusieurs terrasses formées par des voûtes s'élevant les unes au-dessus des autres et soutenues par de gros pilliers. Ces derniers sont creux et remplis de terre pour qu'ils puissent contenir les racines des plus grands arbres. Ces pilliers, ainsi que le sol de chaque terrasse, et les voûtes, sont construits en briques cuites, jointes avec de l'asphalte ; on arrive à l'étage supérieur par des escaliers le long desquels on a disposé des machines (κοχλεαί). Des hommes, chargés de cet ouvrage, les mettent en mouvement sans cesse et font monter l'eau de l'Euphrate dans le jardin situé tout près du fleuve, car le fleuve coupe la ville par le milieu et à un stade de largeur. Le jardin était situé sur le fleuve même. »

Enfin, Quinte-Curse, dont nous ne pouvons passer le témoignage sous silence, s'exprime ainsi :

« Au-dessus de l'acropole s'élève la merveille connue par les récits des Grecs sous le nom de « Jardins suspendus, » ils égalent en hauteur la partie des murs la plus élevée ; ils sont agréables par l'ombre d'arbres nombreux et élancés.

« On a construit sur le rocher des pilliers qui soutiennent l'ouvrage entier ; sur ces pilliers, on a étendu un *solum* formé de pierres carrées pour supporter la terre qu'on y dépose à une grande hauteur et pour résister à l'humidité provenant des irrigations de la terre végétale. Ces soubassements soutiennent des arbres tellement forts que leurs troncs occupent un espace de huit coudées de circonférence. Ces arbres ont jusqu'à cinquante pieds de hauteur et fructifient tout comme si ils étaient cultivés dans leur propre terre. Et quoique la vétusté ne s'attaque pas seulement aux ouvrages émanant de la main de l'homme, et qu'elle n'épargne pas même les œuvres de la nature, cette masse qui est chargée des racines de tant d'arbres et du poids d'une pareille forêt, dure sans être endommagée, car elle est soutenue par vingt parvis très-larges, distants les uns des autres de onze pieds. Ceux qui la voient de loin peuvent croire que c'est une forêt qui s'adosse à une montagne. On raconte que les Jardins suspendus sont une œuvre d'un roi Syrien régnant à Babylone, vaincu par l'amour de sa femme, laquelle, possédée par le désir de se trouver à la campagne dans des forêts et dans des bois, poussa son mari à imiter l'aménité de la nature au moyen d'un pareil travail. »

Voilà donc des travaux importants, le Lac, le Tunnel, le Pont, les Jardins suspendus dont il n'est pas question dans les inscriptions, non—seulement dans celles qui émanent de Nabuchodonosor, mais encore dans
celles de ses successeurs. D'un autre côté, les inscriptions nous font connaître des temples et des palais qu'il n'est pas toujours facile d'identifier
avec les tumulus qui couvrent la plaine de Babylone. La grande inscription de la Compagnie des Indes nous parle de neuf temples dont nous rappellerons ici les noms :

1° Le temple des Sacrifices, situé à une des extrémités de Babylone ;

2° Le Bit—Narris, dédié à la déesse Zarpanit, est celui dont M. Oppert
a cru découvrir les restes dans la ruine qui porte le nom de El Kalaieh ;

3° Le temple de Nebo, qui peut être identifié avec le Serapeum dont
parle Arien, et dont les restes seraient ensevelis dans la ruine qui porte le
nom de El Homeira ;

4° Le temple de Sin ;

5° Le temple de Samas, dont la tradition paraît avoir perpétué le
souvenir dans la ruine qui s'abrite sous la mosquée Meschad-Elhem ;

6° Le temple de Bin, peut-être le temple de Bel dont parle Hérodote,
et qui a été respecté par Xerxès ;

7° Deux temples dédiés à la déesse Nana, dont l'un paraît avoir été
construit sur le rempart même de Babylone ;

8° Enfin, le temple dédié à Anu.

Les inscriptions nous font connaître encore un certain nombre de
temples construits par Nabuchodonosor à Borsippa ; ce sont, outre le
Bit—Zida :

1° Le temple d'Adar-Sandam ; — 2° le temple de Nana ; — 3° le temple
de Bin ; — 4° le temple de Sin.

A côté des descriptions si précises du texte assyro—chaldéen, il con-
viendrait de rapprocher les indications qui nous sont données par les
ruines, mais les explorations les plus scrupuleuses de la Chaldée n'ont
pas encore amené de résultats aussi satisfaisants que celles qui ont été
entreprises sur le sol même de Ninive.

Les travaux d'irrigation qui ont été exécutés par les différents rois de
Babylone sont très-nombreux, une bonne distribution des eaux était la

source de toute la fertilité de la Chaldée. Aussi, dès la plus haute antiquité, nous voyons avec quel soin les rois du premier empire creusent des canaux auxquels ils attachent leur nom. Hammourabi et ses successeurs ont sillonné la Babylonie de cours d'eau comme les rois du dernier empire. Malheureusement tous ces travaux ont disparu, les terres se sont éboulées, et lorsqu'il ne s'est plus trouvé personne pour assurer l'écoulement régulier des eaux, le canal est devenu un marais.

Le Canal du Soleil levant dont il est question dans les textes de Nabuchodonosor devait couler à travers la ville pour se relier au fleuve un peu au-dessus du Kasr, en face le village de Kowariesh. Il y avait encore un Canal qui dirigeait les eaux autour des fortifications de Barsippa, mais les indications des travaux de cette nature sont trop vagues et les accidents du sol trop multipliés pour qu'il soit possible de songer aujourd'hui à en relever la trace.

Nous n'avons plus désormais à constater que les ravages des hommes et du temps. Le seul monument qui pouvait appartenir aux rois du Grand-Empire et dont l'existence ne nous est révélée que par les historiens postérieurs sont les Bains royaux signalés par Arien dans son récit des derniers moments de la vie d'Alexandre. M. Oppert a cru en reconnaître les traces dans un groupe de ruines situé entre Amran et le Kasr.

Enfin, le seul monument nouveau qui s'élèvera dans la grande cité sera le tombeau que le roi de Macédoine fera élever à Ephestion et dont on peut chercher aujourd'hui la place au Sud de la ruine d'Amran-ibn-Ali.

SIXIÈME PÉRIODE.

————

DÉCADENCE DE L'EMPIRE DE CHALDÉE.

OCCUPATION ARIENNE.

La parole des prophètes a été entendue :

« L'épée est tirée contre les Chaldéens, dit le Seigneur, contre les habitants de Babylone, contre ses princes et contre ses sages.

« L'épée est tirée contre ses devins qui paraîtront insensés, l'épée est tirée contre ses braves qui seront saisis de crainte.

« L'épée est tirée contre ses chevaux, contre ses chariots et contre tout le peuple qui est au milieu d'elle et ils deviendront comme des femmes ; l'épée est tirée contre ses trésors et ils seront pillés. »

Si nous cherchons aujourd'hui à comprendre les faits qui ont amené la chute du plus puissant empire du monde, au moment de sa plus grande splendeur, nous ne pourrons nous rattacher à aucun principe capable de l'expliquer, la lumière n'est pas faite encore sur ce grand événement.

Nous avons suivi Babylone depuis l'origine du monde, sans la perdre de vue, à travers les différentes phases qu'elle a traversées. Elle fut le centre nécessaire d'une civilisation qui devait se produire sans entraves. Il semble que le côté profondément religieux de son existence ait laissé à Nivive, sa rivale, le rôle éminemment conquérant et guerrier qui devait assujettir le monde entier aux principes qu'elle représentait. Aussi, dès que son caractère s'est trouvé défini dans l'histoire, c'est l'Assyrie qui a marché, c'est l'Assyrie qui s'est avancée, qui a soumis l'Arménie, la Syrie, la Médie, la Susiane et l'Egypte et qui n'est parvenue à conquérir

Babylone que pour tomber à son tour, en laissant à Babylone le soin de maintenir ses conquêtes et d'assurer dans le monde antique le plus grand développement de la civilisation assyro-chaldéenne.

Cette civilisation, que nous connaîtrons bientôt dans tous les détails, ne saurait nous être indifférente. Babylone a renfermé dans ses murs un petit peuple dont nous partageons encore les croyances et à la vie duquel nous sommes liés. Lui seul a lutté contre le flot envahissant du polythéisme sémitique, tandis que les autres peuples courbaient la tête et acceptaient ou subissaient les principes de la puissance assyro-chaldéenne. Lui seul a protesté du fond de son exil; il a appelé la vengeance sur ses vainqueurs. Aussi, dès que le bruit des conquêtes de Cyrus se fut répandu dans la Haute-Asie, il a tendu les mains vers le nouveau conquérant, et il a compris que c'était lui qui devait lui apporter la liberté.

Les Achéménides inaugurent une civilisation nouvelle. Ces hardis conquérants parlent une langue nouvelle, écrite avec des caractères qui apparurent, peut-être pour la première fois, aux yeux des Chaldéens, sur les murs du palais de Balthasar en y traçant les mots fatidiques qui lui annonçaient sa chute. Enfin, ils apportent une religion nouvelle. Cependant, si Bel est rompu, si Marduk est brisé, le Dieu qui conduit les soldats de Cyrus à la victoire n'est pas encore le Dieu dont les Juifs attendent la venue, c'est Ormuzd le Dieu de Zoroastre.

Mais voyons d'abord comment le peuple juif a été rendu à la liberté; nous n'aurons plus ensuite qu'à assister à la longue agonie de Babylone.

𒀹 𒈪 ⸗ 𒈨 𒈪 𒈫 ·

KURUS.

(538 a. J.-C.)

Nous donnons ici le nom de Cyrus dans sa forme originelle. Si les signes qui le représentent ont encore l'apparence cunéiforme, ils diffèrent essentiellement des caractères des inscriptions assyro-chaldéennes. Ceux-ci avaient une valeur *syllabique* et *idéographique;* les nouveaux caractères n'ont plus qu'une valeur *littérale*. Quelques-uns figurent encore, il est vrai, avec une valeur idéographique bien déterminée; mais ce sont de rares exceptions dont la philologie saura s'emparer pour remonter à l'origine de ce nouveau système graphique. Le plus ancien monument de cette écriture nous est conservé avec le nom de Cyrus. La perfection des caractères qui forment les quelques lignes dans lesquelles figurent ce nom, doit nous faire supposer une longue existence antérieure : on ne fait pas l'essai d'un système graphique sur le marbre des palais. Mais cette question mérite une étude spéciale à laquelle nous ne saurions nous livrer ici.

Non-seulement l'écriture des nouveaux conquérants est différente de celle des anciens souverains de la Haute-Asie, mais encore l'idiome n'est plus le même. Aussi, les Achéménides feront traduire leurs inscriptions dans les trois langues qui partageront la population de leurs vastes états pour se faire comprendre de leurs sujets Perses, Mèdes et Assyriens. Cependant l'assyrien restera la langue du peuple de l'Assyrie et survivra même à celle des Perses leurs vainqueurs.

Cyrus commença à régner à Babylone l'an 538 avant J.-C. Il était monté sur le trône des Perses l'an 560. Que fit-il pendant cet intervalle de 18 ans ? La Lydie fut sa première conquête; il défit Crésus l'an 557, puis il subjugua les peuples des bords de la mer Caspienne et des versants du Caucase. Enfin, lorsqu'il se fut bien affermi dans ses conquêtes, il s'avança vers la Chaldée.

Déjà, en 556, Crésus s'était uni à Nériglissor pour lui résister, mais en vain. Un peu plus tard, Laborassachod, le fils de Nériglissor, avait été défait ; Cyrus, après avoir pris Sarde et soumis à son obéissance la Grande-Phrygie, les Cappadociens et les Arabes, se présentait devant Babylone, l'an 540 avant J.-C., à la tête d'une armée nombreuse.

A peine arrivé, il établit ses troupes autour de la ville, qu'il alla reconnaître en personne ; ayant compris, à la hauteur et à la force des murailles, qu'il n'était pas possible de la prendre d'assaut, il pensa à réduire les habitants par la famine. On traça donc autour des murailles des lignes de circonvalation et dans les endroits où ces lignes aboutissaient à l'Euphrate on laissa un espace suffisant pour bâtir des forts. Les soldats se mirent à creuser une immense tranchée et pendant qu'ils étaient occupés à ce travail, Cyrus fit construire, sur les bords du fleuve, les forts dont nous venons de parler. Il en établit les fondations sur des pilotis en bois de palmier qui n'avaient pas moins de cent pieds de longueur. Les Babyloniens qui, du haut de leurs murailles, voyaient ces préparatifs de siége s'en moquaient, parce qu'ils avaient des vivres pour plus de vingt ans. Cyrus divisa alors son armée en douze corps, dont chacun devait être de service et surveiller Babylone pendant un mois de suite. Déjà tous les travaux étaient achevés, lorsque Cyrus apprit que le jour approchait où l'on devait célébrer à Babylone une fête durant laquelle les habitants passaient toute la nuit dans les festins et la débauche.

On ne dit pas quelle était cette fête, mais tout porte à croire qu'il s'agit ici de la fête des Sacées, qui, d'après Bérose, se célébrait le 16 du mois de Loüs (juin-juillet) et qui durait cinq jours pendant lesquels les esclaves commandaient à leurs maîtres, un d'entre eux était placé à la tête de la maison, revêtu d'un costume de roi ; on l'appelait Zoganis et tout le monde lui obéissait.

Strabon, qui donne de curieux détails sur cette fête, en attribue l'origine à Cyrus en mémoire de la défaite des Saces (les Scythes d'Asie) et du stratagème qu'il avait employé. Il est certain qu'une fête analogue était en usage chez les Perses ; seulement, d'après Dion Chrysostome, au lieu d'un esclave, ils choisissaient un condamné à mort pour l'investir des attributs de la royauté, et ils l'exécutaient après la fête. Mais le témoignage de Bérose suffit pour établir que la fête babylonienne n'avait aucun rapport avec celle dont on fait remonter l'origine à la victoire de Cyrus sur les Scythes.

Ce jour-là donc, pendant la fête, aussitôt que le soleil fut couché, Cyrus fit ouvrir la communication entre le fleuve et les deux têtes de la tranchée. L'eau s'épanchant dans ce nouveau lit, la partie du fleuve qui traversait la ville fut rendue guéable avant le jour. Après avoir détourné le fleuve, Cyrus y fit descendre plusieurs de ses gardes, fantassins et cavaliers, pour s'assurer si le fond était solide et voyant qu'on pouvait le passer sans danger, les troupes, qui avaient été placées à l'endroit où le fleuve entrait dans la ville, et l'autre partie à l'endroit où il en sortait, s'y jetèrent, conduites par Gobrias et par Gadatas. Les portes d'airain, qui fermaient les descentes des quais vers le fleuve, étaient restées ouvertes dans cette nuit de dissolution, aussi les deux corps de troupe de Cyrus pénétrèrent facilement dans le cœur de la ville. Tous les habitants, que les soldats peuvent atteindre, sont passés au fil de l'épée, d'autres plus heureux se sauvent dans leurs maisons, ou jettent l'alarme dans Babylone. Les soldats de Gobrias répondent à leurs cris, comme s'ils étaient leurs compagnons de débauche, et prenant le chemin le plus court, ils arrivent au Palais où ils se réunissent à la troupe de Gadatas. Alors ceux-ci chargent avec impétuosité les gardes du roi de Babylone. Aux cris qui s'élèvent, le Roi ordonne qu'on s'informe d'où vient ce tumulte. Gadatas, profitant du moment où la porte du Palais était ouverte, s'y précipite. Le Roi était alors debout et tenait un poignard à la main; les soldats de Gadatas et de Gobrias se jetèrent à la fois sur ce malheureux prince et le tuèrent; tous ceux qui étaient avec lui furent massacrés.

Pendant que ceci se passait au Palais, Cyrus faisait parcourir les différents quartiers de la ville par sa cavalerie, qui avait ordre d'égorger tous les Babyloniens qui se trouveraient dans les rues, et de faire publier une défense expresse de sortir des maisons sous peine de la vie. Cet ordre fut exécuté et Cyrus resta maître de Babylone.

Cependant Cyrus s'aperçut promptement qu'une conquête pareille n'était pas facile à garder. Ce n'était pas une province à contenir par la force, c'était un empire à fonder.

Cyrus représentait une race nouvelle, un principe nouveau. Au milieu de cette population hétérogène contenue par la force, il songea d'abord à se faire des alliés en rendant une sorte d'autonomie à tous ces petits états qui s'étaient courbés sous le joug des rois assyro-chaldéens.

Les Juifs, qui avaient salué sa venue en libérateur, devaient surtout

18

appeler son attention ; il s'empressa de leur rendre la liberté à laquelle ils aspiraient et leur facilita les moyens de réparer les ravages de Nabucho-donosor à Jérusalem. Dès la première année de son règne, il rendit un décret mémorable qui nous est rapporté par la Bible (Daniel VI, 1) et dont on croirait lire le texte sur un cylindre antique.

« Voici ce que dit Cyrus, roi de Perse : Le Seigneur, le Dieu du Ciel m'a donné tous les royaumes de la terre et m'a commandé de lui bâtir une Maison dans la ville de Jérusalem, qui est en Judée.

« Qui d'entre vous est de son peuple, que Dieu soit avec lui ; qu'il aille à Jérusalem, qui est en Judée ; qu'il rebâtisse la Maison du Seigneur, le Dieu d'Israël ; le Dieu qui est à Jérusalem est Dieu. »

Cet édit parut 52 ans après la destruction de Jérusalem, et 63 ans après l'exil du roi Joachim. Pour arriver au chiffre de 70 ans, que l'on attribue à la captivité, il faut en faire remonter l'origine à la première expédition de Nabuchodonosor contre les Juifs.

Cyrus, après avoir ainsi rendu la liberté aux Juifs, assura son pouvoir par le désarmement de la grande cité, puis il s'entoura d'une garde éprouvée pour veiller à sa sûreté personnelle, et alors il songea à se montrer au peuple pour l'éblouir par l'éclat de sa puissance.

Au jour indiqué, une multitude innombrable se pressait sur le chemin que devait parcourir le cortége. Quand les portes du palais s'ouvrirent, on vit sortir d'abord quatre taureaux superbes qui devaient être immolés aux divinités suprêmes de la Perse ; après les taureaux, des chevaux destinés pour le Soleil ; ensuite, un char consacré à Jupiter (c'est encore un Grec qui parle). Ce char était blanc et orné de festons, le timon était doré ; suivait un autre char, orné comme le premier, puis un troisième dont les chevaux avaient des housses couleur de pourpre, et derrière lesquels marchaient des hommes portant le Feu dans un grand bassin.

Cyrus, précédé de ce cortége, sortit du palais sur son char, sa tête était couverte d'une tiare qui s'élevait en pointe, il avait une tunique mi-partie de pourpre et de blanc, et des brodequins couleur de feu ; sa tiare était ceinte du diadème, ses mains étaient nues. Il avait à ses côtés le conducteur de son char.

Dès qu'on aperçut Cyrus, tous l'adorèrent en se prosternant. Lorsqu'il fut sorti du palais, quatre mille doriphores se mirent en marche pour lui servir d'escorte ; 300 eunuques richement vêtus et armés de dards le suivaient à cheval ; après eux, on menait en main deux cents chevaux ornés de frises d'or et couverts de housses rayées. Ils étaient suivis par un corps de deux mille piqueurs suivi de dix mille cavaliers Perses, puis un troisième corps, puis un quatrième, puis les cavaliers Mèdes, puis les Arméniens, les Caducéens, les Saces, et derrière la cavalerie, les chars de guerre rangés sur quatre de front.

Ce luxe, ce déploiement de forces indiquaient nettement la pensée du vainqueur. Bientôt il portera ses armes depuis les frontières de la Syrie jusqu'à la mer Rouge ; il envahira l'Egypte et donnera à son empire pour limites à l'Est, l'Inde ; au Nord, le pont Euxin et la mer Caspienne ; à l'Ouest, la mer Egée ; au Sud, l'Ethiopie et la mer Erythrée ; mais c'est en vain qu'il partagera sa résidence entre Suse, Hecbatane et Babylone, il voudra que Babylone soit encore la véritable capitale du monde: situation périlleuse qui précipitera sa ruine.

Les documents d'intérêt privé, écrits en assyrien, et datés du règne de Cyrus présentent une différence ; ceux des premières années donnent à Cyrus le titre de « Roi des nations » ; mais, à partir de l'an III, ils portent celui de « Roi de Babylone. »

Nous n'avons aucun renseignement sur les événements qui se sont accomplis à Babylone pendant la fin du règne de Cyrus ni sous celui de son successeur. Les Achéménides portaient cependant le titre de « Roi de Babylone. » M. Loftus a découvert à Warka des tablettes d'intérêt privé qui sont datées du règne de Cambyse, roi de Babylone.

Mais Cambyse, tout entier à ses guerres contre l'Egypte, laissait le gouvernement de l'Asie à des Satrapes dévoués qui ne paraissent pas avoir rencontré dans la Chaldée d'entraves sérieuses à l'exercice de leur pouvoir. Malgré cela, il est évident que la grande cité supportait avec peine le joug de ses vainqueurs. L'absence prolongée de Cambyse en dehors de ses états donnait le temps au vieux parti chaldéen de s'organiser.

Lorsque Darius fut arrivé au trône, il se trouva aux prises avec des révoltes continuelles qui mirent à chaque instant son pouvoir en danger ; les plus redoutables avaient pour centre Babylone et son alliée naturelle, la Susiane. Les Babyloniens, peu scrupuleux sur les titres de leurs chefs, se livraient au premier aventurier qui les poussait à la révolte en le couvrant des noms glorieux qui étaient restés dans leurs souvenirs.

Les renseignements nous sont, du reste, fournis par Darius lui-même ; nous les empruntons à la longue inscription gravée sur le rocher de Bisitoun. Elle entoure un immense bas-relief qui représente les rois menteurs ou rebelles que Darius a renversés. Elle est écrite en trois langues comme toutes les inscriptions des Achéménides. Nous donnons les noms propres dans leur forme arienne en restituant toutefois aux noms assyriens leur transcription originelle.

Darius, après avoir rappelé sa généalogie et les événements qui l'ont porté au trône, raconte les différentes guerres qu'il eut à soutenir dans ses Etats ; voici ce qui a trait aux insurrections de Babylone.

XVI. — Darayavus (Darius) le roi, déclare : Après avoir tué le Mage Gaumatu, un homme, un nommé Athrina, fils d'Opadarna, se révolta dans le pays de Uvaja (la Susiane) ; il parlait ainsi au peuple : « Je suis roi du pays d'Uvaja. » Alors les hommes du pays d'Uvaja devinrent rebelles et firent défection vers cet Athrina ; il fut roi du pays d'Uvaja. Et un homme du pays de Babirus (Bab-Ilu) nommé Naditabira (Nadintav-Bel), fils de Aniri, se révolta au pays de Babirus (Bab-Ilu) ; il mentait en disant au peuple : « Je suis Nabukhadrakara (Nabu-kudur-usur), le fils de Nabunita (Nabu-naïd). » Le peuple de Babirus (Bab-Ilu) passa tout entier à ce Naditabira (Nadintav-Bel). Babirus (Bab-Ilu) devint rebelle. Naditabira (Nadintav-bel) usurpa l'empire dans le pays de Babirus (Bab-Ilu).

XVII. — Darayavus (Darius) le roi, déclare : Alors j'ai envoyé une armée au pays d'Uvaja (en Susiane), et lui, cet Athrina, fut amené devant moi, je le tuai.

XVIII. — Darayavus (Darius) le roi, déclare : Alors je marchai vers Babirus (Bab-Ilu) contre ce Naditabira (Nadintav-bel), qui se faisait nommer Nabukhadrakara (Nabu-kudur-usur). L'armée de Naditabira (Nadintav-bel) s'avançait sur des radeaux pour défendre le fleuve Tigra (le Diglat). Je partageai mon armée en deux parties ; je fis porter les uns sur des chameaux, les autres sur des chevaux. Auramazda (le dieu Ormusd) m'accorda sa protection ; par la grâce d'Auramazda (Ormusd) je franchis le Tigra (Diglat), je tuai beaucoup de monde à ce Naditabira (Nadintav-bel). Ce fut le 27 du mois Atriadis (29 novembre 521) que nous livrâmes bataille.

XIX. — Darayavus (Darius) le roi, déclare : Alors je marchai contre Babirus (Bab–Ilu) ; arrivé à une ville nommée Zazana sur le fleuve Uprata (le Purat), je rencontrai Naditabira (Nadintav-Bel) qui se faisait nommer Nabukhadrakara (Nabu–kudur–usur) ; il s'avança vers moi avec son armée pour me livrer bataille ; nous en vinrent aux mains ; Auramazda (Ormusd) me prêta son secours. Avec la protection d'Aurumazda (Ormusd) je fis un grand carnage dans l'armée de ce Naditabira (Nadintav–Bel. L'ennemi s'enfuit ; il fut précipité dans le fleuve et . . . . . Ce fut le 2ᵉ jour du mois Anamaka (2 décembre 521) que nous livrâmes bataille.

XX. — « Darayavus (Darius) le roi, déclare : Alors Naditabira (Nadintav–Bel) se replia avec sa cavalerie vers Babirus (Bab–Ilu), je le poursuivis dans Babirus (Bab–Ilu) ; et je pris Babirus (Bab–Ilu) ainsi que ce Naditabira (Nadintav–Bel). Je fis périr ce Naditabira (Nadintav-Bel) dans Bab–Ilu). . . . »

Cette révolte ne fut pas la seule ; un second pseudo-Nabuchodonosor se mit à la tête d'une nouvelle conspiration contre le pouvoir des Perses et souleva Babylone. Le récit de Darius continue ainsi :

XLVIII. — « Darayavus (Darius) le roi, déclare : Pendant que j'étais en Perse et en Médie, les gens de Babirus (Bab–Ilu) se révoltèrent contre moi pour la seconde fois. Un Arménien nommé Arakha, fils de Haldita, se souleva. Il y a au pays de Babirus (Bab-Ilu) une province nommée Dubala. C'est là qu'il se souleva. Il mentait ainsi en disant : « Je suis Nabukhadrakara (Nabu-kudur-usur), le fils de Nabunita (Nabu–naïd). » Et le peuple de Babirus (Bab-Ilu) s'insurgea contre moi et se tourna vers cet Arakha. Il s'empara de Babirus (Bab–Ilu) ; il fut roi à Babirus (Bab–Ilu).

XLIX. — « Darayavus (Darius) le roi, déclare : Alors j'envoyai une armée au pays de Babirus (Bab–Ilu). Je mis à sa tête un Mède, le nommé Vindafra, mon serviteur. Je lui parlai ainsi : « Va à Babirus (Bab–Ilu) et détruis cette armée insurgée qui ne me reconnaît pas. » Alors Vindafra marcha avec son armée contre Babirus (Bab–Ilu). Auramazda (Ormusd) m'accorda son concours. Par la puissance d'Auramazda (Orsmud) Vindafra s'empara de Babirus (Bab-Ilu) et des chefs de la révolte ; et le peuple qui s'était déclaré avec eux se prononça pour moi. Le 22ᵉ jour du mois Varkazana (22 janvier 516), cet Arukha, qui avait dit : « Je suis Nabuka-drakara (Nabu–kudur–usur) » fut pris, lui et ses complices ; ils furent amenés devant moi et je donnai l'ordre de mettre en croix, dans Babirus (Bab–Ilu), Arukha et ses complices. C'est ainsi qu'ils moururent.

L. — « Darayavus (Darius) le roi, déclare : Voilà ce que j'ai fait à Babirus (Bab–Ilu). »

Après deux siéges successifs, quel pouvait être l'état de Babylone ? Le laconisme du texte Achéménide ne nous dit rien à ce sujet, mais Hérodote, plus explicite sur ce point, nous donne des détails qui nous font connaître les dévastations auxquelles les Perses se sont livrés.

Le siége avait duré dix–neuf mois sans que les assiégeants eussent remporté le moindre avantage. Darius s'était en vain servi de plusieurs ruses de guerre, il avait même essayé de se rendre maître de la ville en détournant le cours de l'Euphrate, comme l'avait fait Cyrus ; mais les Babyloniens se tenaient sur leurs gardes, et cette tentative n'eut aucun succès. Déjà les Perses se préparaient à lever le siége, lorsque Zopire leur livra la place. On sait au prix de quel héroïque stratagème. Depuis cette époque, Babylone n'a plus été qu'une Satrapie du vaste empire des Achéménides.

Darius, maître pour la seconde fois de Babylone et croyant n'avoir plus d'ennemis qu'aux extrémités du monde, résolut de mettre la ville superbe dans l'impossibilité de lui résister de nouveau ; il fit aussitôt abattre les murs et enlever les portes de la ville (Her. III, c. 159). La destruction commençait, elle ne devait plus s'arrêter. Une capitale nouvelle s'élevait d'ailleurs pour les Achéménides au centre même de la Perse.

Xerxès, successeur de Darius, avait vu sa puissance ébranlée par l'énergie des Grecs, qui allaient bientôt dominer le monde à leur tour. Le vaincu de Salamine cherchait à couvrir sa retraite et à réparer ses désastres ; sur sa route, il pillait les temples et les villes ennemies qui se trouvaient sur son chemin. En passant par Babylone, il détruisit les temples comme il l'avait fait en Grèce et dans l'Asie-Mineure ; il s'empara de leurs trésors. Le temple de Belus, dont nous avons donné la description, ne devait pas être épargné, son intérêt l'y poussait, la religion l'y conviait ; il prit son or et il laissa des ruines.

' Les derniers Achéménides ne songèrent pas à réparer les ravages de leurs prédécesseurs ; avant d'être rois de Babylone, ils ne pouvaient oublier qu'ils étaient rois de Perse et ils ne pouvaient se méprendre sur les sentiments de Babylone à leur égard ; si elle ne pouvait plus conspirer, elle applaudissait encore à chacune de leurs défaites.

Le règne des Achéménides n'a guère duré que deux siècles et pendant toute cette période, nous n'avons constaté à Babylone, que des révoltes plus ou moins promptement comprimées, mais qui prouvent que l'ancienne civilisation chaldéenne n'avait pas encore complètement disparu sous les Perses.

La langue et l'écriture de Babylone étaient restées dans les mœurs avec une vitalité que les Achéménides avaient dû subir. Tandis qu'ils étaient obligés de faire traduire en assyrien leurs inscriptions sur les murs mêmes de Persépolis, les savants et le peuple continuaient à écrire et à parler en assyrien à Babylone ; de nombreux documents nous permettent de suivre encore pendant plusieurs siècles l'emploi de cette bizarre écriture.

OCCUPATION MACÉDONIENNE.

𒁹𒈾𒆳𒋼𒀭𒉿

ALEXANDRE.

Ἀλεξάνδρος.

Nous trouvons le nom d'Alexandre et de plusieurs de ses successeurs sur des monuments assyro-chaldéens ; cette grande civilisation n'était donc pas encore complètement éteinte. Quoiqu'il en soit, les armes d'Alexandre inaugurèrent une civilisation nouvelle dans la Haute-Asie et mirent fin au principe théocratique au nom duquel toutes les guerres s'étaient accomplies.

Les conquêtes d'Alexandre sont exclusivement militaires. La seconde année du règne du dernier Darius (334 a. J.-C.), le fils de Philippe entre en Asie à la tête d'une armée de 30,000 fantassins et de 5,000 cavaliers, il passe le Granique et porte la guerre dans les pays qui bordent la Méditerranée pour assurer par mer ses communications avec la Grèce, et après s'être rendu maître de la Syrie et de la Phénicie jusqu'à Péluse, il se met à la poursuite de Darius qui cherchait, avec une puissante armée, à lui couper la retraite en portant la guerre dans les provinces du Nord. Alexandre l'atteignit auprès d'Arbelles et il le défit dans cette mémorable bataille qui assurait aux Grecs l'empire de l'Asie.

Après sa défaite, Darius se retira précipitamment à travers les montagnes de l'Arménie, vers la Médie, dans la pensée qu'Alexandre suivrait la route de Suse et de Babylone. C'est, en effet, ce qui eut lieu Alexandre comprenait trop le prix de cette position pour la laisser échapper ; en quittant le champ de bataille d'Arbèles, il marcha aussitôt sur Babylone. Arrivé sous ses remparts, il rangea son armée en bataille décidé à enlever la place par un audacieux coup de main, mais tous les habitants sortirent à sa rencontre précédés des prêtres et des magistrats ; ils lui livrèrent la ville et la citadelle en lui apportant des présents et des trésors.

C'est ainsi que le nouveau conquérant de l'Asie entra à Babylone sans coup férir ; il ordonna aussitôt de relever les temples détruits par Xerxès et particulièrement celui de Bélus auquel les Babyloniens rendaient un culte spécial, puis il nomma Mazé, satrape de Babylone.

Pendant ce temps-là, Alexandre avait de nombreuses conférences avec les mages, il les consultait sur toutes les cérémonies du culte, et particulièrement sur la restauration du temple de Bélus. Strabon nous dit qu'il employa dix mille hommes de son armée pendant deux mois pour déblayer les ruines, il voulut même, mais en vain, forcer les Juifs qui se trouvaient encore à Babylone à travailler à la restauration du temple.

Alexandre ainsi maître de la plus grande partie des états de Dárius, se mit à la poursuite du roi de Perse qui se fortifiait du côté de la Médie. On sait comment le dernier des Achéménides mourut victime d'une trahison avant qu'Alexandre ait pu l'atteindre et le sauver.

Cependant de nouveaux triomphes attendaient Alexandre du côté de l'Orient. Il poursuivit ses conquêtes jusque dans l'Inde ; il s'instruisit auprès de leurs Sages, et, après avoir soumis ces pays lointains, il songea à revenir à Babylone. Il ne pouvait se tromper sur l'importance géographique de la grande cité ; il songea à en faire la capitale d'un nouvel empire ; mais la mort devait l'arrêter dans ses desseins.

Des faits étranges accompagnèrent son retour. Un brahmane, Calanus, s'était volontairement donné la mort au milieu des flammes. Au moment où il s'approchait du bûcher, il embrassa tous les hétaïres, et, s'étant arrêté devant Alexandre, il lui dit : « Nous nous reverrons à Babylone, et c'est là que je t'embrasserai. » On fit peu d'attention à ces paroles au moment où elles furent prononcées, mais la mort d'Alexandre leur donna bientôt leur véritable signification.

Après avoir passé le Tigre, au moment où le vainqueur de l'Asie s'approchait de Babylone, les prêtres chaldéens l'avertirent de suspendre sa marche, parce que l'oracle de Belus y marquait son entrée par de funestes présages ; mais il leur répondit par ce vers d'Euripide :

Le plus heureux présage est de tout espérer.

Les mages insistèrent. « Du moins, ajoutèrent-ils, prince, ne vous avancez pas du côté de l'Occident ; faites faire un détour à votre armée et prenez la route de l'Orient. » La difficulté des communications empêcha Alexandre de prendre cette voie. La fatalité le poussait ainsi dans la route qui devait lui être funeste.

Alexandre soupçonnait que les prêtres chaldéens voulaient l'empêcher de relever le temple de Bel, parce qu'ils en palpaient les revenus depuis sa destruction. Toutefois, cédant à leurs observations, il voulut tourner la ville, et il campa le premier jour sur les bords de l'Euphrate. Le lendemain, comme il se dirigeait du Couchant vers l'Orient, il fut arrêté de ce côté par des marais profonds qui ne lui permirent pas de passer outre, et moitié de gré, moitié de force, il ne put satisfaire aux injonctions des Dieux.

Aristobule raconte un autre prodige.

Apollodore d'Amphiboles, un des hétaïres, stratége de l'armée laissée par Mazée, satrape de Babylone, voyant la sévérité que le Roi développait à son retour des Indes à l'égard de tous ceux qu'il avait mis en place, écrivit à son frère Pythagore, l'un de ces devins qui jugent de l'avenir par l'inspection des entrailles des animaux, et le consulta pour lui-même, sur Alexandre et sur Ephestion.

Pythagore interrogea d'abord les entrailles sur le sort d'Ephestion, et comme il manquait un des lobes du foie, il répondit qu'il n'y avait rien à craindre d'Ephestion, menacé d'une mort prochaine. Cette lettre arriva de Babylone à Ecbatane la veille même de la mort d'Ephestion. Le devin consulta ensuite les victimes sur le sort d'Alexandre ; elles offrirent les mêmes indications : il fit la même réponse.

Apollodore, pour faire preuve de zèle envers Alexandre, lui découvrit le danger qui le menaçait. Le roi lui en sut gré. Arrivé à Babylone, il interrogea Pythagore sur la nature du présage, et celui-ci lui révéla ce qu'il avait de sinistre. Loin de se fâcher contre Pythagore, le prince lui sut un gré marqué de lui avoir confié ces détails.

A son entrée dans Babylone, Alexandre reçut les députations grecques, qu'il renvoya comblées d'honneurs. Il fit rendre les statues des Dieux et des Héros enlevées par Xercès et transportées à Ecbatane, à Suse, à Babylone et dans les autres villes de l'Asie. Ce fut ainsi qu'Athènes recouvrit les statues d'airain d'Harmodius et d'Aristogiton ainsi que celle de Diane circéenne.

Au rapport d'Aristobule, il trouva sa flotte à Babylone, mais il en fit construire une autre avec les cyprès qui croissent dans la Babylonie; puis il fit creuser à Babylone un port capable de la contenir, avec le projet d'aller combattre les Arabes, et il descendit lui-même vers un bras de l'Euphrate, appelé le Canal-Pallacopas, pour étudier le littoral. Puis il entreprit la construction d'une digue pour l'opposer aux débordements de l'Euphrate.

Alexandre, traitant alors de frivole l'oracle des Chaldéens, puisqu'il était sorti de Babylone sans encombre, remonta par les marais, ayant la ville à sa gauche. Les tombeaux des rois d'Assyrie s'élevaient au milieu des étangs. Au moment où Alexandre gouvernait lui-même la trirème qu'il montait, un vent violent venant à s'élever emporta sa couronne et son diadême. La couronne tomba dans l'eau ; le diadême, enlevé par le vent, fut retenu par un des roseaux qui croissent autour des tombeaux. On en conçut un présage sinistre, surtout en voyant que le matelot qui s'était jeté à la nage mit le diadême sur sa tête pour ne point le mouiller. Tous les historiens rapportent qu'il reçut en récompense un talent, mais qu'ensuite Alexandre le fit mourir sur l'avis des Chaldéens, parce qu'il lui dirent qu'une tête qui avait porté son diadème devait être abattue.

De retour à Babylone, on vit encore des députations de la Grèce apporter au conquérant des couronnes d'or. Cependant la mort d'Alexandre était prochaine. Un nouveau prodige, rapporté par Aristobule, l'annonça.

Après avoir distribué dans les rangs de son armée les troupes qui étaient arrivées de la Grèce, Alexandre, se sentant pressé par la soif, descendit de son trône. Les hétaïres qui occupaient à l'entour des lits aux pieds d'argent s'étaient levés pour le suivre. Un inconnu, échappé aux fers, traverse les rangs des eunuques, et, voyant le trône vide, s'y place. Les eunuques n'osent l'en chasser, une loi de Perse le défend ; alors ils déchirent leurs vêtements, frappent leur visage et leur poitrine et n'augurent que des malheurs.

A cette nouvelle, Alexandre donne ordre de mettre l'inconnu à la question et d'en tirer l'aveu d'un complot, mais on ne put en obtenir autre chose, sinon qu'une fantaisie imprudente l'avait poussé à cette action. Les devins conçurent de cette réponse un présage encore plus sinistre.

Peu de jours après, le Prince, pour remercier les Dieux de ses succès, fit les sacrifices accoutumés. On distribua des victimes à l'armée et du vin par compagnie. Alexandre passa la journée avec ses amis dans des festins qui se prolongèrent jusqu'au milieu de la nuit. Il allait se retirer, lorsque Médius, l'un des hétaïres qu'il chérissait le plus, l'engagea à venir chez lui achever la fête. Le lendemain, il fut atteint de la maladie qui devait l'emporter.

Les journaux du Roi racontent ainsi sa maladie : Le 18 du mois de dœsius (18 mai-juin), il fut pris de la fièvre et s'endormit dans la chambre des Bains. Le lendemain, il se baigna et passa toute la journée auprès de Médius à jouer aux dés. Le soir, il prit un second bain ; et, ayant sacrifié aux dieux, il soupa, mais il eut la fièvre toute la nuit. Le 20, il se baigna de nouveau, il fit le sacrifice d'usage et s'étant couché dans la chambre des Bains, il employa toute la journée à entendre les récits que lui faisait Néarque de sa navigation et de tout ce qu'il avait vu dans la Grande Mer. La journée du 21 (τῇ δεκάτη φθίνοντος) se passa de la même manière que la précédente, la fièvre fut plus ardente et la nuit plus mauvaise. Le 22, la fièvre ayant augmenté, il fit porter son lit près du grand réservoir (mie boursabuv?) et s'entretint avec ses officiers sur les emplois vacants dans son armée ; il leur recommanda de n'y nommer que des hommes éprouvés. Le 24, la fièvre fut très-violente, cependant il se fit porter au sacrifice et l'offrit lui-même. Il ordonna à ses principaux officiers de faire la garde dans la grande cour et chargea les tribuns et les capitaines de cinquante hommes de veiller au dehors. Le 25, il se fit transporter dans le palais qui était au-delà du réservoir. Là, il prit un peu de sommeil ; mais la fièvre ne diminua point, et lorsque ses capitaines entrèrent dans sa chambre, il ne parla plus. Le 26 se passa de même ; les Macédoniens qui le crurent mort se présentèrent aux portes en poussant de grands cris, et, par les menaces qu'ils firent à ses amis, ils les forcèrent d'ouvrir. Ils défilèrent tous, un à un devant son lit en simple tunique. Ce jour-là, Python et Séleucus furent envoyés au temple de Sérapis pour demander au Dieu s'ils devaient porter Alexandre dans son temple. Le Dieu répondit : « Il sera mieux où il est. » Le 28, il mourut sur le soir, à l'âge de trente-deux ans et huit mois. Son corps fut embaumé et renfermé dans un cercueil d'or pour être transporté en Egypte.

M. Oppert, en suivant le récit d'Arien, plus précis sur certains points que celui de Plutarque, a pu déterminer la position exacte des lieux où Alexandre s'était reposé pendant sa dernière maladie. Il est facile de voir, en effet, qu'Alexandre a été pris de la fièvre dans le petit palais situé sur la rive droite du fleuve ; il se fit transporter dans une barque, comme le dit Arien pour aller dans *le jardin* (παράδεισος) et s'y reposer ; par là, il faut entendre le jardin suspendu, situé sur la rive gauche (πέραν του ποτάμου) car, pour trouver des arbres, il n'était pas besoin de traverser le fleuve, attendu que le parc du petit palais devait être tout aussi ombragé que celui du grand, situé sur la rive gauche. Mais ce qui prouve que le jardin est bien le jardin suspendu, c'est l'expression de voûte (χάμαρα) qui se trouve dans le récit. Alexandre se fit transporter sous la voûte pendant la nuit, apparemment parce qu'il ne pouvait coucher en plein air sur la terrasse elle-même, mais il n'y resta pas longtemps. Il entra dans le palais près des bains, et, comme il était déjà très-malade, on donna l'ordre de le transporter des salles voûtées dans la résidence royale (τα βασιλεια) elle-même, où il reçut ses généraux avant de mourir.

C'est donc au Kasr que mourut Alexandre et avec lui s'éteignirent les espérances de grandeur qu'on avait pu entrevoir pour la vieille cité des Chaldéens.

Après la mort d'Alexandre, l'empire démembré passa aux mains des Séleucides qui s'en disputèrent les lambeaux. Onze ans plus tard, Séleucus fut obligé de s'emparer de Babylone et y accumula de nouvelles ruines. Puis il voulut avoir une capitale nouvelle, et créer une ville à laquelle il pût donner son nom : il fonda Séleucie (322 a. J.-C.), sur les bords du Tigre en face de Babylone.

Pour arriver promptement à édifier sa ville, il trouva dans les palais de Babylone des matériaux en abondance ; puis il accorda aux habitants des priviléges qui firent déserter la ville antique et qui amenèrent bientôt plus de 600,000 habitants dans la nouvelle cité.

Cette prospérité ne fut pas de longue durée, elle s'évanouit avec la puissance des nouveaux maîtres de l'Orient et, aujourd'hui, rien ne vient même marquer sur le sol la place de Séleucie. Suivant Pline (VI. 30), la ville s'étendait au loin le long du Tigre qui rentrait d'abord vers l'Ouest en faisant une courbe vers le Nord et vers le Midi. Le mur de la cité rejoignait le fleuve dans un angle très-aigu au Nord et au Midi, de sorte que la ville avait une étendue énorme sur le fleuve et pas de largeur en proportion; elle ressemblait, suivant l'expression de Pline, aux ailes déployées d'un aigle.

Lorsque les Parthes eurent subjugué à leur tour la Haute-Asie, ils firent contre Séleucie ce que Séleucus-Nicanor avait fait contre Babylone. Ils voulurent également avoir leur capitale.

Le bourg de Ctésiphon, situé un peu en aval de Séleucie, fut l'objet de leur préférence. Il devint une ville et s'agrandit aux dépens de Babylone, qui fournissait toujours les matériaux inépuisables des gigantesques constructions de Nabuchodonosor, et autour desquelles la solitude commençait à s'étendre. Cependant Ctésiphon avait grandi, mais, lorsque Avidius-Cassius s'empara de Séleucie, il brûla en même temps le palais de Vologès à Ctésiphon. Lors de l'expédition de Septime-Sévère (201 a. J.-C.), la ville nouvelle fut prise, pillée, saccagée et cent mille habitants conduits en esclavage.

Il paraît que Ctésiphon s'élevait jadis là où se trouve aujourd'hui le Bostan.

Quoiqu'il en soit, la civilisation assyro-chaldéenne n'était pas éteinte, la langue et l'écriture traditionnelle de la Chaldée étaient encore en usage. Si l'on n'a pas rencontré de textes royaux émanant directement des Séleucides ou de leurs successeurs, on a découvert, dans les ruines de

Warka, des textes d'intérêt privé qui sont datés de Séleucus, de Démé-
trius et d'Antiochus. L'inscription la plus récente, dont M. Oppert ait
donné la traduction, est datée, à Babylone, du troisième jour du mois
kislev de la ve année, de Pacoras, roi de Perse ; par conséquent de l'an
81 avant J.-C.

Cependant Babylone avait déjà vécu. Diodore de Sicile en parlait, sous
Auguste comme d'une ville abandonnée. Ce n'était plus que le rendez-
vous d'un petit nombre de Juifs qui vivaient au milieu des ruines et dont
le nombre diminuait de jour en jour. Il est à peine fait mention de Babylone
dans l'expédition de Trajan et de Sévère en Mésopotamie (115 a. J.-C.).
On dit cependant que Trajan voulut visiter le palais où Alexandre avait
rendu le dernier soupir ; mais Babylone allait être bientôt oubliée. Lucius
de Samotrace qui vivait sous Marc-Aurèle (161 de J.-C.) la cite comme
une ville dont on perdait déjà la trace.

Depuis cette époque, les historiens n'en font plus mention.

APPENDICES.

I

Tableau des Rois qui sont rapportés dans les fragments de Bérose avec la durée de leurs règnes.

(A)

ROIS ANTÉDILUVIENS.

	DURÉE DES RÈGNES.
Ἄλωρος — ἐβασίλευσεν δὲ σάρους δέκα . . .	10 sares.
Ἀλάπαρος	3
Ἀμήλωνα ἐκ Παντιβίβλων	13
Ἀμμένονα (Χαλδαῖος)	12
Μεγάλαρος ἐκ Παντιβίβλων πόλεως	18
Δάωνος Ποιμὴν ἐκ Παντιβίβλων	10
Εὐεδώραχος (Εὐερώδεσχος) ἐκ Παντιβίβλων . .	18
Ἀμεμψινὸς ἐκ Λαράγχων	10
Ὠτιάρτης ἐκ Λαράγχων	8
Ξίσουθρος	18
	120 sares.

(B)

		DURÉE DES RÈGNES.
Dix rois antédiluviens		432,000 ans.
Εὐήχιος . . . 2,400		
Χωμάσβηλος . . 2,700 } 86 rois . . .		34,080
84 autres rois . . 28,980		

8 rois mèdes . . . . 224 ou 234

Ζωροάστρης et sept successeurs, 190.

    (d'après le Syncelle.)

11 rois. . . (en marge 48)   48

49 rois chaldéens   458

 9 rois arabes   245

45 rois assyriens.   526

Phul.

Σεναχήριβος (Senecherimus)   18

Un frère de Sennachérib.

Hagisès (30 jours).   Rois ou préfets

Marudachus-Baldanes (6 mois).   de

Elibus (2 ans 1/2)   Babylone.

Asordanus (Assarhaddon)   8

Σαμμύγης (Sammughes)   21

Σαρδανάπαλλος, Σάρακος, son frère.

Σαμμύγης . (dernier roi d'Assyrie)   21

Ναβοπαλάσσαρος   20

Ναβουχοδονόσορος ('Αβοβάσσαρος)   43

Εὐειλμαράδουχος (Amilmarudochus) . . (alias 2)   12

Νηριγλισσόορος (Neriglissarus)   4

Λαβοροσοάρχοδος (9 mois).

Ναβόννηδος   17

Κῦρος   9

Καμβύσης   8

Δαρεῖος   36

Ξέρξης .

(Puis les autres rois perses).

II

CANON DE PTOLÉMÉE.

Scaliger, en compulsant, dans les premières années du XVIIe siècle, un manuscrit du Syncelle, y trouva une liste des rois de Babylone empruntée à l'astronome Claude Ptolémée. Cette liste donnait, pour chacun d'eux, une indication précise de la durée de leur règne, il s'empressa de la publier.

Cependant, on découvrit bientôt que le Syncelle donnait de cette liste deux et même trois versions différentes les unes des autres, et dès lors, on douta de son utilité historique.

Peu de temps après, en 1620, Calvisius et Bainbridge publièrent la copie de deux manuscrits de Théon, commentateur de Ptolémée, dans lesquels on retrouvait les mêmes indications.

En 1652, la traduction du livre de Georges le Syncelle, par Goar, sur un manuscrit autre que celui dont s'était servi Scaliger, offrit de nouvelles variantes quant aux noms, tout en laissant aux chiffres leur valeur respective.

Plus tard, en 1663, le Père Pétau, qui d'abord avait adopté la version de Scaliger, la répudia pour une troisième variante qu'il trouva dans un nouveau manuscrit de Théon.

Enfin, Dodwel, ayant soumis toutes ces versions à une critique raisonnée, arrêta définitivement la liste qui sert aujourd'hui de base à tous les calculs.

Il est certain que la liste donnée par Ptolémée est antérieure à lui, et même à Hipparque. Dodwel la rapporte à Bérose, et cette supposition n'a rien d'invraisemblable, car elle s'arrête précisément à l'époque où vivait Bérose.

Cette liste donne depuis l'année 747 jusqu'à l'année 334 a. J.-C., une suite continue de dates qui fournissent un terme de comparaison pour les autres événements.

Elle commence au règne de Nabonassar. Le 1er jour de thot de la 1re année de ce prince, correspond au 26 février de l'an 747 avant J.-C., ou à l'an 3967 de la période Julienne.

Il faut compter la première année de Nabonassar de l'an 4746 du monde.

La première année de Philippe Aridée, successeur d'Alexandre, est celle à laquelle Claude Ptolémée a fixé le commencement de l'année égyptienne et grecque, pour le calcul de ses tables.

La plus ancienne date consignée dans l'Almageste (L. IV) est celle de la première année du règne de Mardokampad (le Mérodàch-Baladan de la Bible, le Marduk-bal-idin de nos inscriptions) à Babylone, la 27e de

Nabonassar. Elle a commencé le 29 thoth au soir, c'est-à-dire le 19. mars 721 avant J.-C. ou le 19 mars 720 des astronomes.

AV. J.-C.	NOMS GRECS.	NOMS ASSYRIENS.	DURÉE DES RÈGNES.	
747.	Ναβονασσάρου.	Nabu-nasir.	14	14
733.	Ναδίου.	Nahid.	2	16
731.	Χινζίρου καὶ Πώρου.	Kin–ziru.	5	21
726.	Ἰλουλαίου.	Ilu-ilu (?)	5	26
721·	Μαρδοκεμπάδου.	Marduk–bal-idin.	12	38
709.	Ἀρκεάνου.	Sar-kin.	5	43
704.	(ἀβασιλεύτου πρώτου).		2	45
702.	Βιλίβου.	Bel-ibus.	3	48
699.	Ἀπαραναδίου.	Assur-nadin.	6	54
693.	Ῥηγεβήλου.	Ri'u-Bel.	1	55
692.	Μεσησιμορδάκου.	Musisi-Marduk (?)	4	59
688.	(ἀβασιλεύτου δευτέρου)		8	67
680.	Ἀσαριδίνου.	Assur-akhi-idin.	13	80
667.	Σαοσδουχίνου.	Salummu-ukin (?)	20	100
647.	Κινιλαδάνου.	{ Sin-inaddin-pal (?) (Assur-bani-pal (?)	22	122
625.	Ναβυπολλασσάρου.	Nabu-pal-usur.	21	143
604.	Ναβοκολασσάρου.	Nabu-kudur-usur.	43	186
561.	Ἰλλοαρουδάμου.	Avil-Marduk.	2	188
559.	Νεριγασολασσάρου.	Nirgal-sar-usur.	4	192
555.	Ναβοναδίου.	Nabu-nahid.	17	209
538.	Κύρου.	Kuras.	9	218
529.	Καμβύσου.	Kambuzia.	8	226
522.	Δαρείου (I).	Dariavus.	36	262
486.	Ξέρξου.	Hisiarsa.	21	283
465.	Ἀρταξέρξου (1).	Artaksatsu.	41	324
424.	Δαρείου (II).	Dariavus.	19	343
405.	Ἀρταξέρξου (II).	Artaksatsu.	46	389
359.	Ὤχου.	. . . .	21	410
338.	Ἀρώγου.	. . . .	2	412
336.	Δαρείου (III).	Dariavus.	4	416
334.	Ἀλεξάνδρου.	Aliksandurusu.		

III

EXTRAIT DES ARCHIVES DE TYR.

Dans les archives de Tyr, qui étaient conservées avec soin et qui renfermaient, outre l'histoire des Tyriens, celle des peuples avec lesquels ils avaient été en rapport, on lit ce qui suit, d'après Josèphe :

Sous le règne du roi Ithobad, Nabuchodonosor commença le siége de Tyr, qui dura treize ans.

A Ithobad succéda Baal qui régna dix ans. Après sa mort les rois furent remplacés par des *juges* (ou *suffètes*). En cette qualité,

Eknibal gouverna	» ans	2 mois.
Chelbis, fils d'Abdaius	»	10
Abbar, grand–prêtre	»	3
Mitgon et Gerastrate, fils d'Abdelème . . .	6	»
Balator, avec le titre de *Roi*	1.	»
Merbal, que l'on fit venir de Babylone . . .	4	»
Irom, son frère, appelé aussi de Babylone . .	20	»
Total . . .	32 ans	3 mois.

De son temps, Cyrus devint puissant chez les Perses. Toute cette durée est de cinquante–quatre ans (*sic*) et trois mois. Le siége de Tyr commença l'an 7 de Nabuchodonosor, et l'an 14 d'Irom, Cyrus arriva à l'empire.

IV

ROIS DE JUDA.

Chronologie des rois de Juda depuis la chute de Samarie jusqu'à la ruine de Jérusalem.

726. Ezéchias	29 ans	» mois.
721. Prise de Samarie.	»	»

713. Maladie d'Ezéchias . . . .   »   »
712. Ambassade de Mérodach–Baladan . . .   »   »
704. Sennachérib monte sur le trône d'Assyrie .   »   »
700. Siége de Jérusalem par Sennachérib . . .   »   »
697. Manassé   55   »
642. Amos   2   »
641. Josias   31   »
610. Joachas . . . .   »   3
609. Joachim   11   »
598. Joakin . . . .   »   3
598. Sédékias   11   »
588. Prise de Jérusalem (9 août) .

V

Liste des rois d'Egypte qui se sont trouvés en rapport avec l'Assyrie et la Chaldée, depuis Sargon jusqu'à Cambyse.

(D'APRÈS J., AFRICAIN.)

XXVᵉ DYNASTIE (ÆTHIOPIENNE).

(40 ans.)

Σαϐάκων . . .	8 ans.	19 février.	719
Σεϐιχώς . . .	14 ans.		711
Τάρκος	18 ans.		697

XXIᵉ DYNASTIE (SAÏTE).

(168 ans.)

Στεφινάτης . . .	7 ans.	669
Νεχεψώς . . .	6 ans.	672
Νεχαώ	8 ans.	666
Ψαμμήτιχος . . .	54 ans.	658
Νεχαώ (δεύτερος) . .	6 ans.	604

Ψάμμουθις	6 ans.		598
Οὔαφρις	19 ans.		592
Ἄμωσις	44 ans.		573
Ψαμμεχερίτης . . .	»	6 mois.	529

XXVIIᵉ DYNASTIE (PERSE).

Cette dynastie commence à Cambyse et comprend la suite des rois Achéménides.

VI

LISTE DES ANCIENS ROIS DE CHALDÉE.

(*W. A. I.* II, pl. 65, n° 2.)

RECTO.

Ai ...	. . . . .
A–mat– [*nim*]. .	. . . . .
Sar–gi– [*na*].	[*Na–ram–sin*].
Elat-[*ba–u*]	. . . . .
	. . . . .
An–nu–tav in–e–[*sa* ...] .	. . . . .
	. . . . .
Ha–am–mu–ra[*bi*].	*Sa–am–su–i–lu–na.*
Am–mi–di–ka–ga.	. . . . . *ta–na.*
Ku–ur–gal–zu.	[*Ku–ri–*]*gal–zu.*
Nam–mas–si–ḫu.	. . . . .
U–lam–pur–ya–as.	*Li* . . . . .
Na–zi–un–tas.	*Num* . . . . .
Me–li–si–ḫu.	*In* . . . . .
Pur–na–pur–ya–a–as.	*Ku–din* . . .
Ka–dar–Bel.	*Ku–ti* . . .

VERSO.

U–lam–mur–mit.	Li–dan–Bel–kit.
Me–li–ḫa–li.	In–an–Gu–la.
Me–li–su–mu.	In–an–Su–ḳa–mu–na.
Me–li–an–si–bar–ru.	In–an–Si–i–ma–li–ya.
Me–li–kit.	In–Sa–mas.
Nim–gi–ra–bi.	· E–di–ru.
Nim–gi–ra–bi–kit.	E–di–ru .....
Nim–gi–ra–bi–pur–ya–as.	E–di.....
Ka–dar–pur–ya–as.	Ku .....
Ka–dar–kit.	Ku .....
Na–zi–si–ḫu.	.....
Na–zi–pur–ya–as.	.....

TABLE.

TROISIÈME PÉRIODE.

QUATRIEME PÉRIODE.

SIXIÈME PÉRIODE.

CARTES ET PLANS.

FIN.

IMPRIMÉ PAR ESPÉRANCE CAGNIARD, ROUEN.

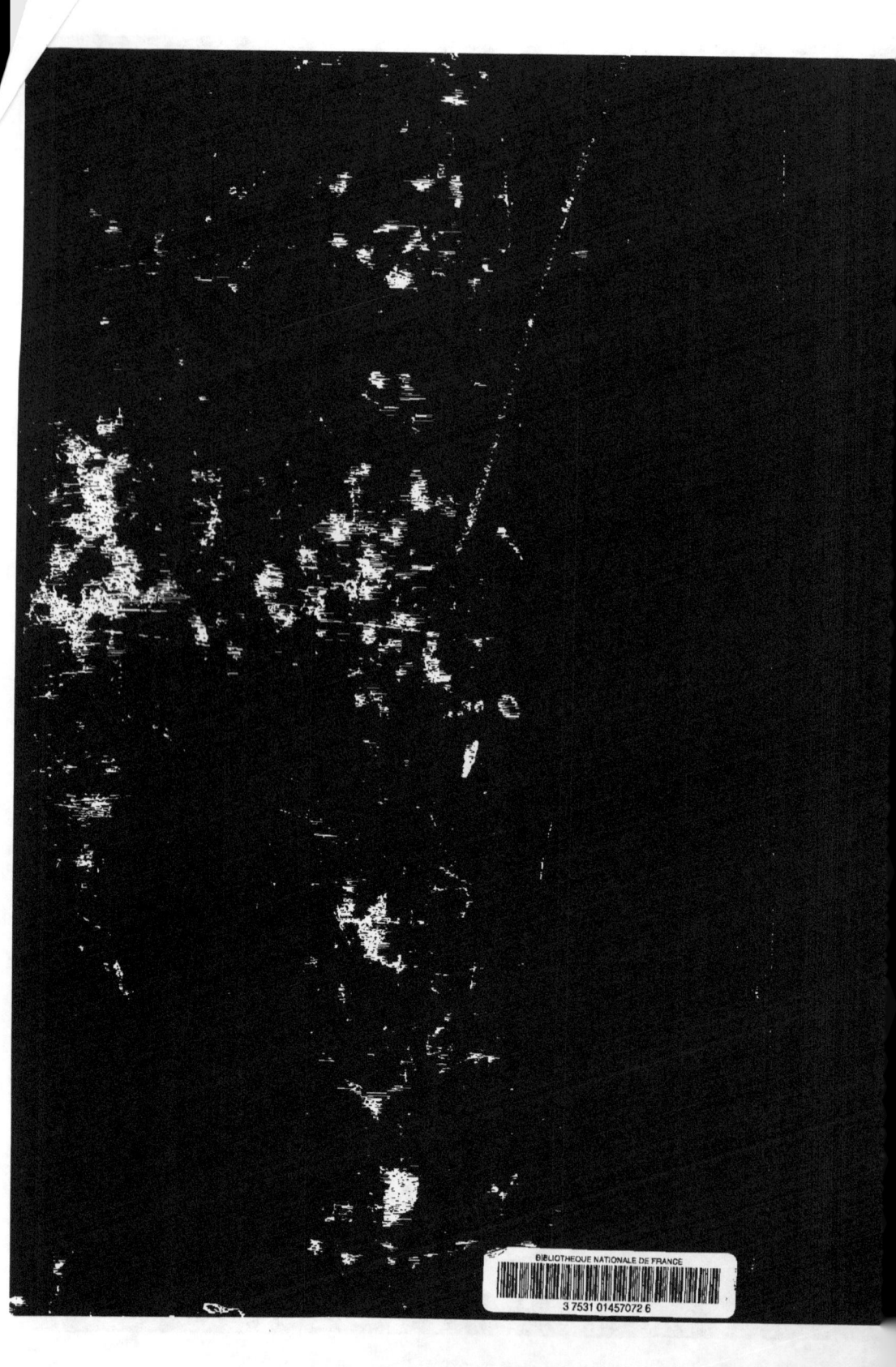

BIBLIOTHEQUE NATIONALE DE FRANCE

3 7531 01457072 6

www.ingramcontent.com/pod-product-compliance
Lightning Source LLC
Chambersburg PA
CBHW050153030726
47505CB00005B/1348